O Gader Idris

leeks

O Gader Idris

Detholiad o ysgrifau

Y Parchg O. M. Lloyd

Gwasg Y Dydd, Dolgellau

Argraffiad cyntaf : Gorffennaf 1997

ISBN 0-86381-458-1

Detholiad yw'r gyfrol hon o golofn
Y Parchg O.M.Lloyd "O Gader Idris"
ym mhapur wythnosol Y Dydd, Dolgellau
rhwng 1956 - 1979

Llun y clawr: Rod Davies

Cyhoeddwyd ag argraffwyd gan
Wasg Y Dydd, Dolgellau

Argraffwyd y clawr a rhwymwyd y gyfrol gan
Wasg Carreg Gwalch

Cydnabod

Syniad ac ysgogiad Eirlys Phillips;
chwilota Beryl Davies, Buddug Griffith,
Nesta Wyn Jones, Y Parchg Brothen Jones
a Tecwyn Owen;
teipio Megan Mai Davies;
cysodi Hywel Richards;
argraffwaith Derfel Roberts a Ceryl Wyn Davies;
cydweithrediad Myrddin ap Dafydd;
cefnogaeth Pwyllgor Gwasg Y Dydd;

Cyflwyniad

Un o'r cymeriadau prysur hynny yn ein cymunedau nad ydynt hapus onibai eu bod 'wrthi' yn gweithredu syniadau er budd a lles rhywrai neu'i gilydd yw Eirlys Phillips o dre Dolgellau, ac iddi hi yn anad neb arall y mae'r diolch am y symbyliad a ysgogodd Beryl Davies, Buddug Griffith, Nesta Wyn Jones, y Parchedig W.Brothen Jones a Tecwyn Owen i ddarllen dros fil o ôl-rifynnau o'r 'Dydd', sef papur wythnosol Dolgellau a'r Cylch, gyda'r bwriad o gyhoeddi cyfrol o ddetholiadau o golofn y Parchedig O.M.Lloyd a ymddangosodd yn y papur dros gyfnod o 25 mlynedd. Unwaith yn unig yn ystod y cyfnod hwnnw y collwyd colofn "O Gader Idris" O.M.Lloyd a hynny oherwydd streic genedlaethol argraffwyr. Gŵr amryddawn oedd O.M.L. (neu R.O.L. fel y llofnodai ei golofn yn y dyddiau cynnar), a'i ddiddordebau yn eang iawn. Yr oedd yn ôl ei alwedigaeth yn Weinidog hoff a gweithgar gyda'r Annibynwyr ac yn bregethwr huawdl a chymeradwy iawn, yn wir gellir dweud ei fod yn un o'n proffwydi. Carai ei Waredwr. Carai Gymru. Ymserchai yn ei deulu. Ymhyfrydai mewn chwaraeon o bob math. Chwaraeodd ran flaenllaw mewn ymrysonau beirdd, ac yr oedd ef ei hunan yn fardd a'i drawiad cynganeddol yn sicr. Gŵr hoffus ac annwyl fu i'r rhai a gafodd y fraint o'i adnabod, a melys iawn yw ein cofion ohono.

Yr oedd O.M.Lloyd hefyd yn ŵr na allai ddioddef anghyfiawnder a hymbyg gwleidyddol a chymdeithasol, ac nid oedd yn fyr o ddweud ei farn a'i chyhoeddi o'r pulpud ac yn 'Y Dydd', ac nid oedd y farn honno bob amser wrth fodd pawb o wrandawyr y bregeth nac o ddarllenwyr y papur. Fe fydd y darllenydd yn sylweddoli mai cyfran fechan o'r swmp sylweddol iawn a gyhoeddwyd yn y papur y gellir ei gynnwys mewn llyfryn o'r maint hwn. Bu'n anodd dethol, ond hyderwn ein bod wedi llwyddo i gadw peth o liw a blas y seigiau a gafwyd o law O.M. gan geisio adlewyrchu'r hyn a'i cynhyrfai yn ei gyfnod. Clywsom ef o'r pulpud yn ein hysgogi gyda'r geiriau "Cynhyrfer, cynhyrfer, cynhyrfer". Hyderwn y caiff y darllenydd beth o naws y cynhyrfu hwnnw yn y detholiadau a gynhwysir yma.

Tecwyn Owen

MWY NA CHOFIO ...

Peth creadigol ydi cof plentyn. Mi fydd yn tynnu pethau pell at ei gilydd ac yn adeiladu ar frith-argraffiadau i greu atgofion pendant. Mi fydd yn ystumio a chwyddo a throi'r lliwgar yn fwy lliwgar fyth.

Rhywbeth felly ydi f'atgofion cynnar i am O.M.Lloyd, a ninnau wedi gadael Dolgellau ychydig wythnosau ar ôl fy mhen-blwydd yn saith oed. Ond roedd y cyfnod byr hwnnw'n hen ddigon i'r gŵr o 'Stiniog wneud argraff, a'r blynyddoedd a ddilynodd yn ddigon i'r argraff dyfu. Dwn i ddim a ydw i yn cofio, neu'n gwneud dim ond dychmygu, cyfarfyddiad ag o ar bont fawr Dolgellau; rhyw hanner cofio yr ydw i hefyd am ymweliad â swyddfeydd 'Y Dydd', ond dyna'r tro cynta' imi erioed fynd i mewn i swyddfeydd papur newydd ac mae fy nychymyg wedi lliwio'r ymweliad sawl tro ers hynny.

Efallai mai fy ffansi fi sy'n gwneud imi feddwl mai fi oedd y plentyn bychan yn mynd am dro yn llaw John Humphreys, Old Bank, yn un o'i englynion mwya' hoffus ond roedd yn hawdd gen i gredu fy mod i ac Yncl Wmffres wedi cwrdd ag o fwy nag unwaith ar ein troeon. Ond mae'n siŵr fod Mr Humphreys wedi tywys degau o blant yn ei ddydd ac O.M.Lloyd wedi aros i'w cyfarch bob un.

Does gen i ddim cof clir o'r dyn ei hun chwaith yn y dyddiau hynny. Fedrwn i ddim dweud ei fod wastad yn gwisgo'r dilledyn neu'r dilledyn neu'n arfer yr osgo a'r osgo. Argraff sydd gen i o'r sirioldeb a'r cynhesrwydd, yn enwedig at blentyn bach. Argraff o'r llygaid direidus hynny, y llais croyw a'r siarad clir.

Mae gen i gof pendant o rai pethau, er hynny. Cof nad oedd oedfaon y plant yn y Tabernacl fyth yn ddiflas a chofio am un trip Ysgol Sul pan aeth y rhan fwya' o aelodau'r capel i draeth y Friog a brith-ddarlun o O.M.Lloyd yn arwain ei braidd tros y tywod fel Moses efo mwstash. Roedd y mwstash, wrth gwrs, yn un o'i brops yn ei ddyddiau'n Feuryn ar Ymrysonfeydd y Beirdd yn yr Eisteddfod Genedlaethol flynyddoedd yn ddiweddarach. Minnau'n gwylio o hirbell ond yn cael clamp o groeso pan fyddai'n fy ngweld ar y maes – roedd o'n un o'r dynion hynny oedd fel yr hysbyseb uwd, a rhyw rith o gysgod cynnes o'i gwmpas. Tua'r adeg honno y dechreuais anfon ambell ymgais ar englyn ato a chael ateb gwresog bob tro, yn llawer mwy caredig na chwbl onest, ond yn hwb mawr i brydydd bach.

Mae'r caredigrwydd yn dal i ffrydio trwy'r llythyrau, hyd yn oed yr un yn diolch am englyn tila pan drawyd ef yn wael ar Fynydd y Rhobell.

Rhaglen deledu yr oedd o'n rhan ohoni, Swyn y Glec, oedd un o'r sbardunau i fynd ati i gynganeddu ac roedd y teitl yn cyfleu ei agwedd o at yr hen grefft. Mi fedrwch weld y peth yn ei englynion, yr hoffter o'r tro ymadrodd a hwnnw'n adleisio yn y pen oherwydd tinc y cytseiniaid. Mae'r erthyglau o dudalen flaen 'Y Dydd' yn dangos yr un gallu i fathu brawddegau bachog a gwneud argraff efo geiriau.

Rydw i'n cofio clywed am ei farwolaeth, a minnau erbyn hynny yn y coleg ac yn byw y math o fuchedd y byddai ef wedi gwgu arni a dweud "chwarae teg" yr un pryd. Dyna un o'r pethau sy'n dod trwy'r erthyglau yn 'Y Dydd' – yr eangfrydedd a'r cydymdeimlad at bobl. Mae'n rhyfeddol hefyd cymaint o'r pynciau sy'n dal i droelli tros y blynyddoedd – barusrwydd pobol, y frwydr iaith a chalongaledwch. Roedd yn un o'r ychydig bobl hŷn oedd yn fodlon cefnogi pobl ifanc Cymdeithas yr Iaith yn gwbl agored ac mae hynny'n dweud llawer amdano. Dim ond ar un pwnc y mae'n tynnu llinell yn gyson, a hynny oedd agwedd pobol at ddiod, y capel a'r Sul. Roedden ni yn Nolgellau yn gwybod am ei farn sicr am urddas ei grefydd a'i barodrwydd i siarad yn blaen – yn null y chwarelwyr yr oedd yn un o'u llinach. Llechen oedd gan Moses.

Cofio clywed am ei farw a sylweddoli ei fod yn fwy na pherson yn y cof. Roedd yn cynrychioli cyfnod a hwnnw'n gloywi yn fy hanner atgofion fel pentwr o aur mewn cist o dan y gwely. Wrth ddarllen yr ysgrifau, rydw i'n sylwi cyn lleied yr oeddwn i'n ei adnabod mewn gwirionedd. Ac, felly, rhyw hiraeth annelwig sydd yn y gyfrol yma i mi, ynghyd â'r pleser o'i darllen. Hiraeth na ches i'r cyfle i'w adnabod pan oeddwn innau'n hŷn. Ond mae'r argraff yn aros o hyd.

Dylan Iorwerth

DAU ROSYN

Ddechrau'r wythnos cefais gopi o'r llyfryn newydd "Rheolau'r Ffordd Fawr", cyfieithiad o "The Highway Code". Y dydd Llun cyntaf o'r mis bu seremoni fach yng Nghaernarfon (megis yng Nghaerdydd) i ddwyn y llyfryn i sylw'r cyhoedd. Cyflwynwyd y copi cyntaf i Gwyneth Bryan Hughes, geneth dair ar ddeg oed, a gynrychiolai blant ysgol Gogledd Cymru. Yn y cyfarfod hwnnw actiwyd dameg hynod o drawiadol gan Brif Gwnstabl Gwynedd. Wrth sôn am y perygl enbyd sydd i blant ar y ffyrdd heddiw cymerodd ddau rosyn coch rhwng ei fysedd, gan nodi mor hardd oeddynt, yn dlws fel wynebau plant bychain. Yna gwasgodd y rhosynnau, un ym mhob dwrn, a gadael iddynt syrthio'n llipa ar y bwrdd o'i flaen. Wedi'r distawrwydd llethol meddai'r Prif Gwnstabl, "Cofiwn fod dau blentyn yn debygol o gael eu lladd ar y ffyrdd heddiw."

UCHELWR

Cynheiliaid a noddwyr diwylliant Cymru am ganrifoedd oedd yr uchelwyr tiriog. Ceir gan y cywyddwyr ddegau ar ddegau o gerddi moliant i'r gwŷr bonheddig hyn a'u plasdai yng Nghymru. Ond gyda dyfod Y Tuduriaid i orsedd Lloegr aeth yr hen deuluoedd i uchelgeisio drwy barablu Saesneg a throi cefn ar y bywyd Cymraeg. Eu gwehelyth heddiw yw'r bobl grachfonheddig a ddeil eu gafael ar diroedd bro i bwrpas rhent, ond heb gymryd y diddordeb lleiaf yn iaith a diwylliant y werin o'u cwmpas. Canodd Syr John Morris-Jones yn rymus am y dirywiad hwn. Eithr diolch am fod dydd y tynnu-cap a'r cowtowio gwasaidd drosodd.

Yn wyneb hynny gŵr teilwng o glod oedd y diweddar Syr Eric Skaife, Dolserau. Sais o Ddehau Lloegr ydoedd, ac fel milwr y clywodd gyntaf siarad Cymraeg. Gwelodd y gŵr grasol hwn na allai ddeall agwedd a theimlad y milwyr o Gymru heb fedru eu hiaith, ac ymroes i'w meistroli. Ddydd Sul diwethaf clywais filwr yn tystio fel y deuai'r Brigadydd heibio i'r rhengau gyda chyfarchiad Cymraeg. "No Welsh, sir," oedd yr ateb amlaf. Ond wedi cael gafael ar Gymro cofiai wyneb hwnnw a mynnu sgwrs ag ef bob amser yn Gymraeg. Gŵyr llu ohonom mor ddifyr oedd ei ymgom, ac mor bwyllog ac amyneddgar yr ymbalfalai am air Cymraeg yn lle troi at y Saesneg am gymorth parod.

Ymsefydlodd yn ein gwlad gan ymdaflu i'w bywyd, cymryd rhan amlwg yn ei chyflawniadau crefyddol, noddi'r Eisteddfod Genedlaethol a sefydliadau llai, dyfod yn aelod o Orsedd y Beirdd, a chefnogi llu o fudiadau. "Canys y mae'n caru ein cenedl ni" meddid am ganwriad gynt. Trawiadol oedd cynnal ei wasanaeth claddu i gyd yn Gymraeg (er bod amryw o wŷr di-Gymraeg yn bresennol), a chlywed sain telynau ar y diwedd.

Soniais am gywyddau mawl. Da fyddai i Eisteddfod Meirion edfryd yr hen draddodiadau drwy gynnig cadair am gerdd foliant i'r gŵr bonheddig annwyl hwn, a rhoi anrhydedd i uchelwr o'r iawn ryw.

Hydref 26, 1956

HELYNT DŴR

Ar wahân i bwnc poblogaidd y glaw, helyntus yw dyfroedd y dyddiau hyn o Dryweryn i'r Môr Coch. Ni bu ond y dim i'r gamlas droi'n Gamlan. Ond ar ôl dal ein hanadl yn hir ac ofni'r gwaethaf, fe gawn gyfle'n awr i anadlu'n rhyddach am ychydig.

Mae'n ddigon anodd i grefyddwr o Gymro ystyried pwnc yr Aifft yn ddiragfarn. Clywodd o'i blentyndod enw cas Pharo (neu Pharao), ac aeth y wlad yn symbol o gaethiwed a phlâu iddo. Er hynny rhaid wynebu ffaith y deffro a'r ymysgwyd sydd ymhlith yr Arabiaid heddiw, a'u hawydd am undeb. Daeth amser cilio o filwyr Prydain o dueddau'r gamlas (gan fynd onid i Ynys Cyprus i beri helynt gwaeth) a chymerodd milwyr yr Aifft eu lle fel gwarchodwyr. Y cam nesaf oedd i Brydain ac U.D.A., wrthod estyn cymorth i'r Aifft i ddatblygu cronfa ddŵr arall. Ateb y Cyrnol Nasser oedd cyhoeddi mai eiddo'r Aifft bellach fyddai'r gamlas a'r elw a geid ohoni.

GORAU CANNWYLL PWYLL I DDYN

Y syndod mawr yw i Nasser a'i weision lwyddo, er gwaethaf pob darogan croes, i gadw trafnidiaeth drwy'r gamlas. Bu sôn am anfon gosgordd o longau drwodd i roi praw arno, ond pryfocio ynfyd fyddai hynny. Pe bai rhyw longwr yn tynnu ei dafod ar rywun ar y lan, neu ryw ffŵl ar y lan yn tanio un ergyd i gyfeiriad llong, dyna ddigon i gynnau coelcerth na allai'r holl ddyfroedd ei ddiffoddi. Diolch a ddylem na throwyd y dŵr yn waed gan wialen neb. Heddiw, ddydd Mawrth, wedi'r holl fytheirio, gofod bychan a gaiff Suez yn y papurau, a sonnir yn dawel am geisio dod i gyd-ddeall.

Rhaid inni bellach wynebu'r ffaith na thycia'r hen osgo ymerodraethol drahaus, a bod lliaws o wledydd eraill y byd yn deffro i'w hawliau. Nid yw'r diwedd eto. Tynnir ein sylw at helyntion yng ngwlad Pwyl, a chefnogir yr ymysgwyd sydd yno yn erbyn trefn estron. Pawb at y peth y bo, eithr nac anghofiwn ninnau annedwyddwch Cyprus, aflonyddwch darnau helaeth o Affrica (ac ni all gwên Tywysoges gadw'r dyn lliw yn dawel), cyffro yn Hong Kong a rhywrai'n pwysleisio mai darn o China ydyw. a rhyw ddydd daw craig Gibraltar i flaen y newyddion, darn o dir Sbaen. Hwnnw fydd y praw ar ddidwylledd Prydain.

Tachwedd 2, 1956

MEIRIONNYDD

Ys truan o sir yw hi. Treisiwyd ers tro ei thiroedd gan y militarwyr, cuddiwyd ei llechweddau gan y coedwigwyr, meddiannwyd amryw o'i thyddynnod gan Saeson anghyfiaith, mynnir cyfran helaeth o'i dyfroedd gan Lerpwl, ac unwaith eto y mae'r fyddin am geisio rhagor o dir tua Thrawsfynydd. Gresyn na châi Sain Ffagan afael ar asgwrn cefn Michael D.Jones i'w gadw yno er mwyn i blant ein plant gael credu y bu yma'r fath beth dieithr un tro.

AWR GYMRAEG

Wedi'n holl anfodlonrwydd ar ansawdd sŵn, a elwir yn Radio Cymru, wedi'r holl brotestio, wedi i rai gymryd eu dirwyo mewn llysoedd barn er mwyn grymuso'r apêl am ddarlledu eglurach, wele awdurdodau'r radio wedi crynhoi'r prif raglenni Cymraeg o fewn cwmpas un awr. Dyna fentaliti "Awr y Plant" yn ordeinio awr Gymraeg, fel y gallo'r rhai di-Gymraeg osgoi'r fath druth. Darlledir cynnwys awr Gymraeg tua'r union adeg y bydd cyfarfodydd eglwysi, cymdeithasau, a dosbarthiadau yn ystod y gaeaf.

SH! SH!
Y mae sibrwd bod y Pwyllgor Ymgynhorol wedi argymell i'r Llywodraeth, ac y bydd hithau yn ystyried yr awgrym cyn bo hir, sefydlu Ysgrifennydd i Gymru, fel y caffom swyddog cyffelyb i'r un a fedd yr Alban. Reit dawel 'rwan.

XXXXXXX
Teipio nodixdxu x wnxf xr gyfer y wxsg. Er bod fy mheirixnt teipio yn hen mxe'n gweithio'n ddi-fxi. Ond mxe un o'r llythrennxu xr goll. Dynx wxhxnixeth x wnx. Mxe'n xnodd dxrllen y fxth xrgrxff.

    X wyt yn xelod eglwysig? xnxml y'th welxf mewn oedfx. xtebi fod digon o xelodxu erxill x xll fynd yno. xc nx wnx dy xbsenoldeb di lxwer o wxhxnixeth, xc nx welxnt dy eisixu.

    Ystyrix dithxu'r gwxhxnixeth mxwr x wnx colli un llythyren fxch.

Tachwedd 16, 1956

TRYWERYN
Nid anghofiwn ninnau yr helynt dŵr sy'n nes atom. Hoffa'r Cymro driban a thriawd. Aeth tri i Lerpwl y dydd o'r blaen i brotestio'n gyhoeddus yng nghyfarfod Cyngor y Ddinas yn erbyn boddi Capel Celyn. Yr oedd y Cyngor wedi gwrthod cais y Pwyllgor Amddiffyn am gael cyflwyno'r ddadl, a hynny ar y tir nad oedd yn arfer ganddo dderbyn dirprwyaeth. Ond aeth Mr Gwynfor Evans a'r Dr Tudur Jones a Mr David Roberts yno a gweld dirprwyaeth Sosialaidd yn cael cyflwyno'i phle ar bwnc nad oedd a wnelo'n uniongyrchol â'r ddinas. Cododd y tri Chymro i ddatgan eu cais dros Gymru, ond boddwyd eu geiriau gan floeddiadau dinesig, a chael plismyn i'w symud fel bwrw allan gythreuliaid. Meddyliwch mewn difri am dri Chymro mor fentrus! Beth a ddaw ohonom os awn ymlaen fel hyn!!

Tachwedd 30, 1956

CAPEL CELYN

Aeth miloedd o Gymry o dro i dro am drip diwrnod i Lerpwl, ond y fintai ryfeddaf ohonynt erioed oedd dewrion Capel Celyn a'r fro yn gorymdeithio drwy'r heolydd dinesig i brotestio yn erbyn y bwriad i foddi eu cartrefi. Hoffwn gael gwybod, pe bai modd, sawl un allan o filoedd Cymry Lerpwl a drafferthodd i fynd i'w gweld a'u cefnogi. Rhoes y Cyngor wrandawiad i'w ple, ond ni thyciodd eu dadl pan bleidleisiwyd yn ffafr y cynllun.

"Rhaid inni gael dŵr o Gwm Tryweryn yng Nghymru," ebe Arglwydd Faer y ddinas. "Dibynna bywyd y ddinas hon ar ddŵr, yn ddŵr yfed neu i bwrpas arall. Rhaid inni ei gael neu fe beryglir ein dyfodol.

Ie, peryglu Lerpwl; ond ni waeth heb â sôn am beryglu Capel Celyn.

ADDYSG

Yn ôl "Y Dydd" wythnos yn ôl bu cyfeirio at Ysgol Dr Williams [Ysgol breswyl breifat i ferched yn Nolgellau], yng nghyfarfodydd diwethaf y Cyngor Gwledig a'r Cyngor Trefol. Cydnebydd pawb fod yr addysg a roddir yn "Yr Ysgol Newydd" o safon aruchel. Er hynny y mae'n hen bryd cyhoeddi'n blwmp ac yn blaen fod bodolaeth yr ysgol hon, a siarad yn gyffredinol, heddiw yn niweidiol i'r cylch hwn, drwy fod wedi atal am flynyddoedd ddatblygu darpariaeth addysgol i enethod yn yr ardal. Yr ydym yn byw mewn cyfnod pan gydnabyddir hawl pob plentyn yn y deyrnas hon i addysg uwchraddol (secondary). Ond oherwydd y berthynas (ag ynddi elfen o snobri, weithiau) â'r Ysgol Newydd, ac amodau'r llywodraethwyr, yr ydym yn euog o amddifadu nifer mawr o enethod o hyn, ac ni chawsant ond addysg eilradd (second-rate).

Y mae pobl Dolgellau a'r cyffiniau wedi goddef hyn yn rhy hir, ac y mae bai ar ein cynghorwyr am fodloni ar y drefn. Y mae ysgol newydd yn Harlech heddiw, diolch amdani. Ond y mae pendref y sir, lle cyferfydd y Pwyllgor Addysg, ymhell ar ôl yr oes. Ymlaen, ymlaen â'r bwriad i helaethu Ysgol Ramadeg y Bechgyn, a'i gwneud yn ysgol gymysg. Os yw arian grant y Llywodraeth yn brin ar hyn o bryd

15

dechreuer drwy ddefnyddio ysgoldai'r capeli ac adeiladau eraill, fel y gwnaed dan anfanteision mewn llawer ardal.

Yr wyf o blaid pob tad a mam a ddymunai i'w geneth gael mynd i Ysgol Dr Williams, os dyna'u dewis. Ond er mor bwysig yw diogelu hawl y lleiafrif, y peth pwysicaf a chyntaf yw rhoi cyfleusterau addysg o fewn cyrraedd pob plentyn yn gyffredinol. Y mae Pwyllgor Addysg Meirion yn torri'r gyfraith drwy beidio â'i gweinyddu'n gyflawn. "Pan fydd yr ysgol gymysg yn barod." Ie, ond pa bryd?

Ionawr 25, 1957

STAMPIAU

Caiff dyn hwyl bach diniwed wrth ddilyn hanes gwerthu am brisiau uchel gyfres fân-dyllog (perforated) o stampiau Post. Mor helyntus yw canlyniadau ambell gamgymeriad bychan! Mor uchel yw gwerthoedd ein gwareiddiad! A wyddech nad oedd stampiau ers talwm wedi eu hanner-wahanu oddi wrth ei gilydd, ond y cadwai pob Postfeistr siswrn wrth ei ymyl er mwyn torri'n rhydd ichwi bob stamp a brynech? Y mae lled-argraff ar fy meddwl mai gŵr o Flaenau Ffestiniog a ddyfeisiodd y dull hwn o fân-dyllu papurau. A oes rhyw ddarllenydd a all fy ngoleuo ar y pwnc?

Chwefror 1, 1957

SAFONAU GWAREIDDIAD

Yr hysbysiad cyntaf (ac felly'r pwysicaf) yn y newyddion radio am un o'r gloch nawn Mercher, Ionawr 23, oedd am eni merch i'r Dywysoges Grace Monaco, a'i chroesawu ag ergydion un ar hugain o ynnau. O tempora! O Mores! Ofnwn yn fawr y cyhoeddid yr un peth eto yn Gymraeg am 6.30, ond diolch am hynny o arbediad.

TELEDU

A wyt yn ysu am gael set TV a'th blant yn crefu'n ddi-daw am y fath ryfeddod? Na thybia y bydd yn nefoedd-ar-y-ddaear fodern arnat wario dy bres.

16

Edrydd rhyw George Mikes amdano'i hun yn sylwi bod ei ferch saith a hanner oed yn troi'n eneth nerfus, yn ofni tywyllwch ac yn deffro droeon yn ystod y nos. Priodolai ei wraig hynny i effaith TV a phenderfynodd yntau wylio rhaglenni "Awr y Plant" am yr wythnos yn dechrau Rhagfyr 30.

Bu'n llygad-dysg i ladrad, bygwth, ymladd, saethu, poenydio, fflangellu, crogi dynion (gan egluro manylion y driniaeth), lladd (a rhoi darlun-agos o ŵr newydd ei ladd), heb sôn am glywed bratiaeth ddifrifol a chyfleu arswyd rhag crocodilod. Yn ystod yr wythnos gwelodd gyflawni pedwar trosedd dychrynllyd, lladd ugain o bobl a chlwyfo ugeiniau. Ni chaed awgrym o gwbl o dynerwch, cydymdeimlad a chariad. Dewrder garw a chwrs oedd y prif rinwedd, a hynny mewn troseddwr ac arwr fel ei gilydd. Rhamantu grym a chreulondeb a throsedd oedd y duedd, a'r effaith ar blant yn andwyol. Dyna'r didwyll laeth modern i blant. Ychwanega'r awdur iddo atal ei blentyn rhag gwylio rhagor o'r fath raglenni, ac nad yw hi mwyach yn deffro mewn braw ganol nos. Ond fe ddeffry ef ei hun!

Gwn am rieni sy'n nacâu cael set deledu i'w haelwyd rhag ofn i'w plant fynd i esgeuluso eu tasgau ysgol. Purion. Eithr efallai mai'r lleiaf o'r drygau yw hynny.

EIFION WYN

Mwynheais ddarllen rhifyn gaeaf *Y Genhinen*. Bydd yn dda gan Feirionwyr gael ynddo "Gerdd Foliant i Michael D.Jones" a enillodd i'r Parch.Gerallt Jones gadair Llanuwchllyn llynedd.

Eithr syn gennyf weld yn "y dyddiadur" sy'n rhan o'r cylchgrawn eiriau anffafriol iawn am emyn Eifion Wyn "Un fendith dyro im". Meddai'r awdur: "Yn wir, o'i ddarllen yn ofalus y mae'n syndod iddo erioed gyrraedd unrhyw gasgliad o emynau. A oes pennill lawn mor amrwd ei gnawdolrwydd yn yr iaith â hwn?

A phan ddêl dyddiau dwys
    Caf orffwys ar Dy ddwyfron;
Ac yno brofi gwin Dy hedd,
    A gwledd Dy addewidion."

Ni wn pwy biau'r sylwadau anghygoel hyn. Nid oes gennyf hawl i ddyfalu mai Annibynnwr yw, er y casglaf mai o'r *Caniedydd Cynulleidfaol Newydd* y dyfynna'r pennill, ac nid o'r *Llyfr Emynau* nac o *Emynau Llawlyfr Moliant*, fel y prawf defnyddio priflythyren deirgwaith i "dy".

Ni fynnwn geisio ymgyfiawnhau gyda brawddeg Paul wrth Titus "Pur yn ddiau yw pob peth i'r rhai pur," ond hawliaf imi ganu'r emyn hwn ddegau o weithiau heb erioed deimlo ias o'r cnawdolrwydd y cyfeiria'r dyddiadurwr ato mor anghyfrifol.

Y gwir yw mai peth gorfentrus yw beirniadu ymadroddion emyn heb gofio am y Beibl. Yn yr Ysgrythur y cafodd yr emynwyr at ei gilydd eu porfeydd gwelltog, ac y mae llawer gwelltyn wedi cydio yn eu dillad, a hwythau yn wlyb eu cerddediad gan y gwlith. Ni chaf fi drafferth i dybio mai am y disgybl "yr hwn oedd yr Iesu yn ei garu" y meddyliai Eifion Wyn, a chafodd yr ymadrodd "pwyso ar ddwyfron yr Iesu" yn Ioan xiii,25 (a xxi,20). Yn ei emyn ni wnaeth ond dodi "gorffwys" yn lle "pwyso", gan feddwl cael yr odl gyrch yn eglurach. A chan gofio am y Swper Olaf soniodd am "wledd" a "gwin" (er y gorfoleddai'r beirniad pe llithrasai'r emynydd drwy sôn am laeth). Gwell inni oll fyfyrio ar gwpled arall o'r un emyn:

> Ond im dy garu'n iawn
> Caf waith a dawn sancteiddiach.

Chwefror 8, 1957

O GYNGOR I GYMRU
Wedi misoedd lawer o ymchwil cyhoeddodd y Cyngor i Gymry (i bwrpas cynghori'r Llywodraeth y sefydlwyd ef) adroddiad trwchus ar bwnc adrannau gweinyddol yn ein gwlad. Mr Huw T.Edwards yw cadeirydd y Cyngor, a sefydlwyd panel arbennig dan ofal Syr William Jones i archwilio'n fanwl beirianwaith gweinyddol y Llywodraeth yng Nghymru. Ni ofynnwyd iddynt ystyried pwnc datganoli'r Llywodraeth, fel na pherthynai iddynt fynegi barn ar gwestiwn Senedd i Gymru.

Sylwodd y panel ar lu o enghreifftiau o wahaniaeth rhwng Cymru a Lloegr. Yr oeddynt wedi argymell o'r blaen y dylai penaethiaid adrannau Amaethyddiaeth, Addysg, Iechyd, Tai a Llywodraeth Leol, gael safle Is-ysgrifenyddion, a chanoli'r adrannau hynny yng Nghymru ac nid yn Llundain.

YSGRIFENNYDD I GYMRU

Safle gyfartal â'r Alban a argymhella'r panel, a dylid cydio'r pedair adran uchod wrth ei gilydd dan un prif swyddog, sef Ysgrifennydd i Gymru, a hwnnw yn aelod o'r Cabinet. Dan y gweinidog hwn a'i is-swyddogion a'u staff amrywiol y gweinyddid yng Nghymru adrannau amaethyddiaeth, addysg, gwasanaeth tân, pysgodfeydd, coedwigaeth, tai, y weinyddiaeth hysbysrwydd, llywodraeth leol, y gwasanaeth iechyd, yn ei holl agweddau, heddlu, ysgolion i droseddwyr ifainc, ffyrdd a phontydd, bwrdd ymwelwyr, cynllunio gwlad a thref, cronfeydd dŵr, a'r gwasanaethau i blant ac i'r hen a'r dall a'r cyffelyb.

Prawf memorandwm y Cyngor fod y teimlad sy tu ôl i'r mudiad cenedlaethol yng Nghymru yn ennill tir, ac y dylai'r Llywodraeth roi rhagor o gydnabyddiaeth i Gymru. Mewn datganiadau yn y wasg croesawyd yr argymellion gan lu o wŷr cyhoeddus yn y wlad. Ni byddai cael Ysgrifennydd yn datrys ein holl broblemau, ond yn sicr byddai hyn yn gam ymlaen tuag at chwarae teg i genedl y Cymry. Gobeithio'n awr y bydd i'r Llywodraeth dderbyn barn y Cyngor, a sefydlu gŵr cyfrifol (Cymro wrth gwrs) yn Ysgrifennydd.

Chwefror 15, 1957

YR AIFFT A CHYPRUS

Dim ond rhyw £30,000,000 a gostiodd y trip i Suez, meddir. Ymddengys yn rhad iawn, a chysidro. Mae'n wir i ychydig bach o Eifftiaid hefyd ddioddef, ond pa ots am hynny? Efallai y daw gweddill y bil i law cyn bo hir.

Islaw'r Gamlas, yn nhueddau Aden, dialwyd ar wrthryfelwyr trwy ddifodi'n llwyr bentref Danaba ar ôl rhybuddio'r trigolion i ffoi. Ffoi i b'le tybed? Ni ddefnyddiodd yr awyrenwyr ond 93 o fomiau 500 pwys, a 72 o rocedau. Gwir y dywedodd Rudyard Kipling nad yw'r Deg Gorchymyn yn cyfri i'r dwyrain o Suez.

Eithr na hidier: i'r gogledd o'r Gamlas, sef yn ynys Cyprus, fe fydd gan Brydain Fawr ddeunaw bataliwn o filwyr, sef y casgliad mwyaf o'i gwŷr arfog yn yr holl fyd. Peidier â holi pa hawl foesol sydd ganddynt i fod yno. Niwsans yw cenedlaetholwyr ym mhob man.

BOM MEGATON

Sylw undydd yn unig yn y newyddiaduron a gafodd y ffaith bod bom megaton Prydain Fawr bron â bod yn barod. Gall yr arf newydd hwn beri dinistr i fesur miliwn o dunelli T.N.T. Addefodd y Gweinidog Amddiffyn Mr Duncan Sandys, na fydd modd arbed yn llwyr y deyrnas rhag awyrennau yn hedfan cyn cyflymed â sŵn, ac enwodd Rwsia fel cartref y bygwth â rocedi.

Myn rhai fod yn ein hoes ni gynnydd mewn achosion o hunanladdiad. Onid ymddengys weithiau fod pawb ohonom gyda'n gilydd ar y ffordd tua'r dibyn hwnnw? Os daw rhyfel mawr eto ni bydd ystyr mewn amddiffyn, dim ond ymosod yn gibddall. Teimlaf fod gwerin Prydain wedi ei chyflyru'n ddiflas i ryw hanner-anobaith a hanner-diystyrwch yn wyneb y gwae bygythiol hwn. Hidia-befo yw arwyddair ein dydd.

SGROLIAU'R MÔR MARW

Ni chafodd y Beibl ers rhai blynyddoedd y fath sylw cyhoeddus ag a gaiff heddiw. Ceir sgyrsiau radio a llu o ysgrifau a thoreth o lyfrau amdano mewn llawer gwlad. Llanc o fugail Muhammad Adh-Dhib, sy'n gyfrifol. Y mae'n byw yn yr anial diffaith tua gogledd-orllewin y Môr Marw, lle llosgwyd gynt ddinasoedd Sodom a Gomora, a lle bu Saul yn erlid Dafydd yn Engedi, ac nid ymhell iawn o'r man lle cafodd y Samariad trugarog ŵr wedi syrthio ymhlith lladron. Fel y daeth Saul yn frenin drwy fynd i chwilio am asynnod ar goll, cynhyrfwyd ysgolheigion gannoedd drwy i Muhammad y Beduin gwyllt fynd i chwilio am un o'i eifr. Wrth eistedd i orffwys rhag yr haul eirias sylwodd ar dwll yn y graig. O amau bod yno ogof taflodd yn ddiog garreg i'r agen, a chlywed sŵn torri llestri.

Er pan daflwyd y garreg gyntaf yn 1947 caed mewn tair ardal o fewn cylch o bymtheg milltir yno nifer helaeth o ogofau ag ynddynt gawgiau yn dal sgroliau a llawysgrifau amrywiol, llythyrau a chyfamodau ar ledr, ac arian bath. Ac wrth durio ger mynachlog a mynwent tuag ardal Wadi Qumrân (enw'r Arabiaid ar Gomora) cafwyd rhagor o olion gwerthfawr.

GWLADGARWCH

Daethom unwaith eto at drothwy yr un diwrnod o'r flwyddyn pryd y caiff Cymro cyffredin sôn am garu a pharchu ei wlad a'i genedl heb i'w frodyr haeru mai peryglus ydyw. Na'n wir, dafad go ddiniwed yw'r Cymro, wedi dysgu tewi dan bob triniaeth. Testun priodol a gafodd myfyrwyr y colegau i'w ddadlau ar y radio, sef "ein bod yn protestio mewn geiriau, a geiriau'n unig".

Nid yw'r Sais wedi arfer sôn am sentiment gwerthfawr y gwladgarwr. Ni bu raid iddo, oherwydd ers dyddiau Elisabeth I bu ei "wlad" gyfled â'r byd bron. Ond erbyn oes yr ail Elizabeth y mae ei ymerodraeth yn lleihau a chrebachu'n brysur, ac fel 'y dadfeilia hi bydd yn naturiol iddo yntau sôn mwy am ei chaer olaf, sef ei wlad ei hun.

Nid syn felly oedd clywed y Gweinidog Addysg, yr Arglwydd Hailsham, yn ei sgwrs radio nos Sadwrn yn cymell mawrhau gwladgarwch (patriotism). Dyna fesur o'r newid a fu. Ond sylwer yma eto ar farc y gwahaniaeth rhwng Cymro a Sais. Ni sonia'r Cymro yn aml am wladgarwch (ar wahân i floeddio yn uchel nodau olaf ei unawdau ymfflamychol). Am genedlgarwch y llefara ef, ac nid dibwys y gwahaniaeth.

AFFRICA

O Fawrth 6 ymlaen Ghana fydd enw newydd y darn o Orllewin Affrica a elwid yn Draeth Aur, canys rhoir mesur helaeth o hunanlywodraeth i'r brodorion. Diolch am weld hyn o welliant yn y drefn. (Gorwedd, Mot!) Ond gwaethygu y mae'r sefyllfa yn Neau Affrica. Carcharwyd o fewn saith wythnos wyth mil o'r brodorion lliw a fynnai gerdded rhyw naw milltir i'w gwaith yn hytrach na thalu'r codiad o geiniog y trip ar y bysiau arbennig a drefnid iddynt. Bob bore a hwyr oddi ar y Calan y mae rhyw ddeng mil ohonynt yn cerdded o'u cartrefi i'w gwaith yn Johannesburg. A chofier ei bod yn anterth haf yno. Pam na symudant i fyw yn nes at eu gwaith, meddych. Ond yn ôl gorchymyn y dyn gwyn rhaid iddynt drigo mewn treflan ar wahân iddo ef. Ni chaiff y brodor tywyll ei groen roi ei ben i lawr lle mynno. Heb bleidlais ganddo, heb hawl i streicio, dan reolaeth a gwaharddiad ar bob llaw, ni all y dyn lliw brotestio heb ei gosbi ef ei hun druan.

21

Mawrth 15, 1957

IWERDDON

Bu newid amlwg ym mywyd gwleidyddol ein cefndyr yn Iwerddon hefyd, ac yn yr etholiad dychwelwyd plaid De Valera i awdurdod. Y mae'r gŵr mawr hwn bellach yn 75 oed, ac nid oes ond ychydig flynyddoedd er pan gyfrifai Lloegr ef yn un o'i chaseion pennaf. Gwelodd ef ladd llu o'i gyd-weithwyr, a dioddefodd yntau garchar. (A geir unrhyw beth o werth heb fod dioddefwyr?) Gwnaeth y dirwestwr glew hwn bob ymdrech i edfryd ei hiaith i'w genedl, a heddiw, yng nghanol y cynhyrfu sy'n ysgwyd ffiniau gogledd yr ynys werdd, ef a gyfrifir yn bennaeth ei wlad.

ENWAU SIOPAU

Llonnodd fy nghalon wrth imi gerdded drwy'r dref a gweld uwchben siop a adnewyddwyd yn ddiweddar yr enw "Siop Eames". Ni chaf fi hysbysebu ar ran neb yn y colofnau hyn, ac ni ddymunwn arbed y llafur a'r arian i'r cyfeillion hynny. Ond diolch am gael gweld tipyn o hunanbarch Cymraeg a hunanhyder Cymreig o'r fath, cyffelyb i achos "Y Gymdeithas Wlân" a "Tafarn Laeth Glyn-dŵr" a "Siop y Cymro", ac ambell un arall heb anghofio "Hufenfa Meirion". Gobeithio y bydd i'r ffasiwn newydd hen ymledu drwy'r dref.

Mawrth 22, 1957

BOMIO

Y mae Llywodraeth Prydain yn benderfynol o saethu ei bom Hydrogen gyntaf yn Christmas Island yn y Môr Tawel cyn diwedd y mis hwn. Y mae protestio brwd yn Tokyo a holl Japan yn erbyn y bwriad. Gŵyr pobl y darn hwnnw o'r byd fwy na neb arall am effeithiau ergydion atomig, canys ar Hiroshima y gollyngwyd y bom gyntaf Awst 6, 1945, pryd y lladdwyd trigain mil o bobl, a chlwyfo can mil arall. Er bod pedair mil o filltiroedd o Christmas Island i Japan, o'r cyfeiriad hwnnw y chwyth y gwynt ran amlaf, ac ofnir y bydd iddo ddwyn gydag ef y llwch marwol a'r gweithgarwch-radio o faes yr ergyd. Gall yr effaith fod yn andwyol hefyd ar bysgod y Môr Tawel, a dyna brif fwyd Japan.

CYPRUS

Ynys y gofidiau yw hi o hyd. Ddydd Mercher y 13eg crogwyd Evagoras Palikarides, llanc 19 blwydd oed, am feddu ohono wn. Y mae bod yn wladgarwr yn rhinwedd yn Lloegr, ac fe'i bendithiwyd a'i feithrin mewn llawer gwlad rhwng 1939 a 1945, ond y mae'n drosedd yng Nghyprus heddiw. Syfrdanwyd y trigolion gan erwinder y gosb, a bu diwrnod o dawelwch mawr dros yr holl wlad. Ond dealler bod yr eglwysi yno yn orlawn adeg oedfaon a dewrder y calonnau di-ildio yn rhoi gorfoledd yn y canu. Dylai'r Saeson gilio o'r ynys mewn cywilydd, yn lle troi aelwyd pobl eraill yn gaer ymerodrol. "Eich dwylo sydd lawn o waed." Dydd traws fydd diwedd treiswyr.

Mawrth 29, 1957

BOMIO

Ymysg y sylwadau a gaed ar fater saethu bomiau atomig y rhyfeddaf a welais i oedd yn "The New Statesman and Nation" lle dyfynnid o'r "Evening News" eiriau y Parchedig R.G.Kirkby. Dim ond dwy frawddeg a gyhoeddid, a gwn y gellir weithiau dynnu ymadroddion allan o'u cyd-destun nes peri iddynt ymddangos mewn gwedd arall o ran ystyr. Hyd yn oed a chofio hynny wele'r brawddegau: "Deallaf fod Prydain i ffrwydro pedair bom Hydrogen uwchlaw'r Môr Tawel yn y gyfres o arbrofion sydd ar ddigwydd. Nis saethir yn ystod y Grawys." (Gwir yw hynny. Am Ebrill y soniwyd gyntaf fel mis y gollwng. Dywedir yn awr mai ym Mai y daw'r ergyd gyntaf, a rhyw ddwy wedyn ym Mehefin.)

Yn wyneb y peryglon difrifol sydd ynglŷn â'r ergydio hwn, onid yw'n anhygoel bod gwas i'r Arglwydd Iesu yn gallu ymgysuro wrth feddwl y bydd i'r awdurdodau barchu gwyliau eglwysig? Pan oedd yr arweinwyr crefyddol Iddewig yn cynllwynio i groeshoelio Arglwydd y gogoniant dyweden hwythau "nid ar yr yl" (Mathew xxvi, 5).

ENWAU LLEOEDD

Eleni cyhoeddodd Gwasg Prifysgol Cymru lyfr hylaw "Rhestr o Enwau Lleoedd", pris 10/6. Dyma gyfrol ragorol, yn cynnwys yn Gymraeg a Saesneg gyfarwyddiadau i ddod o hyd i enw lle ar fap graddfa modfedd i'r filltir dan gyfundrefn y Grid Prydeinig. Ceir rhagair cynorthwyol ar fater esbonio enwau lleoedd gan Syr Ifor Williams, yr awdurdod pennaf ar y pwnc.

Gan fod i enw'r dref hon le amlwg yn y rhagair, mentraf ddyfynnu darn ohono. Wrth sôn am y modd y newidiwyd enwau dywed:

"Felly y cawn *nentydd* fel lluosog *nant*, a *nanheu, nanneu*, a *Nannau*, gyda *Nanney* fel amrywiad Seisnigaidd. Yn yr un modd ceir *Dolgelley, Dolgelle, Dolgellau*. Casglwn, gan hynny, nad oedd a wnelai'r enw â'r gair *celli* 'grove', gan mai lluosog hwnnw yw *celliau, cellïoedd*. Ar yr *i* yr oedd yr acen ynddo a chedwid yr *i* honno beth bynnag arall a gollid o'r gair. Felly, ni throai *Dolgellïau* byth yn *Dolgellau*. Ar ôl yr enw benywaidd *dôl* ceid y gytsain yn meddalu: dyna pam y ceir *-gellau* yn yr ynganiad. Golyga *cell* yr un peth â'r Saesneg *cell*; daw y ddau o'r Lladin *cella* ac ystyr hwnnw yw 'store-room, chamber, granary, stall, hut, cot', ac fel term eglwysig 'ystafell mynach neu feudwy'. Yn *Exchequer Proceedings* Jeffreys Jones, td.244, rhoir hanes cwyn cyfreithiol yn amser y brenin Iago I, "The market town or borough of *Dolgelley* and divers parcels of waste grounds and commons in and adjoining the town. One weekly market and three annual fairs have been kept time out of mind for the buying and selling of cattle and other commodities. The king's subjects have had their *stalls* and standing on the waste grounds paying the crownd farmer divers sums of money for each site." Felly, ers cyn cof yr oedd *stalls*, sef *cellau*, yn rhan o'r dre farchnad bwysig hon a dyna pam, yn ôl fy marn i, y galwyd y Ddôl yn Ddolgellau."

FFURFIAU CYWIR

Mewn 118 tudalen ceir rhestr gynhwysfawr i ddangos inni sut i sgrifennu'n gywir enwau petrus. Dyma rai o ddiddordeb lleol: Abergeirw, Aberllefenni, Abermo, Afon Celynnog, Cerist (nid Ceryst), yr Aran (nid Arran) y Bont-ddu, Bryn-crug, Bwlch y Groes, Cadair Idris (fi a'm pennawd!!), Caerunwch, Drws-y-Nant, Islaw'r-dref, Llanelltud (nid Llanelltyd), Tri Greyenyn, Llynnau Cregennen, Nant Ffridd-fawr, Rhyd-wen, Rhyd-y-main, Tal-y-llyn, Tyrau-mawr. Yn unol â'r patrwm hwn sgrifenner Bwlch-coch, Pen-y-banc.

Ebrill 12, 1957

EISTEDDFOD

Byddaf yn rhyfeddu bob blwyddyn o weld miloedd o blant yn cystadlu yn Eisteddfod yr Urdd heb ddisgwyl unrhyw dâl ariannol am eu hymdrech.

Gwelais enghraifft gyffelyb i godi fy nghalon wrth imi feirniadu yn Eisteddfod Aelwydydd Glannau Mersi y mis hwn. Mewn un gystadleuaeth gofynnid am Gywaith (o leiaf chwech i gydweithio) gan rai dan 35 oed, sef blodeugerdd o farddoniaeth beirdd cyfoes, gyda bywgraffiad byr o bob awdur. Synnais dderbyn tri chasgliad, a bûm am rai oriau yn eu darllen. Cynhwysai un casgliad waith 14 bardd, yr ail 18, ond y trydydd 87. Golygodd hyn oll llafur enfawr i'r selogion hyn am wythnosau. Yr oedd y ddau gasgliad cyntaf yn dda, ond yr olaf yn uwchraddol. A chofier nad oedd ceiniog o wobr i neb.

Yr ydym ni rai canol oed wedi ymgolli mewn dal abwyd y cyflogau mawr gerbron llygaid ein hieuenctid. Byddaf yn tybio weithiau mai ein swyno ni'n hunain yn unig a wnawn. Bendith ar ein pobl ifainc sy'n ceisio dysgu eu rhieni fod pethau mewn bywyd na ellir eu prisio wrth safonau Mamon.

DOSBARTHU

Pan benderfynwyd dileu'r "Trydydd Dosbarth" o faes y trên ni roes pobl fawr o sylw i'r peth, ac yn ymarferol ni olygodd unrhyw wahaniaeth i deithwyr. (Nid oedd a wnelai'r Trydydd Dosbarth ddim oll â'r Drydedd Raglen ar y radio, y bu cymaint trafod arni yn ddiweddar.) Syrffedais ar weld y newyddiadurion ers dyddiau, wrth geisio brudio darpariaethau'r Gyllideb, yn sôn am fuddiannau'r Dosbarth Canol. Parchuswyd y term "gweithiwyr" a "dosbarth gweithiol" ers tro byd, a hawlid ein bod oll i mewn yn hwnnw. Pwy yw'r Dosbarth Canol ynteu – A wyf fi, o fewn y terfynau breintiedig? Nag ydwyf, yn sicr, canys gwelaf yn ôl y newyddiaduron heddiw mai'r dyn a ennill £2,000 y flwyddyn yw cynrychiolydd y dosbarth canol. Gan na ddeuaf fi o fewn ergyd carreg at gael hyd yn oed hanner y swm hwnnw rhaid imi fy nghyfrif fy hun fel aelod o'r dosbarth isaf mewn cymdeithas, ie, gyda'r "tlodion" cyffredin.

Ebrill 19, 1957

RHYDDID

Y mae Lloegr wedi gorfod ildio ar bwnc Singapore, ac y mae'r trigolion i gael mesur o hunanlywodraeth. Daw rhyddid hefyd i Malaya gyfagos ar y dydd olaf o Awst. Arwyddocaol yw'r ffaith fod anesmwythyd ers tro yng ngheyrydd milwrol yr Ymerodraeth, megis ym Malta, Cyprus, tiriogaeth Aden, a Singapore. Nid yw'r diwedd ymhell, canys dyna arwyddion yr amseroedd. P'le'r wyt ti arni, Gymro bach? Nid Craig Gibraltar yw Craig yr Oesoedd. Daw cyn bo hir gynyrfiadau na freuddwydiaist am eu cyffelyb, a gweddnewidir ffiniau a llywodraethau. A wyt ti yn barod i weld newid chwyldroadol yn dy wlad dy hun?

Ebrill 26, 1957

PREGETHWYR

Yn nyddiau'r prinder, yn yr hirlwm crefyddol sy yng Nghymru, y mae'n anodd yn aml gael gweinidog neu bregethwr cydnabyddedig ar gyfer pob cynulleidfa. Pan na cheir neb, rhaid cael rhywun! A'r canlyniad anochel yw fod yn esgyn i bulpud rai na fwriadodd natur na gras erioed iddynt wneud, ac ambell un nas cymeradwywyd gan ei eglwys leol na chan ei gyfundeb.

SEDDAU

Un pwnc eglwysig sydd yn fy ngogleisio ers tro yw colofn yr "eisteddleoedd" yn yr adroddiadau eglwysig. Pan godwyd y capeli yr oedd ystyr i'r tâl hwnnw gan ei fod fel ardreth yn ffordd o dalu costau'r adeilad. Yna aeth yn fater teuluaidd, a bellach fe ymgaledodd i fod yn bwnc hawlfraint. Pe cawn i fy ffordd byddai pob sedd mewn addoldy yn rhad a di-dreth, a than reol y cyntaf i'r felin.

SALM 23 AR "CRIMOND"

Yr Arglwydd yw fy Mugail i,
    Heb eisiau gorwedd 'gaf
Mewn porfa welltog, ac fe'm dwg
    Ger dyfroedd tawel, braf.

Fe ddychwel Ef fy enaid i,
    A'm harwain i bob awr
Hyd lwybrau ei gyfiawnder Ef
    Er mwyn ei enw mawr.

Ar hyd glyn cysgod angau du
    Pe rhodiwn, ni chawn fraw;
Dy ffon a'th wialen cysur 'rônt,
    'Rwyt Ti dy Hun gerllaw.

Bord a arlwyi ger fy mron
    Er gelyn llidiog iawn;
Iraist fy mhen ag olew drud,
    Fy ffiol i sydd lawn.

Daioni a thrugaredd Duw
    A'm canlyn i bob dydd;
A phreswyl im yn nhŷ fy Nhad
    I dragwyddoldeb fydd.

CHWERTHIN

Yn Nhŷ'r Cyffredin ddydd Mawrth diwethaf pan ofynnodd Mr George Thomas, A.S. dros Orllewin Caerdydd ynglŷn ag effaith radiostrontion ar fywyd y trigolion sy'n byw yn y rhannau mynyddig o Gymru, chwerthin am ei ben a wnaeth cefnogwyr y llywodraeth ar y seddau ôl.

    Pan gafodd ddistawrwydd dywedodd Mr Thomas "nid ydynt yn chwerthin yng Nghymru," a gofynnodd "ers pa bryd y mae'r llywodraeth yn gwybod am y peth? Mae'r hyn a ddywedodd

Is-ysgrifennydd y Weinyddiaeth Amaeth am y swm o strontiwm a ddarganfyddwyd ym mynyddoedd Cymru wedi achosi pryder cyffredinol."

Efallai nad oes berygl i iechyd pobl Cymru yn awr ond bwriedir dal ymlaen i brofi bomiau atomig a hydrogen ac oblegid hynny y mae'r perygl yn sicr o gynyddu.

Gall dynoliaeth ei dinistrio ei hunan drwy dramwy'n rhy bell ar lwybrau gwyddoniaeth, nid yw dyn eto wedi cyrraedd y stâd y gellir ymddiried holl gyfrinachau'r cread iddo.

Tynghedwyd Cymru i fod yn "Cinderella" y gwledydd Prydeinig – am ba hyd y goddefir?

TRYWERYN
Daeth mesur Corfforaeth Lerpwl o flaen Pwyllgor Dethol Tŷ'r Arglwyddi ddechrau'r wythnos hon.

Yr oedd dau gorff ar hugain wedi deisebu yn erbyn y cynllun, ond tynnodd y cwbl yn ôl ond tri.

Y tri sy'n sefyll ydyw Cyngor Sir Meirionnydd, Cyngor Dinesig y Bala a pherchenogion eiddo ym mhlwyfi Llanfor a Llanycil.

Felly o'r rhai a ddeisebodd nid erys ond Sir Feirionnydd yn unig. Wele enghraifft arall o blwyfoldeb a hunangarwch awdurdodau a byrddau cyhoeddus Cymru. Heb rithyn o amheuaeth mae gweithred Corfforaeth Lerpwl yn weithred orthrymus a chreulon – ni allai Rwsia wneud yn well na hyn, ond gan i'r rhai a dynnodd yn ôl gael sicrwydd nad yw'r cynllun yn effeithio ar eu buddiannau hwy ciliasant o'r maes.

Enghraifft arall yw hon o dechneg glasurol y gorthrymwr "divide and conquer".

Dalied Meirionnydd i ymladd, nid dyma'r tro cyntaf i drigolion dewr y sir hon ymladd yn erbyn gormes. Nac aed merthyron "Rhyfel y Degwm" o'n cof.

Mai 10, 1957

GEIRIAU DOETHINEB
Y noson o'r blaen gwrandawn ar y radio drafodaeth Saesneg ar faterion Cymreig. Ymhlith cwestiynau eraill gofynasai rhyw gyfaill o Sais a oedd perygl, pe câi Cymru Senedd, y gwneid yr iaith Gymraeg

yn unig iaith swyddogol y wlad. Sicrhawyd ef gan Mrs Eirene White a Mr Emlyn Hooson y byddai yma ddwy iaith syddogol, ond y dyrchefid y Gymraeg i'r un statws â'r Saesneg. Ond yr hyn a'm syfrdanodd oedd clywed Mr E.Garner Evans, Aelod Seneddol Rhyddfrydol Cenedlaethol (arswyd o air!) dros adran Dinbych yn ymgroesi rhag meddwl y gallai'r iaith Gymraeg byth fynd i rengoedd ieithoedd swyddogol. Dyma'i frawddeg: "The Welsh language is much too beautiful to be used by officials."

Y mae dros ugain mlynedd ers pan glywais ddatgan o'r blaen y syniad taeog ac israddol hwn. Gwnaed hynny mewn pregeth gan archddiacon (mi dybiaf) yn Eglwys Gadeiriol Bangor. Ni fynnai hwnnw chwaith lychwino'r iaith drwy ei defnyddio ym meysydd busnes. Oni ellir perswadio pobl fel hyn o gyfeiliorni eu syniad, petrusa dyn rhwng wylo a rhegi. Llwybr y fynwent a gynigiant hwy i'r Gymraeg. Cadwer hi fel tegan yn y cwpwrdd cornel yn y parlwr. Na wneler hi'n forwyn yn y gegin, heb sôn am ei chael yn feistres yn ei thŷ ei hun.

AFON WNION

Yr oeddwn yn un o'r llawer a wyliai ddydd Mawrth wely afon Wnion yn cael ei droi. Adeg "spring cleaning" ydyw, a rhaid troi'r fatres. Ni ellid peidio â gwylio'n edmygol y tri gweithiwr dygn a oedd wrthi yn corddi'r dyfroedd islaw'r bont fawr. Gwelais y gair "treilliwr" mewn un geiriadur, ond ni wn a yw'n gymwys am "dredger". Beth bynnag, rhyfeddol oedd y peiriant a godai'r cerrig a'r gro, a theimlai dyn fel maddau iddo ei sŵn byddarol gan mor effeithiol oedd ei freichiau cyhyrog a'i safn enfawr. Cliriwyd tunelli ar dunelli mewn byr amser, a gobeithio na welir gorlif ar y marian eto.

Ond ar ôl i'r gweithwyr orffen, fe gawn ninnau wylio ddydd ar ôl dydd ymwelwyr a phlant yn taflu pob carreg yn ôl i'r afon.

Mai 17, 1957

EWYLLYS DA

Mai 18 bob blwyddyn yw "Dydd Ewyllys Da", sef y Sadwrn hwn, pan ddarlledir Neges Heddwch Ieuenctid Cymru i holl wledydd y byd. Dyma'r 36 tro i'r cyfarchion gael eu hanfon, ac yr wyf yn falch o'r ffaith mai Cymro a gafodd y weledigaeth fawr. Act o ffydd ydyw, eithr daw atebion cynnes o bob rhan o'r byd. Pan fentrodd y diweddar Gwilym Davies roi ei weledigaeth mewn grym yn 1922 ni ddaeth unrhyw ateb. Ar y trydydd cynnig y bu coel, ac erbyn hyn bydd disgwyl awchus am y neges mewn llawer gwlad.

DRWGDYBIAETH
Er i ddogni petrol ddod i ben ar ôl pum mis ohono, ac er llwyddo o'r gŵyr busnes a'r arian i berswadio'r Llywodraeth i "lyncu ei balchder" a goddef i longau Prydain forio drwy Gamlas Suez ar delerau digymrodedd y Cyrnol Nasser, deil y pair gwleidyddol i ferwi. Yn wyneb penderfyniad ystyfnig Prydain i saethu bomiau Hydrogen, ac anesmwythyd llu o bobl egwyddorol ynghylch y fath fwriad, achubodd arweinwyr y Sofiet y blaen drwy bropaganda medrus o blaid heddychu a diarfogi, a llwyddodd i greu'r argraff ar rai gwledydd mai Lloegr ar hyn o bryd yw'r rhwystr pennaf ar ffordd cyd-ddealltwriaeth.

ANESMWYTHYD
Y mae arwyddion ymdawelu yng ngwlad Iorddonen. Pa mor effeithiol bynnag yw rheolaeth y Brenin Hussein ar y funud, cofier mai gwladwriaeth "wneud", newydd, artiffisial, sydd ganddo, a bod y mwyafrif o'r trigolion yn ffoaduriaid yn byw mewn gwersylloedd, gan gynnwys pobl a drowyd o'u cartrefi a'u bro pan fynnwyd ailsefydlu'r Iddewon yn Israel. Yn y gwersyll helaethaf yno bu 30,000 o wŷr, gwragedd a phlant yn byw am wyth neu naw mlynedd, a pha ddisgwyl sydd i rai felly fod yn ddinasyddion bodlon eu byd? Ni all neb ragweld helynt na diwedd y miliynau o bobl ddifeddiant sydd ar y ddaear heddiw. Dros dro yn unig y gallwn ni, berchnogion y clustogau esmwyth, ymlonyddu.

HYDER
I ni, rai canol oed a hen, y mae'r argoelion yn achos pryder. Y gwir yw ein bod ni wedi methu, ie, wedi methu'n druenus. Plant y breintiau mawr ydym, ond rhieni i gamgymeriadau echrydus. Y mae haul ein gwareiddiad pwdr yn mynd i lawr yn araf ond sicr, ac y mae digon o sail i'n pryder a'n digalondid, beth bynnag am ein difaterwch.

Ond y mae'r gwanwyn yng ngwaed ein pobl ifainc. "Mewn hyder ac mewn gobaith, cerddwn ymlaen yng nghwmni ein gilydd i wynebu'r dyfodol." Dyna'u neges. Beth bynnag a ddaw o'u hynt, ni allant fethu'n fwy truenus nag y gwnaeth eu tadau a'u mamau.

TRYWERYN

Prin y synnwyd unrhyw Gymro gan ddyfarniad y pwyllgor o Dŷ'r Arglwyddi, ar ôl deng niwrnod o ymchwil, i gymeradwyo cais dinas Lerpwl i foddi Capel Celyn. Caed adroddiad pur lawn ym mhapur dyddiol Lerpwl am y drafodaeth, a rhoes papur Caerdydd hefyd sylw iddi. Ond ar wahân i'r ddau hyn nis cofnodwyd yn y papurau dyddiol. Gwerthir miloedd ar filoedd o gopïau ohonynt yng Nghymru bob dydd, ac eto ni thybient fod y pwnc yn werth ei grybwyll wrth y darllenwyr. Ond dyna'r papurau y myn y Cymry eu cefnogi, papurau sy'n diystyru eu gwlad. Yr ydym wedi hen arfer â bodloni i ymgreinio, a bellach wedi mynd i hoffi'r llwch.

Tipyn o ffârs oedd y trafod ar Dryweryn ym mhwyllgor Tŷ'r Arglwyddi. Awgrymwyd ddarfod i Mr Henry Brooke, y Gweinidog Materion Cymreig, ymweld â Chapel Celyn, a sibrwd "Bodder". Yn awr eir â'r mesur i Dŷ'r Cyffredin, a rhoir yr holl ddadleuon eto gerbron pwyllgor arall cyn i'r Seneddwyr ddatgan barn derfynol.

Y MAEN

A gofiwch am helynt y Maen "Scone", neu Faen y Dynged fel y'i gelwir? Nadolig 1950 aeth tri Scotyn ac un ferch i Abaty Westminster a dwyn y maen a oedd o dan yr Orsedd Frenhinol. Cofiaf imi fwynhau'r holl sôn a fu am yr helynt.

Hen garreg a fu'n gorwedd—yn nhŷ Duw
  Yno i ddal yr orsedd;
  Aed â hi o dŷ ei hedd
  A'i heglu am y Gogledd!

Faint ei gwerth? I bwy'r perthyn—y garreg?
  Fe aeth gwŷr i'w mofyn.
  Hyder y Sais yn dra syn
  A ysgytiodd y Sgotyn.

[**Noder:** Dychwelwyd Maen Scone i'r Alban yn 1997]

BOM HYDROGEN

Ddydd Mercher, Mai 15, ffrwydrodd Prydain ei bom Hydrogen gyntaf uwchben y Môr Tawel. Ymunodd Prif Weinidogion India a Ceylon â'r gwledydd megis Japan a'r cymdeithasau amrywiol a'r personau unigol afrifed sy'n apelio yn erbyn yr ynfydrwydd peryglus hwn; dilynodd rhai o fyfyrwyr Aberystwyth siampl eraill mewn gorymdaith o brotest drwy'r heolydd; ond ni thycia dim. Ar ôl taro'r gwaelod yng Nghamlas Suez, yn yr uwch-awyr y mae breuddwyd Lloegr am fawredd.

Ceisiodd Mr Harold Macmillan dawelu ofnau pawb drwy gyhoeddi i'r arbrawf lwyddo, ac nad oedd yr effeithiau uniongyrchol yn frawychus o gwbl. Ond am yr effeithiau anuniongyrchol y prydera pawb. Y mae ergydion ragor i ddilyn y gyntaf hon. Eithr bydd Llywodraeth Macmillan wedi mynd i ffordd yr holl ddaear cyn i'r gawod strontiwm ddiferu'n araf o'r uwch-awyr. Nid ef a'i gefnogwyr fydd yn gorfod ymboeni am gancr-y-gwaed neu gancr-yr-esgyrn, a byddant yn eu beddau ymhell cyn rhifo nifer y rhai amhlantadwy.

TRYWERYN

Da yw deall bod yr Aelodau Seneddol Cymreig o bob plaid yn cydgyfarfod i drafod eu hagwedd at bwnc boddi Capel Celyn. Gobeithio y safant yn ei erbyn fel un gŵr, ac nid dilyn esiampl hunanol Cyngor y Bala.

Un o'r dywediadau diarhebol a arferai fy nhad oedd "y mae fel cloch y Bala". Fe'i defnyddiai am rywun neu rywbeth sicr, sownd, saff disymud. Ond yn awyr y mae perygl i Feirionwyr gael dywediad newydd am rywun neu rywbeth di-ddal; y mae fel Cyngor y Bala.

Y GWCW SWIL . . .

Eddyf amryw na chlywsant y gog eto. Fe'i clywais i nawn Sul diwethaf, er i foregodwyr Islaw'r-dref ei gwrando dros fis yn ôl. Esgusodwyd ei diweddarwch gan y Fonesig Megan Lloyd George drwy awgrymu'n fachog iddi orfod mynd rownd y **Cape** eleni!

Di gei nyth parod, O! gnaf—llwyd a glas,
Lliw dy glog a hoffaf.
Aderyn deunod araf,
Cân dy druth cyn dod o'r haf.

Mai 31, 1957

OFN DŴR
Yn y Senedd yr wythnos ddiwethaf dywedodd Mr Denis Howell fod
peth pryder yn ninas Birmingham o weld olion radio-strontiwm mewn
esgyrn dynol, ac yr ofnid mai'r achos oedd mai o Gymru y câi'r
ddinas ei dŵr yfed. Wel ie, o Gwm Elan, wrth gwrs. Efallai bod
gobaith i Gapel Celyn eto, ac y bydd yn well gan sychedigion Lerpwl
eu cwrw eu hunain na dŵr peryglus Tryweryn.

BWRW COELBREN
Ond ni phrydera'r Llywodraeth, canys ddydd Sadwrn, y cyntaf o
Fehefin, bydd y peiriant "Ernie" yn penderfynu lwc y bobl sy'n
cefnogi gambl y "Premium Bonds". Ymddengys bod tair mil ar hugain
o gowponau i ddod ag elw i rywrai. Ysgwn i a oes calonnau
disgwylgar yn yr ardal hon. Ond efallai na chawn wybod pwy yw
addolwyr ffawd a chefnogwyr hap. Adeg yr "Irish Sweep" ers talwm
fe fynnodd rhai eglwysi ddiaelodi gamblwyr ffodus (ond nid rhai
anffodus). Eithr heddiw y mae sêl y wladwriaeth yn cyfri mwy na sêl
dros eglwys.

Gorffennaf 12, 1957

SGOLARSHIP
Mae hwn yn air Cymraeg parchus i'r werin ers llawer blwyddyn, ac yn
un o'r rhai pwysicaf yng ngeirfa pob aelwyd a fendithiwyd â phlant. Y
mae'n fwgan mwy arswydus bron na glyn cysgod angau, a rhieni ac
athrawon wedi ei ddyrchafu'n brif arolygwr rhaglyniaeth ac yn
oruchwyliwr tynged, gydag awdurdod a hawl derfynol i ddweud wrth
blentyn "hyd yma y deui, ac nid ymhellach". Gan drymed y cysgod ar

yrfa gynnar plant bu cryn anesmwythyd ar y pwnc ers tro, a thrafod mawr arno yn Lloegr yn ddiweddar drwy i un awdurdod addysg fentro dileu'r arholiad i rai un ar ddeg oed. Ni chlywais adlais o'r fath fentro beiddgar ym Meirionnydd.

Y PORTH CYFYNG

Gan mai nifer cyfyngedig o enethod lleol a dderbynnir yn flynyddol i Ysgol Dr Williams y mae'r bwlch addysgol yn gyfyngach iddynt hwy nag i'r bechgyn. Ni allaf ddirnad paham y bodlonwyd ar drefn mor annheg drwy'r blynyddoedd heb fynnu darpariaeth amgenach i'r plant. Yn Nhachwedd y sgrifennais ar y pwnc o'r blaen, ond y mae'n amlwg y bydd yn rhaid rhygnu ar yr un tant nes ysgwyd pobl i wneud rhywbeth ar y mater.

Dolgellau yw pen-dref y sir mewn ystyr weinyddol, ac yma y cyferfydd y Pwyllgor Addysg. Ond y gwir cas yw fod y dref yn ei darpariaeth addysgol ymhell ar ôl cylchoedd Abermo, y Bala, Blaenau Ffestiniog a Thowyn. Meithrinwyd ac anwylwyd yma y syniad o ysgol breswyl, mewn hanner-efelychiad o'r Sais a'i "public schools", sy'n gam-enw wrth gwrs. Ymysg moddion meddygol a chyffuriau llesol i'r mwyafrif ceir ambell un sy'n troi ar rai pobl. Aeth Doctorwilliamsmania yn glwy yn y dref hon, ac y mae i wragedd gael gwahoddiad i un o gyfarfodydd yr ysgol gyfwerth â gwŷs i Blas Buckingham ac i gynghorwyr gael mynd ar y pwyllgor yn sicrhau na chyfyd lef o blaid ysgol arall. Bydd yn iechyd i fywyd y dref gael gwared o'r snobri hwn. Er i'r "Ysgol Newydd" roi addysg ragorol i rai genethod, fe wnaeth gam dybryd ag eraill drwy atal rhagddynt addysg uwchraddol.

Awst 9, 1957

O'R EISTEDDFOD

Ymgeisiodd 274 ar lunio englyn i "Ysgafarnog", ond hen law a'i daliodd, sef Thomas Richards, Wern, Llanfrothen. Ef a fu'n ddigon esgud gynt i ddal y "Ci Defaid" mewn englyn. Wele ei sgyfarnog:

Iach, raenus ferch yr anial, —hir ei chlust,
   Sicr ei chlyw, a dyfal:
   Rhed o wewyr y dial
   I'w byd ei hun heb ei dal.

Y funud yr adroddwyd ef clywais un englynwr profiadol yn nodi gwendid ynddo, sef peth ailadrodd yn y cyrch, a "dial" yn rhy gryf am "hela". Ers talwm byddai beirniadu'r englyn buddugol yn rhan o'r hwyl eisteddfodol. Eithr y mae'r englyn gorau eleni yn un digon hapus.

Gan Llwyd o'r Bryn y caed un o'r trawiadau hapusaf, pan ofynnwyd iddo lunio cwpled cywydd yn cynnwys y gair "Tryweryn".

   Bodder yn nŵr Tryweryn
   Henry Brooke, medd Llwyd o'r Bryn.

Awst 30, 1957

WILLIAM EDWARDS
[Canwr Cerdd Dant o Rydymain]

Didostur ddolur, ei ddwyn, —drwy wybod
   Ei raib, a wnâi'n addfwyn;
   Bu'n nychu heb un achwyn,
   Hyd lan ei fedd dal yn fwyn.

Draw y maes yn drwm o ŷd—a'i galwai,
   Ond gwael oedd dan glefyd;
   Dyn a fyn fedi'n ei fyd,
   I'r haf mae pladur hefyd.

Ac i'w gae o'r cynhaeaf—â heibio,
   I'r ysgubor olaf;
   Daw'r fen hen ar derfyn haf
   A gŵr yn llwythog araf.

35

Rhaid yw mynd i Ryd-y-main—nid yn llon,
 Ond â lleddf wylofain
 Ar ôl gŵr yr alaw gain,
 Gŵr mawr y geiriau mirain.

Da i lunio adloniant—oedd efô,
  Chwaeth ddi-feth ei feddiant;
 Rhoes i fil wers o foliant,
 Caruaidd dad ein cerdd dant.

I Dŷ Cerrig dôi corau—i'w meithrin,
  Llym athro oedd yntau:
 Dal fyn o hyd i lyfnhau,
 Gwylio'r sŵn, gloywi'r seiniau.

Di-frys y tywys tawel—a roes ef
 Ar y Sul i'w gapel;
 Arwain y saint â'r un sêl,–
 Sicr gras os ceir gŵr isel.

Cu fu'i enw ef, cofiwn ni—am ei gerdd
 Yma gynt i'n llonni;
 Diflin hud "Fy Olwen i"
 Hir y daw, er ei dewi.
                                O.M.L.

Medi 20, 1957

EISIAU LLONYDD

Dywedir bod y Frenhines yn anesmwyth ar bwnc y cyhoeddusrwydd afresymol a roddir yn y wasg i'r teulu brenhinol. Nid cyfeiriad yw hyn at sylwadau beirniadol yr Arglwydd Altrincham yn ddiweddar, ond y duedd gyffredinol at ddarlunio ac adrodd am eu symudiadau mwyaf dibwys yn y newyddiaduron. Mewn rhai gwledydd newidir y prif bersonau cyhoeddus, megis Arlywydd, bob hyn a hyn, fel mai dros dro y goddefant lygaid didostur y tyrfaoedd. Ond erys y teulu brenhinol yn eu swydd drwy'u hoes, heb fawr hamdden rhag y chwilfrydedd barus

36

a'u gwylia. Blinir y Frenhines gan awch pla o ohebwyr a ffotograffwyr i groniclo pob cam o'u heiddo, ac ymyrryd yn ddiachos a digywilydd â bywyd eu plant. Diolch am yr arwydd hwn o ddoethineb.

Medi 27, 1957

EISTEDDFODAU

Ymgadarnhau yw hanes Eisteddfod Gyd-wladol Llangollen. Gan y teimlid ers tro mai braidd yn gyfyng oedd y maes lle cynhelid hi prynodd y Pwyllgor 24 acer o dir, sef y rhan helaethaf o fferm Pen-ddôl, a hynny am tua £5,500. Yn awr ceir maes helaethach i'r ŵyl ei hun, a chyfle am elw drwy ddarparu meysydd parcio.

Am yr Eisteddfod Genedlaethol, pan ddaw i Gaernarfon yn 1959 bwriedir cael gŵyl lai nag arfer. Yn lle'r pafiliwn mawr a ddefnyddir yn flynyddol fe'i cynhelir yn y pafiliwn llai sydd yn y dref, yr un fath â phrifwyl 1935. Golyga hyn gyfyngu'n arw ar nifer yr eisteddfodwyr, ac efallai y bydd arbrawf felly am flwyddyn yn foddion gweledigaeth gliriach yn wyneb y gŵyn fod y brifwyl wedi gordyfu. Ond er y gofala eisteddfodwyr brwd am sicrhau lle yno gwylier rhag cau allan y werin.

Tachwedd 8, 1957

PEN GWYN

Hoffaf nodi yn fy nghopi o Eiriadur Rhydychen bob gair Cymraeg a geir ynddo. Dyma rai a enillodd eu plwyf: eisteddfod, torgoch, coch-y-bonddu, gwyniad, corgi, gorsedd, pennill, cromlech; a chyfeirir hefyd at Cymru, pen, meddyglyn, bys, gogi, gwŷdd, hwt, ystrad, bwch. Gwyliwn rhag perygl Cymreigio gormod ar yr iaith Saesneg.

Ond os daeth y Sherpa Tensing i arfer "cwm" heb drafferth, gofynnod sydd gan y Geiriadur ar gyfer y gair "penguin", gan gydnabod na ŵyr o ba le y tardd. Ymddengys mai Cymro glân ydyw, yn ôl llyfr diweddar H.W.Tilman "Mischief in Patagonia". Yno disgrifir Sir Thomas Cavendish yn morio tua De America, a Chymro gydag ef a roes yr enw "pen gwyn" ar y môr-aderyn hwn.

HWYL

Rhifyn mis Tachwedd o "Hwyl" yw'r canfed i ymddangos. Y mae dros wyth mlynedd er pan ddechreuwyd cyhoeddi'n fisol gylchgrawn comig Cymraeg. Mawr da i Ivor Owen a'i gynorthwywyr am eu gwaith gwych. Gobeithio bod copi ohono yn dod i bob aelwyd a phlant bychain arni yn y fro hon.

Tachwedd 29, 1957

GWIWEROD

Darllenais nodyn gan naturiaethwr fod y wiwer lwyd ar gynnydd yng nghyffiniau Dolgellau a Machynlleth. O gyfandir America y daeth yr estrones hon i Ddwyrain Lloegr tua thri chwarter canrif yn ôl. Cyrhaeddodd froydd y canoldir yn fuan, gan arafu ar ororau Cymru oherwydd eu natur ddi-goed. Ond crwydrodd ambell un dros y moelydd i waelod Meirion rai blynyddoedd yn ôl, a bellach ymsefydlodd yma. Cyfrifir hi 'yn waeth dinistrydd na'r wiwer goch yr ydym yn fwy cyfarwydd â hi.

> Mae bron yn gynffon i gyd, — brown ei chôb
> Yr un chwim, ddisyfyd.
> O! hardd wiwer, mor ddiwyd
> Yn cnoi a hel cnau o hyd.

ENWAU LLEOEDD

Gobeithio mai cryfhau y mae'r teimlad a'r penderfyniad dros gael "Dolgellau" yn ffurf swyddogol enw tref yn lle "Dolgelley". Nid na fydd rhywrai yn erbyn, wrth gwrs. Enghraifft ddiweddar o'r fath hunan-barch yw pentref bychan "Three Cocks" yn sir Frycheiniog. Prin iawn yw'r Gymraeg ar dafod y cant a hanner o drigolion. Ond penderfynodd un gŵr, Mr J.Pettican, edfryd yr hen enw Aberllynfi, sef enw'r plwyf, gan mai enw ar dafarn yw'r llall. Bu dadlau brwd, ond bellach penderfynodd y Cyngor Sir mai Aberllynfi fydd yr enw swyddogol o hyn ymlaen. Y mae'r lle o fewn pedair milltir i sir Henffordd (Hereford) yn Lloegr. "Ym mhob gwlad y megir glew."

TUNISIA

Ffromodd Ffrainc yn aruthr wrth Brydain a'r Taleithiau Unedig am iddynt, heb ymgynghori â hi, werthu arfau rhyfel i Tunisia. Ofni y mae Ffrainc rhag i'r arfau gael eu defnyddio yn ei herbyn hi yn y terfysg yn Algeria gyfagos. Ofni y mae Prydain a'r Taleithiau Unedig rhag i Tunisia fynd i brynu yn y Siop Goch. Ac, wrth gwrs, y mae'n dda i Brydain dlawd wrth yr arian.

O dan y cwbl y mae'r gwirionedd y rhaid i Ffrainc a phob gallu ymerodrol drwy'r byd ei wynebu, sef hawl pob gwlad i drefnu ei materion ei hun mewn rhyddid. Aeth Mr Harold Macmillan drosodd i Ffrainc i geisio cyfannu'r rhwyg, ond ni swniai'r adroddiad swyddogol nos Fawrth am ei daith yn obeithiol iawn.

Rhagfyr 13, 1957

CYPRUS

Caed enghraifft arall o genedlaetholwyr yn ymysgwyd o'r gefynnau ymerodrol pan droes gwŷr Indonesia i gael gan yr Iseldiroedd ollwng eu gafael ar ran orllewinol ynys fawr New Guinea. Pan holwyd Ysgrifennydd y Trefedigaethau, Mr Alan Lennox-Boyd, yn y Senedd ddydd Mawrth wythnos yn ôl, gwrthododd yn bendant ystyried gadael i'r Archesgob Makarios ddychwelyd i Gyprus. Croeso gwael a gafodd y rheolwr newydd, Syr Hugh Foot, yno pan fflamiodd tân y gwrthryfel o newydd, a pheri terfysg eto yn Nicosia a mannau eraill. Sonnir am lanciau a genethod a phlant ysgol yn ymroi i'r helynt, ac ni all nad yw calonnau milwyr Prydain yno yn drist.

Daeth hyn ar adeg trafod tynged yr ynys gan bwyllgor gwleidyddol UNO. Er i gynrychiolydd Prydain, y Commander Noble, bwysleisio awydd y Llywodraeth am barchu hawliau'r ynyswyr, dyma'i frawddeg bwysicaf: "We have strategic responsibilities in Cyprus which must be safeguarded effectively in any future arrangements." A dyna gnewyllyn yr anghydfod. Y mae hawliau pobl Cyprus i ryddid yn ddarostyngedig i awydd Prydain Fawr am gael caer filwrol lle mynno hi. "Ein buddiannau ni sydd i ddod gyntaf."

39

Y GRID

Beth a dâl fel term Cymraeg am "cattle grid"? Os gwneir Cymro o'r grid ei hun, beth am rywbeth fel "grid gwartheg"? Dyna oedd testun yr englyn yng Nghyfarfod Cystadleuol Abergeirw nos Wener, a hwn a aeth â hi:

> Nid oes bellach le i achwyn—ar y ffordd
> Lle bo'r ffin yn dirwyn,
> A'r gât a fu'n sail i'r gŵyn
> Yn rheiliau dan yr olwyn.

Hapus, yntê.

Rhagfyr 27, 1957

ADOLYGU

Edrych ymlaen at 1958 a wnawn oll. Eithr cyn croesi'r trothwy efallai nad di-fudd inni fydd bwrw golwg yn ôl ar gyflawniadau'r hen flwyddyn. Am be beth y cofir 1957? Nid am i Syr Anthony Eden, yn naturiol, ymddiswyddo, ac i Mr Harold Macmillan ei olynu fel Prif Weinidog; nid am leihau llog y Banc, a'i godi'n enbyd wedyn ym Medi. Nid am i'r Senedd leihau cylch y gosb eithaf am lofruddiaeth, condemnio ysmygu, cyhoeddi adroddiad Wolfenden. Nid am storm-cwpan-de y beirniadu ar yr Orsedd, na chodi pris stampiau Post. Nid am i Ernie ym Mehefin boblogeiddio a pharchuso gamblo ar gynilion. Nid am i longau Prydain unwaith eto forio mewn heddwch drwy Gamlas Suez, a rhoi terfyn ar ddogni petrol. Na, y gair mawr a gysylltir â 1957 fydd Sputnik.

MEIRIONNYDD

Ond pwnc ein sir ni a fu amlaf yn y newyddion gydol y flwyddyn. Caed awgrymiadau pendant o'r modd y newidir patrwm ei phoblogaeth yn ystod y blynyddoedd nesaf, drwy gau gwersylloedd milwrol Tonfannau a Thrawsfynydd, a sefydlu gorsaf atomig ger Gellilydan. Eithr Capel Celyn a fu a flaen y newyddion. Ochrodd pwyllgor Tŷ'r Arglwyddi gyda Lerpwl, ac fe'i ffafriodd y Tŷ Cyffredin hefyd, ac erbyn yr Eisteddfod Genedlaethol yr oedd deddf Prydain Fawr o blaid y ddinas ac yn erbyn y pentref.

CYFARWYDDYD

Dyma dymor gwneud cyflaith, a rhag i'r gelfyddyd gartrefol fynd i golli, mentraf roi cyfarwyddyd rhai hen gyfarwydd â'r melyswaith hwn: pwys o siwgwr (brown, os yn bosibl), chwarter pwys o ymenyn, llond llwy fwrdd o driagl du, dau lond cwpan o ddŵr oer, llond llwy bwdin o finegr. Doder y cyfan mewn sosban i ferwi, gan ddal i'w droi'n ddyfal â llwy tra berwo. Fel y tewha coder mymryn ar flaen y llwy i lestr dwfr oer nes cael ei fod yn caledu'n briodol. Tywallter y cyfan i lestri wedi eu hiro â saim. Dyma'r taffi. Ond os mynnwch gyflaith yng ngwir ystyr y gair codwch y cyfan poeth i'ch dwylo (glân) a'i dynnu a'i dynnu a'i dynnu a'i dynnu nes ei gael yn hyfryd felyn. Hwyl i chwi ar dreio'ch llaw, a pheidiwch â'm beirniadu i o try'r cyfan yn siwgwr, a bod angen ei ail ferwi!

ARGRAFFWYR

Hwy yw'r cyfeillion distaw a dyfal sy'n rhoi adenydd i feddyliau a geiriau rhai o'm bath i a gred bob pobl mor ffôl ag awchu am ein doethinebau. Chwarae teg i wŷr y wasg. Deallaf eu bod fel pawb arall yn sychedig ganol bore, ac i rywun a gafodd lymaid o drugaredd ganddynt anfon chwarter o de i'r swyddfa gyda'r englyn hwn:

> I chwi wŷr a chwiorydd—"Typhoo Tea"
> Hoffed hwn foreuddydd!
> Rhyw 'baned a ry beunydd
> Y stwff da i Staff "Y Dydd".

Chwefror 28, 1958

ANWIREDD YDYW

Dyna ddyfanriad Eseia ar ŵyl ei wlad. A bu lle i ofni o dro i dro mai rhagrith yw'r ymchwydd teimladol a ysgoga rhai Cymry ar yr ŵyl. Ni pheidiaf fi a rhyfeddu at y modd yr hoffa ein cantorion esgyn i lwyfan i ruo'n orfoleddus eu huchafbwynt am y dewr Lewelyn, ac ysbryd Glyn-dŵr, Arthur yn cyfodi, a Chymry rydd, a phob baldordd o'r fath. Daw curo dwylo byddarol ac ail-alw, ac eto gwyddoch nad yw'r canwr na mwyafrif llethol ei wrandawyr brwd yn credu'r un gair o'r gân. Ni fuasai waeth iddynt weiddi carreg a thwll.

41

Mae'r Cymro mor awyddus i gadw ei fysedd yn lân ar gyfer y delyn aur fel na fyn eu llychwinio gan y genedlaetholdeb sy'n faw yn ei olwg.

Mawrth 7, 1958

BANER

Ni wn a yw cyhwfan y faner genedlaethol ar Ddygwyl Dewi yn arferiad eglwysig swyddogol. Ond yn ofer yr edrychais tua thŵr eglwys y plwyf fore Sadwrn. Yn llipa lonydd yn y Parc dyrchafwyd rhywbeth fel y faner newydd y bu cymaint o gondemnio arni. Rhaid bod gan hyd yn oed Natur gywilydd ohoni canys ni welais ei hysgwyd na'i hagor gan awel.

> Gwae'r ffolog ar ei pholyn—yn y Parc,
> Un heb hawl i esgyn;
> Rhy ddiog yw, gwyrdd a gwyn
> Efo'i thedi fathodyn.

> Mae'n faner ofer hefyd,—baner ddwl,
> Baner ddof, ddifywyd.
> Dos ymaith, y disymud
> Yn dda am byth i ddim byd.

Nodyn: Yr oedd O.M.Lloyd wedi bod yn dweud y drefn am i'r cynghorau fabwysiadu'r ddraig lorweddol a ddefnyddid gan swyddfeydd gwladol y llywodraeth gyda'r geiriau "Y ddraig goch ddyry cychwyn" mewn cylch o'i chwmpas – sef y 'bathodyn' a ddefnyddir heddiw gan Y Swyddfa Gymreig.

Mawrth 21, 1958

DADL Y GWIN

Syndod mawr i mi oedd darllen hanes cymanfa o arweinwyr Eglwys Loegr yn trafod gwin y Cymun. Yr oedd rhai yn awyddus i newid y rheol er mwyn caniatâu defnyddio gwin anfeddwol yn y sacrament (megis y gwna'r Eglwysi Rhyddion yn bur gyffredinol). Ond dadleuai eraill yn gyndyn mai gwin eplesedig (meddwol) a ddefnyddiodd yr Arglwydd Iesu yn yr oruwch-ystafell gynt, a bod rheidrwydd arnom ninnau i lynu wrth y llythyren. Anhygoel o ddadl yn 1958, yntê. Tybed a all y llythrenolwyr sicrhau bod y bara a ddefnyddir heddiw yn union yr un fath â'r bara a ddefnyddiwyd yn Jerwsalem, heb fod dim wedi ei chwanegu ato? Pa bryd y deuwn yn ddigon ysbrydol i gymuno uwchben cwpanaid o de?

Mai 16, 1958

BYWYD CYHOEDDUS
Gellid tybio, yn ôl rhyw bobl na ddylai gweinidogion yr Efengyl ymhel â bywyd cyhoeddus, yn arbennig ag etholiadau lleol. Paham? Onid oes gan bobun gyfrifoldeb i'w gymdeithas? Yr ateb arwynebol yw am fod pobl o wahanol farnau yn aelodau o'u heglwysi. Ond os felly, ni ddylai'r un siopwr fynd ar gyngor lleol ond, malwena'n ddiasgwrn-cefn tu ôl i'w gownter a chytuno â holl farnau ei gwsmeriaid. Ni ddylai athro ysgol chwaith, gan fod barnau rhieni'r plant yn amrywio. Ac, wrth gwrs, ni ddylai glanhawr y ffordd ymyrryd mewn etholiad lleol, gan fod y fforddolion yn amrywiol eu barn.

Ofnaf fod rhai pobl wedi anghofio'n llwyr y traddodiad o arweiniad cyhoeddus a roes gweinidogion-y-Gair i werin Cymru yn arbennig yn y ganrif o'r blaen. Yn ddiarwybod iddynt, cawsant eu syniad am weinidog o'r ddrama Gymraeg ddeugain mlynedd yn ôl pan geid ym mhob drama gurad bach neis-neis na allai ddweud Bw wrth chwannen.

Mai 23, 1958

Y DRYCH
Yng nghanol lliaws o nodiadau yn rhifyn canol Ebrill o'r "Drych" am gymanfaoedd canu mewn llawer talaith yn America sonnir am y dathlu a fu yno i gofio Goronwy Owen. Am ei farddoniaeth gaeth, nid am ei waith eglwysig, y cofir y Bardd Du o Fôn gennym ni. Synnwn

43

weld yn yr adroddiad am y dathlu gyfeiriad at y lle amlwg a roed i
Seiri Rhyddion. Yna gwelais nodyn mai Goronwy oedd y
"Freemason" cyntaf efallai i ddod i ddalaith Virginia. Y mae'n hsbys
bod yr urdd ryfedd hon yn dewach yn Nhaleithiau America nag yw
hyd yn oed ym Mhrydain. Ni welais erioed gywydd gan Goronwy i'r
dirgeledigaethau. Ond fe all yr eglura hyn paham nad wyf fi fardd.

Mehefin 6, 1958

HARDDWCH

Ar y gorau ni ellir hawlio bod gennym dref hardd. Cerdder drwy'r
strydoedd cefn, neu dringer y gefnen ac edrych i lawr gan gyfri sawl
hen dŷ sydd wedi mynd a'i ben iddo. Mae'n gywilydd oni ellir eu
hadgyweirio, nas tynnir i lawr. Amheus wyf fi o'n holl sôn am
harddwch, gan ryfedded ein safonau. Yn y pen draw, pobl sy'n hardd,
nid pethau. Nid yw hen furddunod gweigion yn hardd. Y mae'r
Tŷ-Cyngor bleraf gyda'i lond o blant wedi bod yn chwarae yn y pwll
dŵr budr gerllaw, yn harddach ganwaith na hen furddun di-ddim wedi
cael esgus o baent. Ni fedrwn fyw ar y gorffennol.

Gorffennaf 11, 1958

*Methodd y Frenhines gadw'r oed yn Nolgellau ar 24 Gorffennaf 1958
ond cyrhaeddodd Dug Caeredin ac fe gronicla'r "Dydd" enwau rhesi
o bwysigion a ddewiswyd i'w cyflwyno iddo. Isod wele'r sylw a wna
O.M.L. yn ei golofn.*

Y GWYLIWR

Edrychwn y dydd o'r blaen ar restr enwau P.B.I. (Cymreigiad o V.I.P.)
sydd i'w cyflwyno yn gyhoeddus un o'r dyddiau nesaf. Ni welais fy
enw i yn eu mysg. Wrth geisio fy nghysuro fy hun rhag siom cofiais
am ddihareb Saesneg, a thyfodd honno yn englyn:

> A handshake I'm forsaking,—a low bow
> Will be unbecoming;
> In silence (it's consoling)
> A cat may look at a king.

Medi 26, 1958

YR EANG FFRANGEG
Meddai rhyw gywyddwr gynt. Bonjour, madame, comment vous portez vous? Pan ofynnwyd i'w rhieni ai Welsh ynteu French a gymerai Angharad o Lanbidinodyn yn yr ysgol uwchradd atebasant, "French, siwr. Fe gaiff ddigon o Welsh gartref." Pan ofynnwyd yn gyffelyb am Gracie o Ashby-de-la-Zouch atebwyd, "French amdani. Fe gaiff ddigon o Saesneg ar yr aelwyd." Yn achos Eva o'r Almaen y sylw oedd, "French ar bob cyfrif. Fe gaiff ddigon o Almaeneg gan ei theulu." Yr un oedd stori Anna o Rwsia, "French yn ddi-os. Fe gaiff ddigon o Rwseg yn y tŷ." Eang yw'r porth a llydan yw'r ffordd.

Hydref 3, 1958

Y GAEAF
Bore Iau daeth Robin Goch i'r hymyl wrth ddrws y cefn i gael ei ddogn o friwsion. Gwannaidd yw lliw bron gwennol y gaeaf ar hyn o bryd. Erbyn bore Gwener yr oedd wedi barugo peth. Y mae peintwyr amryliw wedi cyffwrdd yn ysgafn â dail y coed, a Morus y gwynt yn colli arno'i hun wrth ergydio ar y crinion mwyaf eiddil. Nos Sadwrn nesaf rhaid newid yr awr ar glociau dyn.

Dyna arwyddion gaeafu yn amlhau.

Rhagfyr 19, 1958

ER COF
Mae'r Nadolig yn agosau. Yr arwydd cyntaf o hynny a gefais eleni oedd llanc wrth y drws rai wythnosau yn ôl gyda rhestr o winoedd drud. Ni chafodd archeb gennyf, ond dywedai y gwnâi fusnes ar lawer aelwyd ar gyfer yr ŵyl. Yfed "er coffa amdanaf," mae'n ddiamau.

Chwefror 6, 1959

CUDD FY MEIAU RHAG Y WERIN

Y mae digrifwch yn ein difrifwch yn aml. Gwelais godi hwn o'r "Lynn News and Advertiser" ac ni ryfygaf geisio ei gyfieithu: "Like the owner of the swearing parrot who covered her bird on Sundays, British Railways cover the 'Gentlemen' sign at Lynn station when Royal passengers arrive. The sign is at the top of platform 2, the platform which is used by such passengers. Apparently the authorities cover the sign to prevent it figuring in photographs taken of members of the Royal family arriving or departing."

Gorffennaf 3, 1959

Y CYHOEDDIADAU

Pan fynnai Gwilym Deudraeth na châi elw o gyhoeddi llyfr, dywedodd yn chwareus 'dyn y print sy'n dwyn y pres'. Am y streic ymysg argraffwyr heddiw priodol fyddai dweud bod dyn y print o dan y prawf. A duo y mae hi eto canys y mae gweithwyr inc yn gwthio i'r tow.

Mi wn mai yng nghyrrau'r byd y mae llygaid y rhai a ŵyr eu bod yn ddoeth, a bod pynciau bychain pistyll y llan islaw sylw iddynt. Ond gall tranc cyhoeddiad lleol fod yn fwy o golled nag a dybiant hwy, ac, er na cheir efallai ryw olau llachar iawn ar yr wyth tudalen hyn, pe deuai Y DYDD i ben fe ellid datgan, "ac yr oedd hi yn nos" ar ambell wedd ar y diwylliant Cymraeg ar lannau Wnion.

Gorffennaf 17, 1959

Y DYDD

Sonnir ym myd llafur am wythnos fer. Un felly oedd yr wythnos ddiwethaf i mi, wythnos o chwe diwrnod rywfodd, oherwydd colli Y DYDD. Ysgwn i pa nifer o bobl a welodd ei golli. Torrwyd ar fy mymryn record i, beth bynnag. Dechreuais lenwi'r colofnau wythnosol hyn ddwy flynedd a naw mis yn ôl a llwyddais i ddal ati i gabalatshian a phaldaruo yn ddi-fwlch. Hyd at yr wythnos ddiweddaf, ac nid eiddo gŵr ei ffordd ym môr yr inc. Meddylier am y miloedd a gollodd fy noethineb gloyw! Ond newydd da yw ei bod yn dyddhau eto yr wythnos hon. Y mae'r DYDD bron cyhyd â chanrif. Ymlaen yr elo yn ddi-aros.

Awst 25, 1961

DIOD Y SUL

Rhyw dewi ers tro a wnaeth y rhan fwyaf ohonom ar bwnc y Sul Cymreig, efallai rhag ofn merwino clustiau ein cyfeillion drwy rygnu o hyd ar y dôn ddirwestol, canys gormod o bwdin a daga gi. Ond ni bu ein gwrthwynebwyr yn hepian. Synnais glywed amser cinio ddydd Mawrth fod dau ddyn yn mynd o gwmpas tai'r dref i gasglu enwau i hyrwyddo'r cais am agor tafarnau. Yn nes ymlaen curodd un ohonynt ar ddrws fy nhŷ.

Llanc ifanc iawn o Frodsham yn sir Gaer ydoedd, yn cael ei dalu gan y "Sunday Opening Council" am gasglu enwau er mwyn cael y pum cant gofynnol i sicrhau pleidleisio ym mis Hydref ar bwnc agor ar y Sul ym Meirionnydd. Mi roddais lond bol iddo. Mor haerllug a phenderfynol yw'r bobl hyn o'n cael i ddilyn eu patrwm hwy o fywyd, a hynny, wrth gwrs, er elw iddynt hwy. Pa ryfedd bod Affricanwyr ac eraill (pawb ond Cymry) yn codi i'w herbyn! Pa nifer o enwau a gafodd y ddau yn Nolgellau, tybed? Ofnaf fod yma ddigon o bobl ddi-feind a diargyhoeddiad. Fe drefnwyd yr ymgyrch hon ar adeg pan yw'r dref yn llawn ymwelwyr. Tybed a yw rhai o'r rheini yn cael arwyddo eu henwau ar y ddeiseb? Os felly nid cais yn enw pobl Meirionnydd fel y cyfryw fydd. Os ydym ninnau am ddiogelu ein treftadaeth rhag y Philistiaid hyn rhaid inni fod o ddifri.

Medi 15, 1961

CYMOEDD

Mabwysiadodd y Sais y gair 'cwm' gan y Cymro, a mynd ag ef i gesail Everest. Am Bennant y dywedodd Eifion Wyn 'cwm tecaf y cymoedd yw', ac y mae hyfrydwch yn amryw o'n cymoedd diarffordd. Bûm mewn tri ohonynt ar ôl te ddydd Iau diwethaf. Heibio i Abergeirw i ddechrau ar hyd Cwm yr Alltlwyd yn ei dawelwch mud. A oes hen lwybr o Dwr-maen drosodd i Bennant-lliw?

Moduro wedyn dros y cefnau lle bu saethu, ymddolennu dros y culffyrdd, ond aros lle tybiwn bod llwybr di-dar yn mynd ymlaen am Flaen-lliw. Heibio i gapel Pen-stryd yn yr unigeddau, ac i Gwm Prysor. Ond nid yw'r ffordd yn braf ar hyn o bryd gan eu bod wrthi yn ei lledu drwodd i Dryweryn.

Yna ymlaen lle mae Tomen y Mur yn gwylio'r Atomfa, a chodi ar hyd darn o Sarn Helen, a'r enwau Llech Ronw a Bryn Saeth a Bryn Cyfergyd yn drwm gan hud stori Math yn y Mabinogi; troi am Bant-llwyd, ac i Gwm Teigl. Mynd o'r haul i dduwch cysgod y Manod Mawr, a dechrau dringo. Yr oedd golygfa fendigedig o ben y rhiw, o'n hôl hyd yr Atomfa, ac o'n blaen Penmachno. A dyma chwarel y Manod (Bwlch Slatars i ni ers talwm) a chlo ar ddrws y lefel a addaswyd i ddiogelu trysorau lliw y National Art Gallery yn Llundain dros gyfnod y rhyfel. Mae gennym wlad hyfryd i'w chrwydro, a gresyn ei bod mor ddieithr i gynifer ohonom.

Hydref 27, 1961

Y BOM

Mae cysgod arswyd ar lawer gwlad, megis pe bai cleddyf Damocles yn bygwth syrthio unrhyw ddiwrnod. Y mae adroddiad i'w roi yn y Senedd yn Llundain yr wythnos hon ar gynnydd ymbelydredd ac aflendid Radio-Strontiwm. Syfrdanwyd llu o wŷr cyfrifol gan waith Unol Daleithiau'r America yn saethu i'r ehangder ei miliynau nodwyddau pres. A dydd Llun ergydiodd Rwsia ei bom fwyaf eto, un neu ddwy.

Cofio am Awst 1945 yr wyf fi. Er gwaethaf bwystfileiddiwch y milwyr Almaenig nid oeddem "ni" yn lladd pobl ddiniwed. Eithr daeth lladdfa annuwiol Hiroshima a Nagasaki i'n sobri a'n gwneud yn fud, er y dywedid i Siapan geisio telerau heddwch dridiau ynghynt. Ceisiodd Prydain ac America bob dadl i gyfreithloni a chyfiawnhau'r cigyddio. Onid oedd y ddwy fom yn foddion achub y blaen ar Rwsia rhag i'r faner goch ymddyrchafu uwchben Siapan? Onid gwell aberthu rhai miloedd o'r bobl felyn ac felly fyrhau'r rhyfel ac arbed lladd miliynau mewn brwydro hir? Dyna'r modd y ceisiem ddistewi'n cydwybodau yn wyneb y ffaith mai "ni" a saethodd y bomiau atomig cyntaf.

Rhagfyr 15, 1961

HYNODRWYDD

Sonnid gynt am saith rhyfeddod Cymru. Eithr y mae un peth hynod yn ein hardal ni na chlywais am ei debyg yng Nghymru, na chwaith mewn unrhyw wlad, sef englyn wedi ei roi a'i ben i lawr. Pan holais mewn cwmni lleol wythnos yn ôl prin bod neb a glywsai amdano, a gresyn ein bod yn troi cefn ar lên gwerin. Os croeswch y lein ger gorsaf y Bontnewydd, ac edrych drosodd ar du gogleddol y bont dros afon Wnion, fe welwch yr englyn wedi ei gerfio ar garreg yn y wal. Ni wn ai o fwriad y gosodwyd y garreg fel y safai'r englyn ar ei ben, ynteu a ail-osodwyd y garreg fel y safai'r englyn ar ei ben, ynteu a ail-osodwyd rhan o'r bont adeg dyfodiad y rheilffordd yno, ac i ryw saer maen dihidio droi'r garreg. Dyfynnais yr englyn yn Y DYDD am Fedi 9 llynedd, ond mentraf ei roi eto:

> Mil seithgant, gwelant mewn golau—gwiw ffawd,
> Chwe deg a phump diau,
> Y coded, da ged di gau
> Y Bont hon ar Bentanau.

Rhys Jones o'r Blaenau biau'r englyn, ac fe'i ceir yn anghywir yn y gyfrol "Gwaith Prydyddawl Rice Jones" a gyhoeddwyd yn Nolgellau yn 1818.

Awst 10, 1962

CRWYDRO

Gwn fod ambell ddarllenydd a gyfyngwyd i'w gornel yn cael blas ar hanes ambell daith. Dyma dipyn o hanes llynedd, pan ddaeth ias y crwydryn i anesmwytho arnaf unwaith eto, a chyda hwrdd olaf Gorffennaf i ffwrdd â mi yn un o dri parth â'r Gogledd. Clywswn fy nghyfeillion modurol yn brolio Bro'r Llynnoedd. Cychwynnais amdani yn 1939, ond rywle cyn cyrraedd Preston, a chawod haf wedi llithrigo'r ffordd, mynnodd yr Awstin bach dwlcio pen ôl rhyw hongliad o gar mawr a safodd yn stond ddirybudd o'i flaen, a brifodd ei drwyn a phantio'i ên. Collodd y gyrrwr ifanc ei frwdfrydedd ac aeth am ffair y Pwll Du, ac wedyn troi'n ôl adref.

49

Ebrill 19, 1963

Y LLYFRGELL

Nid oes edmygydd selocach na mi o Lyfrgell Meirion. Fel mab i lyfrgellydd trefol gwn am werth gwasanaeth gwiw y sefydliad, ac y mae gennyf barch i'w swyddogion. Ond y mae un peth yn fy mlino. Os deallaf yn gywir, o siop yn Llundain y caiff Meirionnydd ei phrif gyflenwad o lyfrau. Cydnabyddaf yr arbedir arian trethi drwy gyfanbryniant (bulk buying), ond dyfalaf fod yn rhaid i gwmni o bell, wrth gynnig yn erbyn ymgymerwyr lleol, addo telerau mwy manteisio nag a wnânt hwy. Un o'r pethau mwyaf gresynus ym mywyd Dolgellau, sy'n ganolfan i ardaloedd Cymraeg, yw nad oes yma Siop Lyfrau Cymraeg, nac yn wir siop lyfrau cyffredinol o sylwedd. Ond ni agorir yma un byth heb argoel am gefnogaeth iddi. Onid oes unrhyw siop yn y sir, neu mewn siroedd cyfagos, y byddai'n werth i'r Pwyllgor Addysg roi hwb iddi gyda'i archebion am lyfrau? Ni fynnwn i ddrygu busnes neb yn Llundain, ond hyd yn oed pe costiai fymryn rhagor inni byddai'n werth cefnogi dwydiant neu fusnes lleol.

[Agorwyd Siop y Dydd yn 1997 gan Wasg y Dydd.]

Mehefin 21, 1963

COFNOD

A yw croendeneurwydd a drwgdybiaeth ar gynnydd yn Nolgellau? Yr wythnos ddiwethaf yr oedd gennyf nodiadau "O Gyngor y Dref", ac yn eu mysg hwn:

> "Pasiwyd i ystyried yr angen am osod enwau'r heolydd ar strydoedd tai'r cyngor. (Nodyn, – ie wir, ac ar heolydd eraill y dref, a'r enwau yn Gymraeg hyd y gellir.)

Dealler mai fi ohonof fy hun fydd yn codi pytiau o gofnodion y Cyngor, gan fwriadu rhoi gwybod i'r darllenwyr am o leiaf rai pethau a drafodir yno. Dychmyger fy syndod o glywed am un yn condemnio'r pwt uchod, gan haeru ei fod yn gamarweiniol. Ni wn pa Gymro neu Gymraes a ddug sylw un di-Gymraeg at y nodiad, ond mi ddisgwyliwn i unrhyw berson deallus a gafodd addysg gynradd ddcall mai chwanegiad at y darn o'r cofnod yw'r hyn a roed yn eglur rhwng cromfachau, ac y rhoed hefyd y gair "Nodyn" wrtho. Gostynged pob gwrychyn.

Gorffennaf 5, 1963

MALLTOD

Yr wyf wedi cyfeirio ddwywaith at deitl y dôn "Malltod Dolgellau", gan holi am ei ffurf briodol. Gwelais gyfeiriad cynharach ati pan drewais ar lyfryn "A Bibliography of Welsh Ballads printed in the 18th Century" gan J.H.Davies, Aberystwyth, 1908. Yn y rhestr o faledau nodir weithiau enw tôn, gan amlaf yn enwau Saesneg. Dyma rif 72: "Tair o Gerddi Newyddion ... Yn Ail, Cerdd ar ddull ymddiddan rhwng dau hen gyfaill oedd yn cario Yd i'r Mor ... 1758." Mewn nodyn dywedir mai awdur y geiriau oedd Hugh Roberts o Lanllyfni.

Gyda llaw, yn rhan o rif 76 ceir "Cerdd neu hanes rhyfeddol fel darfu i Fachgen pedair Oed syrthio i Grochaned o Ddwr berwedig a cholli ei Fywyd, yr hyn a fu Ymryn y Llin ymlwy Trawsfynydd, Medi 28, 1759."

A rhan o rif 85 yw "Cerdd Dduwiol" gan "John Williams, yr hettiwr o Ddolgellau," gyda'r hysbyseb: "Rhybydd, Fod John Williams, yr Hettiwr, (y gwr Enwedig Uchod) yn gwneud, ag yn Gwerthu, pôb mâth o Hettiau am brys gweddaidd; lle gall meibion a merched o bob Oedran eu cymhwyso eu hunain, a'r Hettiau Ffelts gorau ag sydd yn arferedig, a gwneuthuredig yn y wlâd; gan eich ufudd wasanaethwr, John Williams."

Awst 16, 1963

PORIUS

Yr oedd arnaf gywilydd meddwl imi fynd ddwywaith dros y moelydd am Drawsfynydd heb sylwi ar fedd Porius. Sut yr euthum heibio iddo ac yntau mor amlwg? Dyma fynd unwaith eto hyd hafn gul Afon Wen (dyna'r enw a glywais arni, er nad nodir ar y map Modfedd), a chodi'r ochr draw i Abergeirw. Rhyw dro rhaid i mi gael mynd i weld Bedd y

Coedwr lle'r argyhoeddwyd Williams o'r Wern yn llanc dan bregeth Rhys Dafis y Glun Bren. Cwmheisian a ddywed pobl a map am gartref William Williams, ond y mae'r Bywgraffiadur yn dilyn ei gofiant gan D.S.Jones i sgrifennu Cwm-hysgwn-ganol. Ond ymlaen â'm partner a minnau dros y moelydd, ac i lawr wedyn i badell lydan gyda dwy bont dros Afon Gain. Yn union wedyn ar y llaw dde i'r ffordd, gyda dwy goeden draw yn gefndir iddo, dacw'r bedd. Mae ffens haearn amdano, a dwy seren fetel ar byst yn help i sylwi ar y petryal. Mae'r sgrifen ar y garreg bron yn annarllenadwy, ond dywedir wrthyf mai copi yw hon, a bod y wreiddiol yn yr Amgueddfa Genedlaethol.

"Porius hic in tumulo iacit, Homo plenus fuit" yw'r llythrenniad Lladin, ac o'i gyfieithu: Porius yma mewn bedd (twmpath) a orwedd. Gŵr plaen ydoedd." Mentraf y "plaen" fel trosiad llythrennol, er y cynigir "wynebclawr" (S.flatfaced). Yn ardal fy maboed ar wahân i ddweud am wraig ei bod yn blaen ei thafod, nid ei chanmol fyddai sôn ei bod yn blaen ei gwedd. Yn briodol felly "anolygus" sy gan y Dr Glyn Penrhyn Jones yn "Newyn a Haint yng Nghymru", gan grybwyll y traddodiad mai gŵr gwahanglwyfus o'r chweched ganrif oedd Porius. Gŵr unig yn ei fywyd wedi ei gladdu yn yr unigeddau, fe wna'r truan destun cerdd.

LLECH IDRIS

Dyna enw'r fferm agosaf, a thraw, yn union gyferbyn yr ochr arall i'r ffordd welc ffens haearn gyffelyb gyda dwy seren fetel. Croesais y tir corsiog i ymyl y maen enfawr aruthr a saif megis ar ei ben yn y ddaear. Dyma Lech Idris, a hyfryd oedd cofio'r rhigwm y clywswn ei adrodd gan Dafydd Roberts yr Hendre:

> "Idris gawr
> A daflodd y garreg fawr
> O ben Cader Idris
> I gacau Llech Idris."

Awst 23, 1963

Y TIR PELL
Dywed y Sgrythur fod preswylio'r uchelderau yn peri i'r llygaid weld y tir sy'n ymestyn ymhell. Nid oedd yn ddigon clir inni gael cipolwg ar fryniau Wicklow yn Iwerddon nag ar yr Eil-o-man, ond yr oedd Sir Fôn fel carped odanom, a gwelem y môr yn ei chylchu. Penrhyn Lleyn hyd at Ynys Enlli, arfordir Meirionnydd, cefn y Moelwyn Mawr, adnabod coed uchaf Hafod Fawr ger Llan 'Stiniog, ie, a hyd at Gader Idris ei hun. I'r chwith wedyn gwelem Aran Fawddwy, a mynyddoedd a bryniau eraill ymlaen i'r gogledd hyd at ddarn o fôr. Dyma'r diwrnod brafiaf o'r pedwar a gefais ar yr Wyddfa. Yr oedd diod o goffi o fflasg a brechdanau yn flasus dros ben yno, a haid o wylanod yn llowcio tameidiau o grystyn. Ie, gwylanod y môr ar ben Eryri, a chafodd rhywun gyfle i ffilmio un wylan yn bwyta o'm llaw. Yr oedd cannoedd o bobl yno, ond ni chlywsom air o Gymraeg gan neb ond ni'n dau. Rhaid bod ein cyd-Gymry yn Ffrainc a Sbaen a'r Tyrol a'r Alban a Defon a'r Iwerddon, pobman ond cadernid Gwynedd.

Medi 6, 1963

RHYDDID
Can mlynedd i eleni y cyhoeddodd Abraham Lincoln fod caethion Unol Daleithiau America i fynd yn rhydd. Er dryllio'r cadwyni ni fu canrif arall yn ddigon i ddiddymu'r llyffetheiriau sy'n gwahardd urddas dynol llawn i'r gŵr nad yw ei groen yn wyn. Ac o weld eu cymrodyr yn India ac Affrica a mannau eraill yn ymwrthod ag iau cyfyngus ni ryfeddir at ymgyrchoedd penderfynol negroaid America. Pen llanw eu mudiad oedd dydd Mercher diwethaf pan ddaeth dau gan mil o bobl brown a gwyn at gofeb Lincoln yn Washington. Prin y bu erioed yn hanes y ddynoliaeth bererindod mor urddasol. Rhyfeddol oedd gennyf wylio'r digwydd ar y teledu drwy gymorth Telstar, ac i mi yr oedd gweddi gyhoeddus y Parch.M.Luther King yn wefreiddiol. Gobeithio y bydd i'r Arlywydd Kennedy a'i gynghorwyr fentro mewn ffydd ac yr aeddfeda pawb ohonom i gael gwared o'n rhagfarn lliw.

Medi 13, 1963

YR EMYNYDD

Dan goeden fawr yr ochr draw i'r eglwys y mae'r maen uchel ar fedd brenin ein hemynwyr. Y mae'r garreg wreiddiol a roed ar ei fedd wedi 1791 ar y gwastad, a'r golofn newyddach yn dwyn yr un geiriad amdano ef a'i briod a'u dau fab. Yn Saesneg y mae'r ysgrifen ar wahân i bennill o ddiwedd y gerdd i Theomemphus: "Heb saeth, heb fraw, heb ofn ..." Gresyn na thorrwyd arni un o'i benillion gorau. Sibrydais i "Dros y bryniau tywyll, niwlog," ac atebodd fy nghydymaith "Rwy'n edrych dros y bryniau pell." A dyma orweddle'r cawr a deithiodd Gymru'n helaeth yng ngwasanaeth ei Feistr ac a gostrelodd mewn geiriau hiraeth y Cymro am ei Dduw. Cawsom ddrws yr eglwys ynghlo, a dychwelyd i'r dref heb alw yn y Capel Coffa.

PANTYCELYN

Gadael wedyn hyd ffordd Aberhonddu, ac ymhen rhyw dair milltir weld mynegbost ar y chwith yn cyfeirio at Bentre-Tŷ-Gwyn. Troi i lawr y ffordd gulach, i'r pant lle mae capel yr Annibynwyr, i fyny clip, a chymryd y tro cyntaf ar y dde. Dyma Bantycelyn. Y mae'r ffermdy mewn pant, ac y mae digon o goed celyn o gwmpas, heb sôn am y ddwy "monkey puzzle" yn union o flaen y tŷ. Y tro hwn ni chawsom neb gartref, a gwelem rai o'r teulu yn y llafur draw. Mi fentrais i agor y drws i edrych i mewn am eiliad i'r gegin. Bryniau sy'n cylchynu'r fro, a gwelem mor briodol oedd y ddelwedd yn yr emynau. Ond cofiai fy nghyfaill a minnau am ddeunydd syfrdanol Williams o ddelweddau serch, megis "Mae fy nghalon yn sgrifennu," a hyd yn oed o'r eigion "Rwy'n morio tua chartre Nêr." Na cholled Cymru byth y rhin.

Medi 20, 1963

CANU

Ni feddaf, fel rhai cyfeillion, set radio yn fy nghar. Felly os mynnaf fiwsig wrth deithio rhaid imi ei ddarparu fy hun. Cyfeiriais wythnos yn ôl at gyfaill o Lanuwchllyn a minnau yn deuawdu "O'r niwl i'r nef" ar ben y Mynydd Du. Wythnos i'r Sadwrn wrth fynd am Goginan codais lanc ifanc o fyfyriwr, Almaenwr yn palfalu yn ei eiriadur am eiriau Saesneg. Difyr fu'r sgwrs, myfi yn ei ddysgu ef i ynganu'r gair "eisteddfod" a'i gyffelyb a'i berswadio mai tipyn o hwyl yw cynffon hir Llanfair-pwll; ac yntau yn ateb fy nghwestiynau am ei wlad a'i chrefydd a'i hysgolheigion enwog. Ni chofiaf sut yr aeth y sgwrs at ganu, ond yr unig beth Almaenig a gofiwn ar y funud oedd "Y Crwydryn Llon", a dyma fi'n dechrau la-la-la. Goleuodd llygaid fy nghydymaith ifanc, ac ymunodd yntau'n awchus yn ei famiaith. Morio canu ein dau, ac wedyn uno i chwerthin mor galonnog â phlant. Gobeithio na ddychrynodd Ceredigion wrth y fath sŵn.

Medi 27, 1963

JAC STUMLLYN

O gael f'ordeinio yn Rhos-lan a Llanystumdwy deuthum i wybod am enw'r tŷ Ystumllyn ger Cricieth. Yng nghanol fy myrdd papurau mae gennyf (ym mh'le?) lyfryn bychan yn adrodd stori "Jac Stumllyn". Diolchaf i gyfaill am ddwyn i'm sylw rifyn Medi "Country Life", lle ceir ysgrif arno gan Tom Morris. Pan ddychwelodd y Milwriad Wynne i Ystumllyn yn 1752 o'i fordeithio dug gydag ef gaethwas o hogyn du o'r Caribean yn ddeuddeg oed. Tyfodd yn llanc hardd, ac y mae darlun ohono gan Mr Ronald Armstong-Jones, Plas Dinas, Bontnewydd. Garddwr oedd, ac un medrus ei law ar lawer gorchwyl. Syrthiodd John mewn cariad â'r forwyn Margaret Griffith, eithr symudwyd hi i Ynysgain gerllaw. I'w osgoi ef daethpwyd â hi eto i dŷ clerigwr yn Nolgellau, ond yn 1768 dihangodd Jac yma ar ei hôl a'i phriodi. (Meddyliais am chwilio cofrestri'r llan, ond deallaf eu bod yn y Llyfrgell Genedlaethol.) Buont yn byw yn Ynysgain ac wedyn ym Maesneuadd, cymryd Jones fel cyfenw, a magu pump o blant. Bu farw Jac yn 1786, a'i gladdu yn Ynyscynhacarn, mynwent Dafydd y Garreg Wen.

Tachwedd 15, 1963

PA IAITH
Soniwyd wrthyf am ddwy ymwelydd yn edrych ar y geiriad "Y Ddarllenfa Rhydd". Meddai'r naill. "I think it's Jewish," a'r llall "It must be Persian." O ba blaned yr oedd y ddwy ffolog nad ysytrient ym mha wlad yr oeddynt?

Ionawr 17, 1964

UNO HEB UNO
A sôn am uno'r enwadau yn llond yr awyr, a chynifer o bobl yn sylwi'n arwynebol mai "i'r un fan yr ydym i gyd yn mynd," mae'n anodd weithiau beidio ag wfftio at ein ffordd o osgoi wynebu'r pwnc o ddifri. Er gwaethaf ceisio trefnu oedfaon undebol, cyfartaledd bychan hyd yn oed o fynychwyr y capeli a ddaw iddynt. Mae capelniaeth yn gryf iawn yn y mwyafrif ohonom, a sylwaf o hyd ar enghreifftiau o newid bro yn rhoi terfyn ar ffyddlondeb rhai i'r Achos. At hynny sylwn y dydd o'r blaen ar restr pregethwyr eglwysi un enwad am y flwyddyn. Cyhoedda un capel mai pregethwyr o enwadau eraill a'i gwasanaetha ar 21 Sul allan o 52. Ymddengys yn rhyfedd i mi. Heb help oddi allan ni safai'r gyfundrefn, ond rhaid diogelu'r gyfundrefn.

Ionawr 24, 1964

DIRWEST
Ni wn a oes rhywrai ifanc yn darllen fy nhipyn llithoedd. Gwn y bydd pennawd y paragraff yn ddigon i ddiflasu rhai darllenwyr hŷn. Hyd yn oed yn Nolgellau yr ydych yn hen-ffasiwn iawn oni chedwch botel o sierri yn tŷ a chynnig glasiad i bob ymwelydd. Aeth dirwest yn bwnc amhoblogaidd rhai capelwyr Puritanaidd, cul a sych, pobl sy ar ôl yr oes. Er bod ffigurau lladd ar y ffyrdd yn ddychrynllyd, ac er profi bod a wnelo'r ddiod feddwol â mwy na'u hanner, rhaid inni fod yn llydanfryd a modern. Cynyddodd diota yn enfawr ymysg ieuenctid, ond pa ots gennym? A hoffech wybod am rai pobl od sy'n cymeradwyo'n llwyr-ymwrthod, heb law fy math cul i? – ambell

ganwr poblogaidd fel Elvis Presley a Pat Boone, chwaraewyr fel Stanley Matthews a Danny Blanchflower, yr actor Vic Oliver, Dr Charles Hill, y rhedwr Don Thompson, y cricedwr Syr Len Hutton, y pencampwr tennis Lewis Hoad, y nofiwr Ian Black, yr arloeswyr Syr Vivian Fuchs, y dringwr Syr Edmund Hillary, ac arwyr y gofod Yuri Gagarin ac Alan Shepard. Ai pobl gul i gyd?

Chwefror 28, 1964

GWENWYN
Aruthr yw deall y caed mewn llefrith llynedd ddwywaith gymaint o wenwyn Strontiwm 90 ag oedd y flwyddyn flaenorol. Mae'n hysbys fod glaw yn helpu i ddod â'r aflendid i lawr, ac o'r herwydd yr oedd Eryri yn un o'r smotiau duaf yn y deyrnas. Parc Cenedlaethol, ai e? Cadernid Gwynedd? Gall fod dinasoedd Lloegr yn gofyn am ragor na chwpanaid o ddŵr oer wrth drachwantu ein dŵr amhur. Wele cymer Leukaemia. Tybed a fu a wnelo'r ystyriaeth hon â llunio'r cytundeb atal ergydion niwclear yn Awst? "Llywodraethwyr, byddwch synhwyrol; reolwyr y ddaear, cymerwch ddysg."

Awst 21, 1964

PRIODAS
Anffodus fu fy nau brofiad o briodas mewn llannau. Ar yr achlysur cyntaf, a'r briodferch yn aelod o eglwys fy ngofal, euthum yno'n ddigon diniwed fy nhyb y gofynnid imi gymryd rhyw ran fechan. Safai'r curad ffroenuchel ar y trothwy, ar fore rhewllyd prin y toddodd ddigon i ateb fy more-da, ac ni wnaeth ragor o sylw ohonof. Y nos Sul ganlynol cyhoeddais nad awn eto fel gweinidog i unrhyw briodas mewn llan heb sicrwydd ymlaen llaw y gofynnid imi gymryd rhan. Yr oedd a wnelo'r ail achlysur â'm teulu. Ni ddisgwyliwn ran amlwg, ond tybiais yn ddiniwed efallai y gofynnid imi ddarllen ychydig adnodau. Ymddengys bod y rheithor hynaws yn fodlon i hynny, ond nacaodd yr esgob.

Y DDINAS SANCTAIDD

Mwynhad yw gwrando ar unawdwyr yn ei morio hi drwy "The Holy City". Rhag tybio o neb na ellir ei chanu yn Gymraeg dyma gynnig help:

> Un nos, a mi yn huno,
>> Mewn breuddwyd safwn i
> Yn ninas hen Jerwsalem
>> Gerllaw ei themel hi.
> Mi glywn y plant yn canu,
>> Ac fel y chwyddai'r llef
> Mi dybiwn glywed engyl
>> Yn ateb yn y nef.
> Jerwsalem, dyrchafa'r pyrth, a chân;
> Hosanna drwy'r uchelder i Frenin Seion lân.

> Ar hyn i'r breuddwyd newid ddaeth,
>> Ac nid oedd sŵn drwy'r stryd,
> Distawyd llon Hosanna
>> A chân y plant i gyd.
> Yr haul a aeth yn dywyll iawn
>> A'r bore'n oer bryd hyn,
> Fel y codai cysgod prudd o groes
>> Ar ben rhyw unig fryn.
> Jerwsalem, clyw yr angylaidd gân,
> Hosanna drwy'r uchelder i Frenin Seion lân.

> Ac unwaith eto newid fu
>> Byd newydd ddaeth yn stôr,
> Ac wele'r Ddinas Sanctaidd
>> Gerllaw'r dilanw fôr.
> Drwy'i strydoedd hi 'roedd golau Duw,
>> A'r pyrth oedd led y pen,

58

A chroeso i'r neb a fynnai
Gael mynd i'r ddinas wen.
'Doedd raid wrth loer na sêr y nos,
Na llewych haul i'r wlad,
Cans hon oedd y Jerwsalem
· Dragwyddol ei pharhad.
Jerwsalem, cân, fe aeth heibio'r nos,
Hosanna drwy'r uchelder, Hosanna, ddinas dlos.

Rhagfyr 25, 1964

"AWN HYD BETHLEHEM"

A ydych wedi trefnu ar gyfer eich gwyliau haf nesaf? Dyma'r pryd y
ceisir ein denu â hysbysebion lu i fynd i wledydd eraill, a gwelais
hysbysu taith i wlad yr Iesu, mordaith neu awyrdaith, i gostio 110 gini.
Diau yr ai'r rhai a all fforddio mynd. Eithr ni all neb ohonom fforddio
peidio â throi'n bryd i gyfeiriad y digwydd mwyaf mewn hanes pan
ddaeth Duw yn ei holl gariad i mewn i fywyd dyn bach. Y cariad hwn
mewn person sy'n gwaredu'r byd. Pe cyhoeddid yr wythnos hon
ddarganfod ym Methlehem foddion neu gyffur i wella pob afiechyd
corff fe dyrrai'r miliynau yno. Eithr y newyddion da yw fod yn Iesu
fodd iachau pechod pawb, a bod Duw yn cynnig tangnefedd i'r rhai a
wna ei ewyllys. A yw'r dull a ddefnyddiodd Duw yn rhy syml a
chyffredin yn ein golwg? A yw'n rhy rad gennym? Pe costiai 110 gini
y pen, a fyddai'n well?

Mawrth 19, 1965

CORON

Mae pob Cymro, am a wn i, yn falch am i'r tîm Rygbi Cymreig guro'r
tîm Gwyddelig yng Nghaerdydd y Sadwrn, ac ennill, yn symbolaidd, y
goron driphlyg. Ond ambell funud cyfyd awydd ymgroesi rhag y
rhysedd sy ynglwm wrth y gor-foli hwn. Ers cenhedlaeth bellach bu
propaganda cyson i chwyddo pwysigrwydd Rygbi a'n twyllo i gredu
mai dyma ein gêm "genedlaethol". Dim ond mynd ati o ddifri gallai
rhywrai penderfynol wneud yn gyffelyb gyda tidliwincs. Cwbl
anghymesur yw'r modd y pwysleisir Cymreictod achlysurol ar Barc yr

Arfau, a ninnau'n gwybod nad oes i fwyafrif o bobl ein gwlad unrhyw rinwedd mewn Cymreictod fel arf ym mharc bywyd beunyddiol. Ai adwaith i snobri gêm bowlio Drake a chaeau chwarae Eton sy'n gyfrifol? Mae gwir goron Cymru yn ddigyfri yn y llaid a miloedd ohonom yn crochlefain yn ddiystyr am "the bread of heaven". Trech Dewi Bebb na Dewi Sant.

MEWN STAD O DYWYLLWCH

Y mae syrffed ers tro wedi peri na ddilynaf raglenni TW3 a "Not so much a programme," fel na wn a fu'r Seiri Rhyddion dan ordd eu dychan. Ond at nos Fawrth mentrodd y BBC deledu amdanynt. Cyfeiriwyd ar raglen "Heddiw" mor anodd fu cael aelodau i'r stiwdio, ond mentrodd ysgolfeistr o Faldwyn. I'r neb a ddarllenodd dipyn am y gymdeithas nid-mor-rhydd ni chaed llawer o bethau newydd yn y rhaglen ddiddorol y gwrthodwyd pob help swyddogol at ei llunio. Ni all merched na negroaid fodio'u ffordd i "demlau" apartheid lle myn rhai gwŷr o dan ffwdan a ffedog swyno'r unfraich a'r ungoes noeth i ŵydd droedio i gylch breintiog olynwyr Boaz a Hiram. A groesewir tlodion i'r sgwâr lle bygythir torri gwddw dyn? Beth bynnag am eu gofal gwiw o weddwon ac amddifaid eu cyd-aelodau mae'n anhygoel bod rhai arweinwyr eglwysig yn ymhel â'r fath shibolethau, ac yn cyfri'n fwy sanctaidd na dim y llw i gylch cudd, cyfrin, cyfyngedig, yr ofergoel ddirgel. Nid oes modd mesur eu dylanwad ar benodiadau i rai swyddi, ond diolch na arferir eu gwasanaeth claddu rhwng Tywyn a'r Bala.

Ebrill 9, 1965

DAVID ROWLANDS

Hyfryd oedd i raglen deledu "Heddiw" BBC ddydd Mercher fynd i bopty David Rowlands yn y Lawnt, a dangos "cwsmer" yn prynu torth. Heblaw ei fod yn un o'r rhai olaf i bobi torth â llaw y mae ein dyled yn drom i'r cyfaill annwyl am gynnig bara diwylliant i'r dref a'r cylch. Aeth â Chôr Cymysg o'r Tabernacl i Eisteddfod Genedlaethol Pwllheli 1925, a dod yn ail allan o chwech.
Yn 1932 y dechreuodd arwain ei Gôr Meibion aml ei wobrau a'i gyfraniadau. O'r 60 aelod syn yw deall mai 8 o wŷr y dref ei hun sy ynddo.

Mai 21, 1965

Y GYMRAEG

Llongyfarchion calonnog i Gyngor Tref Dolgellau. Y mis hwn
derbyniais yr ofynneb am y dreth flynyddol, ac am y tro cyntaf erioed
arferir y Gymraeg arni. Yn wir, Cymraeg yw iaith gyntaf y papur, a'r
Saesneg gyfatebol o dan bob linell. Dwyieithog hefyd yw'r papur sy'n
egluro gofynion y Bwrdd Dŵr. Da iawn, gynghorwyr a swyddogion.
    Fel hyn o gam i gam yr adferir urddas i'r Gymraeg. Ond mae tir
helaeth i'w ennill. Yn swyddogol yn Saesneg y'n genir ni, ac yn
Saesneg y byddwn farw. Dyma fi'n rhoi rhybudd cyhoeddus yn awr,
os caf fyw – y dystysgrif gladdu nesaf y disgwylir imi ei llenwi, gwnaf
yn Gymraeg. Pwy fydd y cyntaf i lenwi tystysgrif briodas yn y
famiaith? A sut yr wynebwn y ffaith bod holl blant ysgolion y dref yn
trafod ac yn chwarae (yng nghefn eu hathrawon) yn Saesneg, a
hwnnw'n Saesneg digon carbwl?

Rhagfyr 24, 1965

AWN HYD BETHLEHEM A GWELWN

Seren y dwyrain, ar sut wedd
Y sgleiniodd dy lewyrch hardd mewn hedd?
    Ni feddaf eiriau am ei drem.
    Ewch draw i weld i Fethlehem.

Y doethion dri, pa ryfedd rin
A barodd ichwi blygu glin?
    Atebwyd ein cwestiynau'n awr;
    Dewch chwithau at y Brenin mawr.

Paham y creaduriaid mud,
Y rhoesoch breseb gwair yn grud?
    Ni allwn roi ond isel fref.
    Dewch, teimlwch ei gyfaredd Ef.

Fugeiliaid garw, pa gerdd a faidd
Liw nos eich denu oddi wrth y praidd?
    Pe gwrandawech chwithau aech mewn hoen
    I syllu ar y dwyfol Oen.

Joseff, o'r cysgod dywed air,
Esbonia eni bachgen Mair.
    Amheuwyr, dewch yma heb nacâd
    I weld y wyrth, —mae Duw yn dad.

Mair wynfydedig, rho i ni
Ryw gyfran o'th gyfrinach di.
    Cadwaf ynghudd y pethau hyn.
    Dewch chwi i weld fy mebyn gwyn.

Ionawr 28, 1966

DANIEL WILLIAMS

Ysgol Doctor Williams. Tybed faint a ŵyr rywbeth am y gŵr y mae ei enw mor amlwg yn ein tref? Bu farw Daniel Williams 250 mlynedd i'r Mercher hwn, sef ar Ionawr 26, 1716. Brodor o dueddau Wrecsam ydoedd, a thybir mai yn 1643 y ganed ef. Ni chaed cyfle adeg y Rhyfel i ddathlu ei ddaucanmlwyddiant. Yr oedd yn bregethwr rheolaidd cyn bod yn 19 oed, ond yn rhy ifanc i fod gyda'r rhai a drowyd allan o gwmpas 1662. Bu'n gweinidogaethu yn Iwerddon a Llundain. Daeth y diwinydd hwn yn un o arweinwyr amlycaf yr Anghyffurfwyr, yn enwedig pan oedd angen apelio at y Frenhiniaeth. Yn ôl ei ewyllys 1711 gadawodd arian mawr ei ddwy wraig i sefydlu ysgoloriaethau i ddarpar-weinidogion, a'r llyfrgell enwog yn Llundain sy'n dwyn ei enw. Un arall o'i gymwynasau oedd sefydlu saith ysgol elusennol yng Ngogledd Cymru, a chynorthwy i brentisiaid. Trowyd y sefydliadau hyn ymhen amser yn Ysgolion Brutanaidd, ac ar ôl Deddf Addysg 1870 crynhowyd y gwaddol i bwrpas codi ysgol i ferched, wedi i Gaernarfon ei gwrthod, yn Noigellau. Mae'n werth cofio cymwynaswr.

Mawrth 11, 1966

ENW YSGOL

Gwelais yn rhifyn yr wythnos ddiwethaf wahodd awgrymiadau am enw i'r Ysgol Uwchradd yn y dref. Oddeutu tair blynedd neu ragor yn ôl awgrymais yr un gorau posibl – Ysgol Idris. Nid oes sain hyfryd i'r enw "Ysgol Uwchradd" (a syn cael cynifer o Gymry yn dal i sôn am "Ysgol Eilradd"), ac wfft i'r 'High School' sy yn llyfr y teleffon. Nid yw "Ysgol Dr John Ellis" yn apelio dim ataf, mwy nag y cymerodd gwladwyr Môn at ddwy gyffelyb yno. Enw syml a byr piau hi, a chan fod "Ysgol Ardudwy" ac "Ysgol y Berwyn" eisoes wedi cydio mor rhwydd, byddai "Ysgol Idris" wrth yr un patrwm yn gwbl esmwyth, gan ei bod yn darparu ar gyfer bro helaeth, ac enw'r mynydd yn hysbys drwy'r wlad.

Nodyn: Ysgol y Gader oedd y dewis terfynol

Chwefror 18, 1966

RHYFELA

Darparodd Peter Watkin ffilm "The War Game" i roi syniad am effeithiau rhyfel niwclear, ond barnodd y BBC ei bod yn rhy erchyll i'w dangos. Trefnwyd arddangosfa breifat i gael barn rhai pobl, a darllenais sylwadau amryw o ohebwyr, rhai yn cyd-weld ei bod yn rhy realistig i'w chyflwyno i'r cyhoedd, ond ambell un yn galw am i bobl ei gweld. Ymddengys bod ambell olygfa yn ddigon i godi cyfog ar y cryfaf, oni ddylai rhyfel wneud pawb yn sâl? Wrth gwrs, camdyb rhy gyffredin yw synio, pe sylweddolai'r werin pa mor erchyll yw brwydro, y gelwid am ymwrthod â'r fath erchylltra. Ond dywed pob profiad fod pobl yn dyfod i gynefino hyd yn oed â'r gwaethaf, ac yn ei oddef. Mae cymaint ag erioed o ramanteiddio a gogoneddu ar gigydda bwystfilaidd rhwng gwledydd. Sylwaf gyda'r darluniau o'r brwydro yn Vietnam na ddangosir byth effaith defnyddio napalm. Tra bo rhyfel yn dwyn elw ariannol i rywrai fe borthir y fflamau uffernol. Os gall "The War Game" roi stwmp ar ein stumog a dwysbigo ein cydwybodau, gwnaed.

BYW

Myfyriwr yng Nghaerdydd yw Dafydd Iwan Jones o Lanuwchllyn a welir ac a glywir mor aml yn canu efo'i gitâr. Ymddengys ei fod yn llunio'i eiriau a'i benillion ei hun, ac y mae'n canu'n swynol dawel heb ddim o'r gweiddi a'r sgrechian a arfera rhai wrth ganu pop. Mae darlun ohono ar glawr rhifyn Chwefror y misolyn 1/6 "Byw", ac ysgrif ganddo ar yr angen am i'r eglwysi ystwytho'u trefniadau ar gyfer yr ifainc. Ond dengys y Parch.Gwynn Bowyer mewn ysgrif arall mor amrywiol ac amhendant yw syniadau'r ifainc eu hunain am unrhyw newid.

Mawrth 4, 1966

DYGWYL DEWI

Aeth heibio galan Mawrth arall, a ninnau heb fagu asgwrn cefn i fynnu ei gael yn ddydd cenedlaethol gwir, gan gau pob siop a banc, swyddfa a ffatri ac ysgol er mwyn dathlu'n urddasol. Diolch am weld tair Draig Goch yn chwifio o gwmpas y Bont Fawr. Ond teimlaf yn fwy hyderus a gobeithiol ynghylch yr iaith nag a wneuthum ers blynyddoedd. Mae cywiro enwau lleoedd; cynnal dosbarthiadau dysgu Cymraeg gyda help llyfrau Bobi Jones; mae'r ifainc o ddifri yn eu hymgyrch yn erbyn y Swyddfa Bost (a gwell croeso iddynt mewn llawer lle nag yn Nolgellau), rhai yn fodlon eu dirwyo, rhai yn ymprydio; a'r Llywodraeth wedi derbyn egwyddor "dilysrwydd cyfartal" yn unol ag argymhellion Adroddiad Statws yr Iaith. Gresynais glywed y Prifathro Thomas Parry ar raglen deledu nawn Sul yn cymell ymroi i lenydda ac anghofio gwleidydda. Na, rhaid inni wrth weithgarwch ym mhob maes i gryfhau a meithrin ein bywyd cenhedlig.

Mehefin 10, 1966

NOFELWYR Y PLANT

Syn oeddwn ddydd Iau wrth y newydd am farw Elizabeth Watkin Jones ym Morfa Nefyn. Yn Nefyn y trigai pan euthum i yno, ei phriod yn ysgolfeistr uchel ei barch, ac yn golofn gadarn yn eglwys Soar, lle bu arwain ac arloesi mewn gweithio gyda phlant. Y pryd hynny deuai plant i'r Seiat nos Iau, ac ar hanner yr oedfa wedi iddynt ddweud eu hadnodau aent drwodd i ystafell arall dan ofal rhywun hŷn. Pan ddeuai'n dro Mrs Jones dyblai a threblai nifer y plant. Yr oeddwn yn chwilfrydig i wybod cyfrinach ei hapêl, a deall y darllenai hi iddynt storiau antur a rhamant o'i gwaith ei hun yn serial. Felly cafodd plant Soar flasu "Plant y Mynachdy" a "Luned Bengoch" cyn eu hargraffu. Y mae'r ddau lyfr gennyf, ac "Y Dryslwyn" ac "Esyllt" a "Lois". Lluniodd ddramâu ysgafn a rhaglenni radio a chyfrannu i'r comic "Hwyl". Ni bu ganddi blant ei hun ond defnyddiodd ei thalent i ddifyrru llu o blant eraill gan apelio at eu dychymyg. Gwraig gwerth ei hadnabod.

Mehefin 24, 1966

CERDDI
Cyfeiriais o'r blaen at lyfr cyntaf awdur ifanc, sef "Ugain Oed a'i Ganiadau" gan Gerallt Lloyd Owen, 36 tudalen, pris 6/-, Argraffty'r MC, Caernarfon. Cawsom ni ym Meirionnydd ddigon o brawf o allu ac addewid y prydydd campus hwn. Mae'n gynganeddwr hynod braff, a'i gerddi rhydd yn fedrus fel ei englynion. Fe glywn lawer rhagor am Gerallt, a gobeithio y bydd gwerthu ar ei lyfr cyntaf.

Gorffennaf 1, 1966

FFASIWN
Gogleisiwyd fi y nawn o'r blaen wrth weld rhai genethod ysgol yn chwarae yn ffrogiau eu mamau, yn ddigon llaes i guddio'u sodlau. Am ffasiwn dillad merched dyma wybodaeth ry ryfedd i mi, ond ni allaf beidio â sylwi ar odrwydd tuedd ddiweddar o boptu.

> Geneth a welais gynnau,—siglai hi
> Wisg laes hyd ei fferau,
> A menyw hŷn yn mwynhau
> Goleuni uwch ei gliniau.

GWYNDAF DOLCHADDA
[Cyhoeddi Eisteddfod Y Bala, 1967]

Cynhesai fy nghalon wrth wrando ar ei annerch cyntaf oddi ar y Maen Llog. Wrth sôn am y Bala dywedodd mai yno y cawsai ei sbectol gyntaf, a'i fod yn gweld yn dda byth wedyn. Un o'i ymweliadau diweddaraf â'r fro oedd dod i Dryweryn i brotestio yn erbyn rhai a fynnai gael gwledd ger mynwent Celyn. Cydymdeimlai â phobl Maldwyn yn eu pryder hwythau, ac apeliodd am beidio â rhuthro i gondemnio ambell un nad oedd arno ofn bod yn ffŵl er mwyn Cymru. Gellid dal bod enaid y genedl yn ddigon iach, ond heddiw y perygl oedd colli ei chorff. Prin bod y fath eiriau cryf wrth fodd calon y Sefydliadwyr parchus, ond dyma ŵr yn ei lawn nerth a fyn wneud ei swydd yn gyfoes a pherthnasol. Gall pobl Llanfachreth a Dolgellau lawenhau am fod cyfaill mor iach a chadarn ei safbwynt wedi esgyn i ganolbwynt cylch mor amlwg.

COFIA DRYWERYN
Ni chyflawnwyd dim o obaith rhywrai a led-ddisgwyliai fudd a mantais diwydiannol i'r Bala gan Lerpwl wedi iddi foddi Capel Celyn. Yn awr sibrydir ei bod ym mwriad y ddinas sefydlu marina yno, a datblygu glannau Llyn Celyn dan ei rheolaeth hi ei hun. Rhaid i Feirionnydd fod yn effro. Diolch bod y Bala yn un o'r trefi a restrwyd i'w datblygu cyn i'r Lerpwliaid grafangu popeth.

STORM
Ar bregeth yn Stiniog nos Sul cyfeiriwn at amrywiol stormydd bywyd. Crybwyllais mor hoff oeddwn yn fachgen o wylio stormydd, ac y deallwn y profiad a fynegodd T.Gwynn Jones yn ei delyneg "Mab yr Ystorm" sy'n boblogaidd fel unawd. Ar y funud daeth imi atgof am y storm waethaf a welais erioed; ac ar nos Sul y buasai hynny, tua'r un adeg o'r flwyddyn, oddeutu deugain mlynedd yn ôl, a minnau yn hogyn ysgol.

Sul bythgofiadwy oedd hwnnw. Lled-gofiaf fod y prynhawn yn aruthrol. Tuag amser te eisteddwn wrth ffenestr fy llofft uchel gan edrych draw i'r de i gyfeiriad Trawsfynydd. Gwibiai'r mellt melyn yn ddibaid, yn batrwm syfrdanol draw yn y pellter. Rhybuddiai fy mam fi drachefn a thrachefn i ddod i lawr, ond er pob arswyd fe'm cyfareddid gan y gwibio a'r fforchi diatal. Y goleuon a gofiaf, heb fawr o'r taranau. Parhaodd y storm ymlaen i'r nawn a'r hwyr. Drannoeth y daeth y newyddion am y trychineb yn Nhrawsfynydd.

Holais a chael cadarnhad i'r dyddiad, Gorffennaf 18, 1926, pan laddwyd John, mab 30 oed Bedd-y-coediwr, a Dafydd, mab 12 oed Cefn Clawdd. Sul enbyd i'r teuluoedd ac i'r gymdogaeth a golygfa ddiangof i minnau, yn aros fel ffilm lachar yn y cof. Heddiw rhyfedd gennyf na nodais y digwydd yn fy nyddiadur ysgol na chynnwys ddim ond sôn am chwaraeon ac am fynd i'r capel.

Gorffennaf 22, 1966

GLÂN FUDDUGOLIAETH
[Gwynfor]
Yn 1937 y gweddiodd R.Williams Parry am y dwyfol wynt: "Gwna ddaeargrynfeydd dan gadarn goncrit Philistia". Ddydd Iau, Gorffennaf 14, roedd Ffrainc yn dathlu cwymp Bastille yn 1789, a'r un diwrnod caed y crac cyntaf yng nghaer ystyfnig Seisnigrwydd yng Nghymru, pan enillodd Gwynfor Evans yn is-etholiad sir Gaerfyrddin. Os caed peth glaw ar y Swithin drannoeth roedd gorfoleddu am fod yr haul wedi codi ar Gymreigrwydd. Dyma ganlyniad syfrdanol. Roedd darogan lled hyderus y deuai Plaid Cymru yn ail, ac ennill y blaen ar y Rhyddfrydwyr. Ond gorchest oedd diddymu 9,000 mwyafrif y Blaid Lafur a sicrhau 2,436 wrth gefn. Dydd o lawen chwedl yn wir.

Gorffennaf 29, 1966

CRWYDRO
"A Llyn y Ffridd a Ffridd y Llyn." Yr oedd gennym Lyn Ffridd yn 'Stiniog; yno yr awn i ddal brithyll ac i ymdrochi weithiau. Ond gwyddwn nad i hwnnw yng nghesail y mynydd y canasai R.Williams

Parry. Awyddwn am weld ei un ef, ac wrth ddychwelyd o Eisteddfod Llangollen dyma benderfynu o'r diwedd ddal ar y chwith ger capel Bethel yng Nghaereini. Ond ffordd ddi-apêl oedd honno i lawr i Landderfel.

A hithau'n braf nawn Mercher diwethaf dyma bedwar ohonom yn cychwyn gyda gwell amcan y tro hwn. Galw unwaith eto ym mynwent Cefnddwysarn i weld beddau Llwyd o'r Bryn a Tom Ellis. Wedyn troi ar y dde hyd ffordd fwy agored na ffordd Bethel, ac yn fuan ddod at Lyn y Ffridd. Cael cryn siom – nid yw ond llyn bach digon diolwg a thyfiant hyd ei wyneb. Fel y mae modd delfrydoli rhywbeth mewn cerdd!

Y TRÊN BACH

"Trên bach Port y bariau cul,
Trotian mynd fel trol a mul."

Dichon y gwyddai pob 'Stiniogwr gynt y cwpled yna. Nid mor hysbys oedd y rhigwm hwn gan rhyw gocosfardd:

"Pair yn meddu poer,
Heb geirch na gwair, ond dwfr oer.
Efe a chwyrn yn Hafod-llyn
Ac a dreisia 'Nhan-grisia'
Ac a orffwys yn Diffwys."

Trên ramant fy mhlentyndod, trên y trip, yn disgyn saith can troedfedd i Borthmadog. Yn rhwydd a di-sŵn yr eid i lawr, ond byddai cryn bwffian a thuchan ar y ffordd i fyny gyda llwyth trwm, nogio ac aros i'r peiriant ailgodi stêm. Pan fyddai plentyn dan y pâs roedd coel mewn mynd ag ef drwy'r ddau dwnnel i beri iddo besychu'n iawn. Eithr mentrai llanciau direidus agor ffenestr un o'r drysau cloedig er mwyn peri i bawb dagu!

Awst 5, 1966

CRETHYLL

Ni fyddaf yn hoffi beio ar gysodydd, canys y mae'n gyfaill y dibynnaf lawer arno. Ond wrth imi gyfeirio'r wythnos ddiwethaf at Lyn Ffridd rhoes y cysodydd neu rywun ormod clod imi drwy ddweud mai "yno'r awn i ddal brithyll". Rhag i neb fy nghyfri'n ymhonwr brysiaf i gyhoeddi nad wyf bysgotwr (na fawr gwell fel pysgotwr dynion chwaith). Yr hyn a ddaliwn yn Llyn Ffridd oedd "crethyll", efo dwylaw weithiau neu'n amlach efo pot-jam gwydr wrth linyn. Yn ôl Geiriadur y Brifysgol dyna un o ffurfiau lluosog "crothell" (grayling), tebyg i'r "minnow" (sili-don). Am y pysgod bach, bach yr arferem ni'r gair, bob amser yn y ffurf luosog, ac y mae "crethyll" ar gael ers tua 1604. Ni feddaf y dychymyg i ddilyn arfer pysgotwyr ac awgrymu eu bod yn forfilod mawr.

Dywedwyd wrthyf mai gair Dolgellau am "grethyll" yw "brisyn ton".

Awst 26, 1966

CRWYDRO

Gan i'r haul o'r diwedd roi addewid o drechu'r glaw cododd awydd ar fy mhriod a minnau gael hwyl teithio yn lle'r cynlluniau y buasai raid inni eu newid yr wythnos cynt, ac ar ôl cinio ddydd Mawrth dyma gychwyn am y De. Yng ngwaelod Ceredigion cyn cyrraedd Blaenannerch troi ar y dde hyd lôn gul, ac ar y dde yn arwydd y drydedd fferm wele "Hendre". Yr oedd tractor yn mynd yn union o'n blaen, a gwelais arwyddocâd y geiriau gan brifardd Aberafan:

> "O'm gorsedd uchel dychmygaf weled
> Eu llo chwareugar yn llwch yr oged."

Ie, Dic Jones ydoedd, ac aeth â ni i'w dŷ i gael croeso ei wraig a'r tri phlentyn, ac i gael eistedd ym man ei anrhydedd:

> Cadair i Dic, derw a dur
> Yn dâl hefyd i'w lafur.

DYFED

Wedyn i sir Benfro i brofi'r hud sy ar Ddyfed. Gan inni fod o'r blaen drwy Bwllderi ac Aber-gwaun a Thyddewi aethom ar hyd y ffordd ganol heibio i Frynbeirian. Codi dros ysgwydd foel Preselau, aros ac edrych yn ôl ar olygfa wych o wlad helaeth tua'r môr, a gweld draw ar y gorwel rimyn isel Pen Llŷn. Yîngynghorai fy mhartner â dwy gyfol Llwyd Williams ar y sir, ac ar ben Bwlch-gwynt (coffa da am 'Stiniog) dyma ni 1300 troedfedd uwchlaw'r môr, a gwlad odidog eto yn ymestyn draw odanom i'r de gyda mast teledu yn syth bin yn y canol.

Heb aros yn Hwlffordd ymlaen â ni drwy dref Penfro a'n hwynebau tua'r môr. Yr oedd yr ŷd yn felyn ar y meysydd ond un cae a welais wedi ei dorri. Darllenasai fy mhriod am Bosherston, ac roedd lle i adael y car ger y llan, a dyma gerdded i lawr y pant at y llynnoedd lili. Dyna lle codai'r lili'r dŵr eu pennau gwynion o ganol y dail mawr. Hyfryd oedd y llonyddwch hafaidd, a dim i dorri ar yr hedd ond cwynfan lleddf colomen y coed.

Medi 2, 1966

AMRYW
Ymwahanu am y prynhawn, un i weld pethau newydd y siopau a'r llall bethau hen yn Sain Ffagan. Taro ar Evan Ellis o Harlech, newydd ddechrau gweithio yno ers pedwar mis, chwaraewr pêl-droed i Ddolgellau am ddeuddeg mlynedd, ac yn holi am yr hen gyfoedion. Maent wrthi yn codi tannws yno, ond bûm mewn ffermdai o benrhyn Gŵyr a Llangynhafal a sir Faesyfed, bwthyn Llainfadyn o Rostryfan, a chapel yr Undodwyr o Ben-rhiw, cyn mynd drwy'r "castell" ei hun, a bod ar fy mhen fy hun yn y gegin lle nad oedd sŵn ond dic-doc megis i'r Dr Iorwerth C.Peate yntau. Gwych o le yw'r Amgueddfa Werin. Yn yr hwyr mynd i'r pictiwrs i chwerthin.

Medi 9, 1966

PENYBERTH
Yn yr oriau mân fore Mawrth, Medi 8, aeth Saunders Lewis, Lewis E.Valentine a D.J.Williams yno a rhoi adeilad ar dân, yna mynd yn syth i swyddfa'r heddlu ym Mhwllheli a chyfaddef yr hyn a wnaethent. Yr oedd yn amlwg mai gweithred o brotest ydoedd, ond cofiaf y dadlau ffyrnig am wythnosau ynghylch iawnder eu gwaith.

Yr oeddwn yng Nghaernarfon ar Hydref 13 pan wysiwyd y tri i'r Seisys. Methodd y 12 rheithwyr o Gymry gytuno ar y dyfarniad, a chyhoeddwyd yr eid â'r achos i'r Seisys nesaf. Bu gorfoledd ar y strydoedd.

Ond trech gwleidyddiaeth na llys barn, a mynnodd yr awdurdodau, gyda dim ond parch gwefus i gyfiawnder, fynd â'r achos i'r Old Bailey yn Llundain yn nannedd pob apêl yn erbyn hynny. Caed rheithwyr o Saeson ar Ionawr 19, 1937, ac anfonwyd y tri Chymro am naw mis i Wormwood Scrubbs. Cofiaf fod yn y cyfarfod croeso, wedi eu rhyddhau, ym Mhafiliwn Caernarfon ar Fedi 11, a'r lle yn orlawn, y cyfarfod mwya'i orfoledd y bûm i ynddo erioed.

Medi 23, 1966

CYFRES ERYRI

Aeth yn gonfensiwn i bobl anfon pob math o gardiau i'w dilydd. Yn ychwanegol at achlysur pen blwydd a'r Nadolig ceir cardiau brysiwch-wella, llwyddiant-mewn-arholiad, pen-blwydd-y-ci-bach, a phob rhyw esgus arall. Tyfodd yn fasnach helaeth, a'r cyfan, wrth gwrs, yn Saesneg. Pa barlys sy arnom fel Cymry na fasnachwn yn ein hiaith? Diolch i Donald A.Rooksby, Sais a ddaeth i Gaernarfon, am sefydlu 'Cyfres Eryri', yn gardiau cyfarch o bob math. Mae am ddarparu cardiau Pasg hefyd. Da gennyf weld bod un siop yn Nolgellau yn eu gwerthu.

Medi 30, 1966

SAER DOLIAU

Bydd ar ddyn led-ofn addef ambell beth rhag ei gyfri'n dwp, ond dyma fi am roi fy nau droed ynddi. Yn ystod y flwyddyn clywais rai yn gwynfydu bron ynghylch y ddrama "Saer Doliau", ond wedi gwylio'r telediad y noson o'r blaen ni'm hargyhoeddwyd i. Y mae deunydd amlwg o symboliaeth ynddi, a rhai elfennau o ddameg neu alegori yn glir. Ond fel cyfanwaith nid apeliodd ataf. Yr wyf yn blino ar y ddadl fod pob gwrandawr at ei ryddid i dynnu ei wers ei hun ohoni. Ceir yr un synio arwynebol ym maes arluniaeth (a miwsig a barddoniaeth o ran hynny) – nid yw o bwys beth a geisiai'r artist ei gyfleu, mynnwch eich dehongliad neu eich amgyffred chwi eich hun. Mae cyfathrebu ("communicate") yn un o gymhellion gwaelodol bywyd, a phan geisiaf "ddweud" rhywbeth wrth fy nghyd-ddyn nid arno ef mae'r bai i gyd onid yw yn fy neall. Ym mhob maes o gelfyddyd mae gan artist rywbeth i'w gyfleu, agwedd ar brofiad i'w rannu â phobl eraill. Oni "welant" hwy yr hyn sy ganddo, holed yntau ef ei hun weithiau. Heddiw mae gormod o rai ansicr eu gweledigaeth a myngus eu parabl, a rhan o glyfrwch y cwlt yw beio ar glustiau'r gwrandawyr.

Hydref 7, 1966

GWARTH – Cymdeithas yr Iaith

Credaf ei bod yn warth y modd y trinnir rhai o aelodau Cymdeithas yr Iaith Gymraeg. Nid af ati'n awr i restru'r cosbau a ddodwyd ar bawb ohonynt, ond yr enghraifft ddiweddaraf yw gwaith ynadon Pont-y-pridd yn dedfrydu i ddau fis o garchar Neil Jenkins, athro ysgol ym Merthyr Tudful. Mae'n wir fod swm y dirwyon y gwrthyd ef eu talu wedi codi i £22. 10. 0. Ond dealler nad gwrthod talu fel y cyfryw y mae ef, canys talai (megis y gwnâi eraill) pe câi ffurflen treth modur yn Gymraeg, a'i wysio yn yr un iaith. Y mae'r gosb yn ffyrnig ac anghyfiawn. Dan yr amgylchiadau ffârs yw uniaethu cyfiawnder a chyfraith gwlad. Cofier nad yn erbyn y gyfraith y mae protest y rhai ifainc hyn ond yn erbyn y modd y gweinyddir hi. Aeth heibio bron ganrif ers pan ymgyndynnodd bachgen o Lanuwchllyn rhag y "Welsh Not" yn yr ysgol. Meddai Syr O.M.Edwards: "Na, nid aeth y tocyn erioed oddi am fy ngwddf, dioddefais wialenodiad bob dydd fel y dôi diwedd yr ysgol." Bellach aeth cansen y Welsh Not o'r ysgolion i'r llysoedd, a dyma'r driniaeth ffyrnig, ffiaidd, ffôl, a roddir i Gymro yn ei wlad ei hun am geisio mynnu parch i'w famiaith. Mae hyn o anghyfiawnder yn ormod i'w oddef, ac mae'r awdurdodau yn gwahodd terfysg a thrwbwl.

ABER-FAN

Nid pres gwlad yw pris y glo. Gwelodd cymoedd y De lawer trychineb, a thadau a meibion yn cael eu hoffrymu'n ebyrth byw ar allor angen aelwyd a diwylliant a gwanc am elw. Ond nid digon hynny o offrwm, a thrachwantodd yr anghenfil aflan eu plant hefyd. Magwyd fi wrth waelod tomenydd rwbel chwarel, ac fel pentyrrau erchyll yn cyfateb iddynt y gwelwn y tipiau glo yn y De. Bore Gwener bythgofiadwy oedd Hydref 21 pan ymlusgodd y falwen ddu dros ddarn o Aber-fan, islaw Merthyr Tudful, yn ysgol a thai. Er i'r sgrîn deledu ddod â'r darlun enbyd i'n tai roedd gwae'r trueiniaid tu hwnt i'n dychymyg. Daeth cymwynaswyr i'r adwy o bell ac agos, a chysegrwyd y fynwent echrydus gan weinidogaeth caib a rhaw. Bydd pawb yn amenu ple'r Dr Glyn Simon am ofal deublyg i sicrhau na ddigwydd byth eto y fath drychineb anaele.

PERTHYNAS GEIRIAU

Arferai'r cyfreithiau Cymreig arddel perthynas "hyd y nawfed ach", ac yr oedd termau addas ar gyfer hynny. Gair byw yn fy nghartref i yn 'Stiniog oedd cyfyrder (second cousin) ond, hyd y sylwais, prin yr arferir ef yn Nolgellau. Byddaf yn synnu'n aml at yr arfer sy yma o gyfeirio at berthnasau pell iawn yn nhermau "cefnder" a "chyfnither", heb fanylu rhagor yn null y Saesneg. Os cofiaf yn iawn, mae Islwyn Ffowc Elis yn ei nofel "Blas y Cynfyd" wedi ceisio edfryd "ceifn", y drydedd radd o berthynas, a bu hen ffurf "gorcheifn" hefyd. Oni fynnir cyfyrder pam nad mabwysiadu'r dull Cristnogol o gyfeirio at bawb fel "brawd" a "chwaer"?

TELYN DWYRYD

At y Nadolig daeth y teitl hwn â llu o atgofion imi. Cofio Elen Jane Roberts yn 'Stiniog yn toddi calon pawb efo "Hwiangerdd Sul y Blodau", cofio David Francis y Telynor Dall, a minnau'n englyna i'w goffa yn 1929; cofio bod yn albwm fy nghulu lun o Gôr Telyn Dwyryd, y parti genethod yr âi fy ewythr Bob Morgan gyda Hwynt i bobman bron, er nad wyf yn siwr a oedd yn fath o drefnydd neu swyddog; a chofio'n dda Ioan Dwyryd (John David Jones) yn canu penillion, ac yn cychwyn ei blant Llew ac Eleanor a Gwenllian. Croeso gan hynny i lyfr 20 tudalen "Telyn Dwyryd" gan Delynores Dwyryd.

Mawrth 17, 1967

CARIAD A CHAS

Ar un o'r rhaglenni teledu yn hwyr nos Iau datganodd Sgotyn ifanc nad oedd ei ymlyniad wrth ei genedl yn golygu ei fod yn casáu'r Saeson. Yn union wedyn gafaelodd Richard Marsh, un o weinidogion y Llywodraeth Lafur, yn y sylw gan holi pa angen oedd am ddweud y fath beth. Mawr ei anwybodaeth, canys dyma swyddog Llafur arall, Merfyn Rees, Cymro sy'n Aelod dros Dde Leeds, yn haeru bod cenedlaetholdeb Gymreig, fel y gwelir y peth yn ymddygiad Gwynfor Evans, yn wrth-Seisnig. Dyna gytgan ddwl a glywyd droeon gan rai Cymry. A yw mab, wrth garu ei fam ef ei hun, yn casáu mamau eraill? Drwy bledio hawl fy ngwlad a'm cenedl a wyf yn codi yn erbyn gwlad a chenedl arall? A yw rhesymeg y bobl hyn yn peri iddynt ddal bod caru Cymru yn gyfystyr â chasáu Lloegr? Wfft i'r fath feddwl arwynebol.

Mai 26, 1967

MERCHED Y WAWR

A benthyca ymadrodd o iaith arall, gollyngwyd cath Gymraeg i blith y colomennod Seisnigaidd. Wedi cytuno i gadw eu bwriad yn ddistaw am tua thri mis datganodd cangen y Parc o Sefydliad y Merched eu bod yn torri'n rhydd ac yn ymsefydlu'n fudiad annibynnol dan yr enw "Merched y Wawr". Er mai yn Llanfair-pwll hanner canrif yn ôl y cychwynnwyd y Dybliw Ai clywid cwyno o dro i dro gan rai fod tuedd at Seisnigo ar fywyd a gwaith y canghennau yng Nghymru, hyd yn oed yn y rhannau Cymraeg. Dan arweiniad Mrs Zonia Bowen, gwraig o swydd Iorc a ddysgodd Gymraeg, sefydlodd 28 o ferched y Parc eu mudiad eu hunain, yn gymdeithas Gymraeg. Clywais fod eu dylanwad eisoes yn cerdded hyd fannau megis Abergeirw a Ganllwyd, a gall gyrraedd hyd at y pellafion lle cenir am "England's pride". Er i rai o arweinwyr y W.I. ddatgan yn y Wasg fod eu mudiad yn rhoi lle i'r iaith ni all y cynnwrf hwn wneud dim ond lles yn y pen draw. Dyma'r mamau yn dilyn safiad eu meibion a'u merched. Mae gwerth yn yr ymadrodd "mamiaith".

Awst 25. 1967

CRWYDRO
Clywswn gymaint o frolio ar y Norfolk Broads nes awyddu am eu gweld, Cael cyfarwyddyd siriol dyn A.A. i barcio'r car bach ger pont Wroxham, rhoi 2/6 am drip mewn cwch hir, bws-afon fel y'i gelwid, a chael tri chwarter awr hyfryd ar afon a llyn, a gweld y dyfroedd yn ymestyn ar bob llaw i bob math o gilfachau deniadol. Dywedir bod dau gan milltir o daith yn bosibl ar y dŵr. Hyd yn hyn ni welsem neb o Gymru. Ond wrth ddychwelyd at y car dyma daro ar Haydn a Helen Williams gyda'u rhieni a Miss Norah E.Williams, Dolgellau, ie, a Thabernacliaid i gyd? Sôn am falchder a chroeso! Ond yr oeddem yn rhwystro'r traffig, a bu raid gwahanu.

Ebrill 5, 1968

SUL DOLGELLAU
Yn ddi-os mae'n dirywio ein tref, ac mae ar ein gwarthaf lifeiriant pagan sy'n waeth na'r llifogydd ar y Marian. Aeth gweithio ar y Sul yn rhemp ar yr esgus lleiaf, chwarae, pysgota, ie popeth. Yr wythnos ddiwethaf crybwyllwyd wrthyf fod sôn am gael criced yma ar y Sul. Ond, os iawn y deallaf, mae caniatâd wedi ei roi er y nos Fawrth i ryw dîm mawr i ddod yma yn haf 1969. Boed mawl i dywysog y wladwriaeth nid i dywysog yr iachawdwriaeth. Rhanedig oedd barn y cyfarfod ond caed pleidlais fwrw'r cadeirydd yn ei ffafr. Mae'n anhygoel i mi. Newydd fynd yn Ymddiriedolwyr Y Marian y mae aelodau Cyngor y Dref, ac un o'u penderfyniadau cyntaf yw caniatau hyn yno.

Os cywir yr hyn a ddywedwyd wrthyf nid oedd y Parch. W.Idris Selby yno i bleidleisio, gan ei fod yn cynrychioli'r Cyngor mewn cyfarfod arall. Mae sôn am gael yr Ymddiriedolwyr ynghyd eto i aildrafod y cwestiwn. Ai i hyn y daeth hi yn Nolgellau? Mynnodd y golffwyr eu ffordd breifat, ac yn awr y cricedwyr. Os yw'r byddigions newydd hyn yn cael chwarae gêm pa beth na myn y werin hefyd? Dyna ddrych arweinwyr bywyd Cymreig ym Meirionnydd 1968.

Ebrill 19, 1968

LLANNAU
Bûm yn anffodus ar fy nau ymweliad cyntaf â Llandanwg. Y tro cyntaf gyda chyfeillion ni chefais ond cipolwg ar y fan. Yr ail dro ar Fawrth 8 eleni holais mewn pedwar tŷ ond yr oedd ceidwad allwedd y llan oddi cartref. (Y trydydd tro y bydd coel?) Beth bynnag, troais ar y chwith ym mhen pellaf pentref Llanfair, a mynd am y môr. Yno yn y twyni tywod erys yr hen eglwys o fewn tafliad carreg i'r heli, gyda chaead pren yn cuddio pob ffenestr. Dyma le a chyswllt â theulu o brydyddion gynt, Phylipiaid Ardudwy. Wrth y talcen agosaf mae carreg fedd ac arni I.PH. 1600:

> "Bardd di enllib
> Di gyffelib,
> Fu Sion Phylip—iesin ffelwr.
> Gwelu ango,
> Yw'r ddaearglo
> Yma huno—y mae Henwr.
>
> Dyma fedd gwrda oedd gu—Sion Phylip
> Sein a philer Cymru
> Cwynwn fyn't athro canu
> I garchar y ddaiar ddu.
>
> *H.Llwyd, Cynfal*"

Tystiai'r cerrig y bu claddu yno o 1694 hyd 1867. Ar garreg fedd John Richards, Tymawr, Harlech 1826 ceir y gair dieithr "dyrnfolydd", sef menygwr (glover).

76

Mae'r tywod anochel yn araf fygwth popeth yno, ond cefais stori yn dâl am lofio'r tywod oddi ar garreg ei gwastad:

"lle rhoddwyd i orwedd
yn yr un arch ddwy ferch
Thomas ac Elizabeth ei wraig,
Rhyd-galed isaf
Catherine a fu farw Rhag—
1833 yn 3 blwydd a 5 mis oed
Mary, a fu farw Rhagfyr y 15
yn 5 mlwydd a 10 mis oed
Ni ddaeth yr hardd-deg flodau
A gadd mor synn eu symmyd
Ond prin i ddangos pa mor hardd
Yw blodau gardd y bywyd."

Ar fy ffordd yn ôl gelwais yn eglwys Llanfair, adeilad bychan, hirgul, plaen. Dywedir gladdu awdur Y Bardd Cwsg dan yr allor, a dodwyd carreg wastad ar y llawr yn lled ddiweddar:

"Ellis Wynne
o Lasynys
Rheithor y Plwyf
Hwn
1711 – 1734"

Gyferbyn â dreif Corsygedol, y ffordd breifat, union syth fwyaf anghyffredin yn yr holl sir, saif eglwys Llanddwywe, gyda chapel y Fychaniaid yn un asgell o'r adeilad. Cyfeiria "Crwydro Meirionnydd" mai yn y fynwent hon y claddwyd gweddillion y Cyrnol John Jones, Maesygarnedd, ond ni ddywedir dim am hynny yn Y Bywgraffiadur, a sonia Dewi Eden yn "Ardudwy a'i Gwron" am yr adroddiad i'w gorff gael ei fwrw i'r un beddrod ag eiddo eraill a ddienyddiwyd yn Charing Cross ar 17 Hydref 1660. Pa sail sy i'r dyb y dygwyd ei weddillion i Ardudwy?

Mai 17, 1968

LLAN-Y-BRI

Gwelais yr enw ar fynegbost ac ymlaen â ni am bentref go anghyffredin ei hanes. A glywsoch am droi eglwys Anglican yn gapel Ymneilltuol? Roedd capel-anwes yn Llan-y-bri, ond aeth yn ddiangen fel y cryfhai'r Anghydffurfwyr, ac fe'i rhentwyd am chweugain y flwyddyn i'r Annibynwyr. Yn y diwedd daeth yn eiddo iddynt, yn dŷ cyfarfod anghyffredin ei fodd, stabl yn y clochdy yn un pen iddo, a thu allan i'r mur gloc carreg gyda'r flwyddyn 1879. Pum munud i ddeg ydyw arno, yn agos at amser oedfa'r bore, ond cafodd rhyw wraig flas ar adrodd wrthyf am y gŵr meddw gynt yn sylwi ei bod o fewn dim i amser cau a bod raid brysio am y glasiad olaf! Tybiaf y bu moddion achlysurol yn yr Hen Gapel hyd ryw ddeng mlynedd yn ôl, ond erbyn hyn, yn ddi-do a di-barch, mae'n warthus beidio â'i dynnu i lawr.
Ar ymyl y pentref saif y Capel Newydd nobl, y bûm yn pregethu ynddo unwaith.

YN ERYRI

Rhwng dau gyfarfod ym Mhen-y-groes adeg Undeb yr Annibynwyr cefais gyfle gyda dau gyfaill i bicio i fyny dyffryn afon Llyfni. Ar y Llun buasa'r Wyddfa yn rhyfeddod clir, ond ar y Mawrth llethol yr oedd tawch yn ei dieithrio. Stopio'r car yn Nhal-y-sarn wrth dŷ â'r rhif 37 arno, ond cael na osodwyd y gofeb i R.Williams Parry eto. Ymlaen am Faladeulyn, drwy Nantlle, neu Nant-lleu gyda'i sôn am Flodeuwedd gynt. Cul yw'r cwm yn Nrws-y-coed sy'n foel ar ôl gwaith copor. Mae llawer blwyddyn ers pan fûm yn pregethu yno, a chlywed am y maen enfawr o Graig y Bera a ddisgynnodd ar y capel yn 1892. Dringo gallt wedyn, a chyn cyraedd Rhyd-ddu dyma argae ar y llaw chwith, ac wele Lyn y Dywarchen gydag ynys fechan yn ei ganol. Mae traddodiad am ynys lai, symudol, sy'n esbonio enw'r dŵr. Dywed Gerallt Gymro yn y ddeuddegfed ganrif iddo glywed sôn amdani, ond ni ddywed W.Bingley yn glir iddo weld y dywarchen yn 1798. Daeth atom ŵr i holi rhag ofn bod genwair gennym i'r dyfroedd gwaharddedig. Wedi ei fodloni dywedodd y tystiai ei dad iddo weld yr ynys ledrith. Gwych oedd y tawelwch yng nghanol cadernid Gwynedd. Gwelwn fwg trên bach yr Wyddfa tua'r copa, a chlywed ei chwibanaid ddwywaith.

Mehefin 28, 1968

CLYWEDOG

"Cofia Dryweryn" meddai'r arwyddion yma a thraw. A Chlywedog hefyd. Cefais gyfle i fynd i olwg y lle nawn Iau. Troi ar y dde y pen yma i Lanbryn-mair, heibio i'r Bont (Pontdolgadfan) ac i gyfeiriad Staylittle [*Penfforddlas*]. Nid oes arwydd i'ch troi am Glywedog, a bu raid imi holi mewn tŷ am gyfarwyddyd i ddilyn gwŷs y mynegbost tua phentref newydd Llwyn-y-gog. Ymlaen hyd aceri'r Goedwig, a daw i'r golwg gilfachau dŵr, a chesail a hafn, nes dod yn union uwchlaw argae cadarn y llyn hirgul, cyn mynd i lawr am Lanidloes. Mae'r dyfroedd yn harddu'r fro meddych. Ie, Llanwddyn a Chlywedog.

> Os oes, daeth y Sais i'w dwyn.
> Mae dau emrald ym Maldwyn

Clywaf gydnabod yn dweud bod mynwent y Brithdir yn hardd; efallai, ond mynwent ydyw.

Gorffennaf 19, 1968

AMRYW

Gwelais ym mhapur Lerpwl erthygl flaen ar waith pobl Ynys Manaw yn penderfynu peidio â chwifio'r "Union Jack". Chwarae teg i'r ynyswyr. O! na bai plwc gennym ninnau'r Cymry i ymwrthod â baner nad yw'n cydnabod bodolaeth ein gwlad a'n cenedl.

Awst 2, 1968

Y GWYLIAU

Diolch am fesur helaeth o "anhreuliedig haul Gorffennaf gwych" i'r ffermwyr gael eu gwair, a hefyd i'r ymwelwyr ar wyliau. Ni chofiaf sylwi gymaint o'r blaen ar gynifer o ddicithriaid yn canmol hyfrydwch ein bro. Fe awn ni wladwyr am y trefi mawr pan gawn gyfle, ond llonyddwch y wlad a fyn y trefwyr am newid. Euthum innau gyda thri chydymaith o gwmpas Foel Gynwch nawn Llun, hel llus (dros ddcubwys) drachtio awel, a dotio ar amrywiaeth digymar llun a lliw i

79

bob cyfeiriad. Llawn gwell na'r hen yw trefn newydd y llwybr tu draw i Nannau at Ffordd y Dibyn a hyd lan Llyn Cynwch. Gyda llaw mae'r cyflawnder blodau yn argoel am ddigonedd o fwyar duon eleni.

Awst 9, 1968

TUA'R UCHELION

Ers tair blynedd ar ddeg go dda caf eistedd yn fy nghadair ac edrych drwy'r ffenestr ar amlinell cadernid Cader Idris. Bûm ar y pigyn uchaf deirgwaith, ond drwy'r blynyddoedd teimlwn awydd cael cerdded ar hyd y rhimyn gorwel sy'n union ar fy nghyfer, a throedio'r pedwar copa yr un diwrnod. Y bore Mawrth olaf yn nhes Gorffennaf danfonwyd pedwar ohonom i Gwm-hafod-oer. Cychwyn cerdded am Gwern-graig, ffermwr Hywel P.Ellis, ef efo'i gynhaeaf ac wedi cael caniatâd parod y gribin a'i gynorthwywyr efo'i dractor yn y gwair, dechrau esgyn dow-dow, yn araf, a'r ddau hynaf o'r pedwar yn canmol mor llesol oedd "pum-munud" rwan ac yn y man. Yr oedd rhyw fymryn o lwybr yn fwy gweledig weithiau na thro arall. Daeth ardal Bwlch-coch i'r golwg ar y dde, ac yn y man dref Dolgellau, ac fel yr aem dros ysgwydd Gau Graig dacw gip ar gornel o ddŵr Tal-y-llyn ar y chwith. Ond i lawr i'r dde yr edrychem amlaf, a gwylio dau fugail efo dau gi yn corlannu defaid a'u gyrru i lawr efo gwely'r afon. Safasom uwchlaw Llyn Aran, un go fach yw ef, dringo wedyn i fyny'r ochr serth a chyrraedd pen Mynydd Moel. Caed cipolwg ar fymryn o Lyn Cau ar y chwith, ac ar y dde eto Lyn Gafr, ac yn uwch i fyny Lyn y Gadair. Bellach gwelwn fod llu o bobl heblaw ni ar y mynydd, ac yr oedd fel diwrnod gŵyl ar y twr cerrig sy ar Ben-y-gader. Ychydig o lus a welsom, ac yr oedd y tawch gwres yn ormod gorchudd inni allu gweld ymhell yn glir.

Ymlaen wedyn am y Cyfrwy, a gwylio nofiwr yn croesi Llyn y Gadair, yn edrych fel llyffant yn cicio'n batrymus yn y dŵr. Dod i lawr beth wedyn cyn dechrau ail godi, a dod at Dewi Owen efo dau gi yn ceisio tair dafad grwydr. Codi'n raddol eto a chyrraedd brig y Tyrau Mawr. Yn union odanom dyna ardal Islaw'r dref, a dau lyn Cregennan fel dau ddarn o wydr gloyw, a thu draw iddynt forfa afon Fawddach yn ymestyn i'r tawch. Yn wir, o'r pedwar pigyn, yr olwg o ben Tyrau Mawr yw'r un fwyaf cyfareddol o ddigon. Bron na ddywedwn mai dyma'r llwyfan gorau i harddwch ein bro. Disgyn yn sydyn iawn wedyn, hanner sglefrio a hanner llithro drwy'r grug a'r coed llus a'r gwelltglas cryf, a chyrraedd y ffordd ychydig y tu draw i Nant-y-gwyrddail, cerdded ymlaen at Dŷ-nant, a chael car i'n dwyn adref. Wedi blino? Siwr iawn, yn hapus luddiedig.

MOCHRAS

Gwyliwn rhag i'r enw ddiflannu o dafodiaith y sir. Clywswn droeon am y lle ond heb erioed fod yno. Ond nawn Gwener heulog, wedi i bedwar ohonom brofi mor gynnes oedd dŵr y môr yn y Friog, dyma groesi Mawddach, a throi ar y chwith ar ganol pentref Llanbedr. Ymlaen ar hyd y morfa gwastad, heibio i'r maes awyr, a dod at dywod. Ynys y Cregyn (ond yn Saesneg, wrth gwrs) yw'r enw a arferir ar y trwyn hir o dir sy'n ffurfio gorynys am fod pen llanw bron â chylchu'r lle. Bu yno dyllu islaw gwely'r môr yn ddiweddar, a dywedwyd wrthyf y ceisir eto ym Medi. Bu fy nghymdeithion yn hel cregyn tra syllwn innau ar banorama'r wlad. Ciliasai'r tawch gwres ac ar nawn mor glir yr oedd golygfa ryfeddol o fynydd-dir gefn y Moelwyn ac ochr y Cnicht (heb ei bigyn) a gwychder rheiol yr Wyddfa i bellter Aberdaron, a'r cyfan fel braich yn cwmpasu'r môr. Godidog ei hud ydoedd.

Gyferbyn â ni gwelem Landanwg, a mynasom droi i lawr ar y chwith yn Llanfair, ac ar ein trydydd ymweliad â'r llecyn wrth y don gael yr eglwys ar agor, yn hyfryd ei gwyndra syml, gyda thri thrawst yn breuo'n arw gan y canrifoedd, a darn o frethyn Cymreig coch am yr allor. Glân yw oglau hen eglwys.

Y BRIFWYL

Yn barod am y Barri, dyna hanes llu ohonom y dyddiau hyn. A chlywir son am baratoi ymhellach eto. A rhestr testunau'r Fflint wedi ymddangos am dri swllt ceir sôn am symud i wahodd yr Eisteddfod Genedlaethol at 1971 i Langefni ac i Fangor. Pob clod i'r Monwyson eiddgar am symud mor fuan ar ôl 1957, ond, heblaw'r yl dalfyredig yn 1943 ni bu ym Mangor ers 1931 (cofiaf amdanaf yn stiwardio y pryd hynny, yn cysgu mewn tent ac wedyn yn y gwair gyda Llwyd o'r Bryn a'i griw llawen) fel bod siawns go dda i gais y ddinas y tro hwn.

CWM RHONDDA

Hynodid y Rhondda gynt gan ei byllau glo, ei resi tai un-ffurf yn clymu pentrefydd ynghyd yn un llinyn, a'i fywyd garw. Yn ddiweddar fe'i hynododd ei hun drwy roi rhybudd i'w feistri Sosialaidd a chefnogi Plaid Cymru. Cefais dreulio un o Suliau heulog Awst yno. Mynd drwy Bont-y-pridd, Trehopcyn, Trehafod, i'r Porth lle mae'r ddau gwm cul yn ymrannu. I'r chwith mae'r Rhondda Fawr yn cynnwys Trealaw (a Thonypandy a Llwynypia), Ystrad, Pentre (a'r Ton), Treorci (a Chwm-parc), Treherbert, Ty-newydd, Blaenrhondda, a'r ffordd yn esgyn drosodd i Hirwaun mewn cwm arall. I'r dde mae'r Rhondda Fach gydag Ynys-hir, Wattstown, Pont-y-gwaith, Tylorstown, Ferndale a Threrhondda, Maerdy, a'r ffordd yn ymgodi i fynd i Aber-dâr.

Rhedodd cyfaill o weinidog (adnabyddus i Annibynwyr ein bro fel arweinydd Cymanfa) â ni yn ei gar i fyny ochr serth Cefn Gwyngul. A dyna'r Rhondda Fach yn hafn gul a throellog odanom, tro cyntaf i'm priod weld y cwm enwog. Yn haf 1932 y buaswn i yno gyntaf, ac yn Nhrealaw gael fy unig drip i lawr pwll glo (a baeddu fy nhrywsus yn arw). Y pryd hynny cwm budr y glo ydoedd, yn cofio prysurdeb anarferol. Bellach caewyd y pyllau, mudodd miloedd o'r bobl oddi yno, a chaed ffatrïoedd i'r lle, nes bod y fro wedi ail-lasu. Yr oedd yr olygfa'n hyfryd, a deuai englyn Telynog i flaen y meddwl:

"Cwm Rhondda, dyma gwm domog,—cwm tarth,
Cwm twrf, cwm gorgreigiog,
Cwm llun y sarff, cwm llawn o so'g,
A chwm culach na cham ceiliog."

CRWYDRO YN EIFIONYDD

"Mae bro rhwng môr a mynydd" meddai R.Williams Parry, ac ymwelais â hi unwaith eto ar hwyr o brynhawn hyfryd tawel. Troi'r car o'r ffordd sy'n mynd am Bwllheli, a chyn cyrraedd Chwilog dod at y Lôn Goed. Mae ei phen isaf yn cychwyn ger y Golchdy yn

Afon-wen. Ofer chwilio'r Bywgraffiadur am gyfeiriad at y gŵr a luniodd y ffordd ryfeddol hon "Maughan am goed, minnau am gân" meddai Eben Fardd am y goruchwyliwr stad gynt) gan fwriadu iddi fod yn hwylustod i deithio tua Chaernarfon. Dyma fynd yn araf ar hyd-ddi, gyda'r coed o boptu fel dwy res o golofnau mewn eglwys gadeiriol. Daethom at ffordd a droai ar y dde tua fferm, a gweld yn nes ymlaen fod y Lôn Goed wedi ei chau. Gadael y car a cherdded ychydig dan "fwa'i tho plethedig" a'i "glaslawr dan fy nhroed". (Dau ohonom yn meddwl fel y mae gwirfoddolwyr o Saeson wedi ymgymryd â lein bach y Port, a gweithio arni nes ei chael yn atyniad gwych i ymwelwyr haf. A thelyneg Bardd Yr Haf wedi enwogi'r Lôn Goed i bawb, a dwyn iddi fri newydd, oni ellid trefnu i bartïon o ieuenctid fynd i glirio'r drain a llosgi'r mieri sy'n ei thagu, casglu arian i ddarparu maes parcio yn eu deupen, a'i diogelu yn rhodfa i gerddwyr? Byddai'n ofynnol cael caniatâd y gwahanol berchnogion tir.)

Yn ôl wedyn i'r ffordd fawr, a chyn disgyn am Lanystumdwy troi i fyny ar y chwith i gyfeiriad hen blasty Gwynfryn, a thrwy goed Talhenbont, dal ar y dde, ac ar hyd y ffordd gul ac aros ar drofa. Dyma'r Betws Fawr, a da gweld y gair "croeso" ddwywaith yno. Yr oedd y teulu oll yn y cae llafur, ac euthum i weld y llechen sy wrth ddrws y cefn:

> "Y Bardd
> Robert ab Gwilym Ddu
> 1767-1850
> trwy emyn ac englyn a charol
> a enwogodd yr aelwyd hon."

Ond 1766 a noda'r Bywgraffiadur fel blwyddyn geni Robert Williams.

Ymlaen â ni heibio i ffermydd Tyddyn Crythor, Betws Fach, (lle'r oedd gwraig groesawus ei gair) a Llwyn yr Eryr, nes dod at Gapel y Beirdd, achos gan y Bedyddwyr. Gofyn i hynafgwr y tŷ capel am yr allwedd, ef yn brysur braidd eisiau clywed y newyddion Saesneg ar y teledu, ac yn dweud wrthym am adael y 'goriad yn y clo. I mewn i'r capel a darllen y llechen ar y mur:

"Cofeb
Canmlwyddiant
Dewi Wyn o Eifion
Ganed yn y Gaerwen 1784
Claddwyd yn Llangybi 1841
Awdur—
'Dwyn ei geiniog dan gwynaw
Rhoi angen un rhwng y naw.' "

Y FELEN

Ond nid y felan. Bûm yn holi'n hir amdani. Gwelwn hi yn y mwyafrif o drefi a dinasoedd eraill, weithiau'n sengl, dro arall yn ddwbl. Ni fedrwn ddyfalu pam yr oedd mor ymharous yn dod i Ddolgellau. Os oedd galw amdani mewn trefi a strydoedd lletach, yn sicr yr oedd ei hangen yma. Dydd Mercher diwethaf fe ddaeth, a'i gosod yn stribed melyn disglair ger ymylon y pafin drwy amryw o heolydd y dref. Mae'n dweud ei neges yn glir wrth bob modurwr.

YM MHEN LLŶN

Pen Llŷn, nid Penllyn y tro hwn. Roedd y wlad yng ngwisgoedd ei gogoniant y nos Lun o'r blaen pan ddringais i ben y Rhiw. O'm blaen ymestynnai'r penrhyn i gyfeiriad Aberdaron, ac ynys Enlli yn y tawch fel drychiolaeth. O'm hôl safai Garn Fadryn a Garn Nefyn a mynyddoedd yr Eifl yn uwch wedyn. Enwau Beiblaidd sy ar y mwyafrif mawr o'n capeli. Amheuthun yw gweld enw Cymraeg lleol megis "Tyddyn" yn syml ar dalcen un addoldy. Ar godiad Mynytho ceid golwg gyfareddol ar fae Aber-soch islaw, ac yr oedd yn werth aros unwaith wrth y neuadd i weld y llechen ag arni englyn R.W.Parry:

"Adeiladwyd gan dlodi,—nid cerrig
Ond cariad yw'r meini;
Cyd-ernes yw'r coed arni,
Cyd-ddyheu a'i cododd hi."

84

Tachwedd, 1968

JOHN HUGHES

Chwithig oedd deall am farwolaeth John Hughes ddydd Iau, Tachwedd 14, mewn ysbyty yng Nghaerdydd, yn 72 mlwydd oed. Bu oedfa yn y Taberncl yno fore Llun, ac wedyn ym Mhenuel, cyn priddo'i weddyllion ym mynwent bro ei febyd. Cafodd eglwys Judah ei wasanaeth fel diacon am 21 mlynedd. Bryn House a roddir fel ei gyfeiriad diwethaf yn ein tref, Is-y-ffynnon am flynyddoedd cyn hynny. Mawrhai gefndir ei fagwraeth ym mro Maelor, a graddiodd yng Ngholeg y Brifysgol, Aberystwyth. Yn Nhreorci y daeth ei enw i amlygrwydd cyn ei benodi'n Gyfarwyddwr Cerdd i ysgolion Meirionnydd. Enillodd barch fel hyfforddwr ac arweinydd côr, a thybiaf iddo arwain Cymanfa Ganu ynglŷn â'r Eisteddfod Genedlaethol yn amlach na neb arall. Megis ei frawd Arwel cyfansoddodd donau, ac y mae rhai fel "Maelor" a "Gwefus Bur" ac "Arwelfa" (enw ei gartref) yn sicr o'u lle. Gan yr ymddiddorai mewn llên yn ogystal â cherdd doniwyd ef ar gyfer ei brif gymwynas o 1955 ymlaen fel golygydd casgliadau o emynau a thonau, ac nid i enwad y Bedyddwyr yn unig. "Mawl yr Ifanc" eleni oedd ei gyfraniad olaf. 'Roedd y cerddor hwn yn gynganeddwr hefyd, ac y mae ganddo yn y casgliad "Awen Meirion" englyn i'r Marian:

> "Cae gwyrddlas a bras ein bro—yw'r Marian,
> Mawr y miri arno;
> Ond pan ddaw y glaw yn glo
> Go drist yr olwg drosto."

Ionawr 10, 1969

TAMAID YN EI BRYD

Sôn am wledd beth oedd yr anrheg orau a gawsoch y Nadolig? Bu nifer o gyfeillion yn garedig wrthyf fi, ond, o'r rhoddion oll, nid oes lle imi betruso ar gwestiwn y rhodd a'm gogleisiodd fwyaf. Gan wybod yn dda am fy archwaeth a'm stumog anfonodd un imi gopi o lyfr 5/- "A Gourmet's Guide to Fish and Chips" gan Pierre Picton. Nid oes arnaf gywilydd arddel fy hoffter o'r danteithion syml a blasus hyn.

85

HANNER CORON

Aeth y darn arian coron allan o arfer ers tro. I'n paratoi ar gyfer y darnau newydd gyda'r drefn ddegol hysbyswyd mai llynedd oedd blwyddyn olaf bathu'r darn 2/6. Yn araf felly cawn weld yr hen hanner-coron annwyl yn cilio. Bu'n ddarn cyfleus a hwylus ar lawer achlysur, i grefyddwyr ymysg eraill. Hanner-coron at y Weinidogaeth, hanner-coron at y Genhadaeth, hanner-coron at y Coleg. Wel ie, ond mae'r byd yn newid, a rhaid i ninnau ddygymod â hynny. Oni fydd pishyn hanner-coron ar gael y darn arian hwylusaf wedyn fydd y pishyn deuswllt (neu'r darn "deg ceiniog" gyda'i enw newydd anffodus). Ond os hwnnw a roddi yn y casgliad yn lle'r 2/6 bydd pob achos da yr arferaist ei gefnogi yn dioddef, a swm pob casgliad yn llai. Tro'r awgrym yn dy feddwl.

> "Lle daw angall â dengair
> Llunier i gall hanner gair."

CAPEL OER

Bu dosbarth yn y Sarnau yn astudio'r cynganeddion, ac yna mae'r criw selog yn ymgodymu â'r englyn. Gosodwyd iddynt y dasg o lunio englyn i "Gapel Oer", a chaed tua 15 cynnig. A chofio mai dysgwyr ydynt, prin iawn oedd y llithriadau. Mewn cystadleuaeth dda dyfarnwyd yr orau eiddo R.E.Rowlands, Hendre, Cefnddwysarn:

> "Ias y bedd yn y seddau, —oer yw'r trwyn,
> Oer yw'r traed a'r coesau;
> I anwydog eneidiau
> Onid gwell yw i'r gell gau?"

Ionawr 31, 1969

Y CREYR

Yn yr ysgol y dysgais eiriau Eifion Wyn:

"A 'molchaf fel y creyr
Yng nghawg y ceunant mawr."

er ei fod yn aderyn dieithr i mi. Ond nawn Sul, Ionawr 5, fel yr oeddwn i ac eraill yn dod allan o Beniel, Islaw'r-dref wele'r aderyn mawr yn hedfan yn isel uwchben. Aeth yn fymryn o ddadl rhyngom ai i fyny ai i lawr yr afon yr âi'r creyr glas. Os i fyny, yna dywedid mai mynd yr oedd "i agor y fflodiat", sef coel o arwydd glaw.

Chwefror 7, 1969

EIRA

Diwrnod anghyffredin ei eira oedd y Sul. Y bore yn hyfryd, ond yn union ar ôl cinio dechreuodd fwrw ar y dref (ac ar ran helaeth o orllewin Cymru). "Eira mân, eira mawr" meddai rhyw ymadrodd, ond fel arall y bu y tro hwn, pluo mawr, tew, cyson, trwm, ac erbyn amser te yr oedd yma drwch o bum modfedd, a'r fro i gyd mewn gogoniant gwynach na phowdwr Persil.

Lliw'r mwyalch a wyngalchwyd,
Rhaeadr o liw ar dre' lwyd.
Gweddnewid â'i gwrlid gwyn
Yr heol a wnâ'r ewyn.

A lle'r oedd y coed yn foel ddi-addurn gwisgwyd hwy'n gain gan y gaenen. Dyna'r gastanwydden fawr yr...edrychaf arni mor aml.

Gwyched ei gweled mewn gwyn,
Colurwaith eira claerwyn.

Diolch am ambell olwg fel hyn sy'n cyfareddu dyn.

ENWAU

Pwy sy'n cofio am nawn Sadwrn, Tachwedd 27, 1965? Diwrnod o warth yn hanes ein tref oedd hwnnw pan ddaeth rhai o ieuenctid ein gwlad i gynnal protest iaith yn y Swyddfa Bost, a'u trin yn arw gan ran o'r dyrfa a rhai plismyn. Bellach dyma gydnabod iawnder eu cais. Y mae arwydd dwyieithog "Post Office – Swyddfa'r Post" i'w osod i fyny yn ein tref. Diolch.

A gwelaf fod Cyngor y Dref yn paratoi enwau heolydd. Cafodd y mater gryn sylw yn 1966. Wrth gymeradwyo gwaith y Cyngor hoffwn gynnig ambell gyngor. Dyna'r ffurf 'Caetanws'. Tybiaf yn siwr y dylai gael dwy n. Benthyciad o'r Saesneg "tanhouse" ydyw, mae'n debyg (megis becws, cartws, betws, gatws, warws, wyrcws, a llawer eraill) ac y mae'r acen drom arno yn galw am ddyblu'r n. Cyffelyb yw'r modd y gwahaniaethwn rhwng ffurfiau lluosog "tân" a "tant", sef tanau a tannau. Felly "Tannws" amdani.

IEUENCTID

Gallwn fod yn falch o safiad rhai o'n pobl ifainc dros urddas yr iaith. Faint o bobl a aeth i'r rali yng Nghaernarfon y Sadwrn? Dwy fil meddai rhai, eraill yn sôn am dair mil, eraill am bedair. Mymryn o sylw a gafodd ym mhapur Lerpwl, ychydig yn fwy ym mhapur Caerdydd. Pam? Am y rheswm syml na fu yno derfysgu. Petai wedi troi'n gwffio byddai hynny yn "newyddion" cyffrous i'r Wasg. Llongyfarchion i aelodau Cymdeithas yr Iaith am gynnal protest yn dawel ac urddasol, a heb unrhyw foddion trais.

Yr oedd yn benderfyniad gennyf beidio â sgrifennu dim ar bwnc sioe ddiystyr yr Arwisgo. Fel y cryfha'r gwrthwynebiad mae'n naturiol efallai i'r ochr arall apelio hefyd. Ond ni allaf ymatal rhag datgan mor anhygoel o ddi-bwynt i mi oedd ysgrif flaen Francis Jones yn "Y Cymro" ddydd Iau pan bwysleisiai fod gwaed Llywelyn ein Llyw Olaf ac Owain Glyndŵr yng ngwythiennau Charles. Gwaed a dadl go denau. Tybed a oedd Victoria yn falch o'i thras; Efallai wrth lythyren ffaith fod y peth yn gywir, ond mae'n gwbl ddi-arwyddocâd. Un o'r enwau ar dad y llanc yw Iarll Meirionnydd. Gwyddom mai teitl anrhydedd yn unig ydyw, heb rithyn o ystyr ymarferol na gwerth mwy na phe galwn i Robin Jolly yn Arglwydd Stiniog. Hyd yn oed wrth ddadlau efo'n gilydd ceisiwn gadw cymersuredd. Yn y cyfamser mae naw o'n cyd-wladwyr yng ngharchar, ac ni oddef deddf teyrnas drafod eu mater yn y Wasg.

Mawrth 21, 1969

ENGLYNWR

Collwyd dau englynwr medrus yn ddiweddar. Ddiwedd Chwefror bu farw John Rowlands, Fourcrosses. Wrth ei orchwyl gyrrwr lori laeth i Rydygwystl yn Eifionydd ydoedd, ond wrth ei anian englynwr hapus ei drawiad. Un o'i gynhyrchion hyfrytaf yw hwn i Fwthyn Nain:

> "Bwthyn heb fawr o bethau—a fu'n nef
> I Nain gynt a minnau,
> A brwyn o gors yn bryniau
> Yno'n do inni ein dau."

Y DDELWEDD

Dyma un o eiriau mawr, arwyddocaol ein cyfnod. Aeth delwedd (image) gyhoeddus yn hollbwysig, a pharodd y sgrîn deledu, yn fwy lawer na'r Wasg, fod meithrin y nodwedd hon yn ofalus a bwriadol.

Beth a ddaethai o Neville Chamberlain heb ei ambarel, a go brin yr â Harold Wilson i'w wely heb ei getyn. Dyrchafwyd cwlt personoliaeth a chofiwn mor aml y gwelid darlun Mussolini, ac y perid i ffotograffwyr gwrcydu er mwyn dal y camera tuag at i fyny wrth dynnu darlun o Adolf Hitler. Yn y cylch lleol mae delweddau yn newid. Bellach aeth y gweinidog "parchus" yn ddim yng ngolwg llu, iselhawyd statws yr athro ysgol, a thuag at i lawr y mae'r meddyg yn mynd. Mae hyn, efallai, yn anochel a naturiol wrth i bawb gael cyfle addysg, ac i'r "dyn cyffredin" ddod i ennill llawn cymaint o arian â'r rhai yr arferai dynnu ei gap iddynt gynt.

Ond mewn rhai cylchoedd aeth yr adwaith lawer ymhellach. Os bu gorfawrhau'r ddelwedd gynt, bellach daeth dydd yr iconoclast, a cheir blas ar ddinistrio. "Gwae awdur dyddiaduron" meddai R.W.Parry, ac aed i chwilio am bob llinell amheus yn stori rhai fel John Wesley, a Howell Harries. Os bu tuedd beryglus i dduweiddio

Lloyd George, yr adwaith heddiw yw cribinio gwaelodion cwterydd i fwrw pob gwawd aflan arno. "Cudd fy meiau rhag y werin" meddai Pantycelyn. Yn bersonol 'rwy'n croesawu protest Harold Wilson yn erbyn y cais bwriadol i'w ddifrïo a'i fychanu. Nid fy lle i yw ceisio amddiffyn ei gyflawniad fel Prif Weinidog y Llywodraeth, ond parheir i ensynio mai dyn anonest ydyw. Y dydd o'r blaen darllenwn erthygl a oedd yn edliw iddo ei gapelyddiaeth (wrth gwrs, nid un o golofynau Eglwys Loegr ydyw) gan led ensynio mai cochl rhagrith oedd y cyfan. Os bu gorfawrhau delwedd gyhoeddus gynt, heddiw eir i'r eithaf arall, a gall y driniaeth fod yn greulon.

Ebrill 11, 1969

Y CANWR

Bu farw dau Gymro a fu'n amlwg yn eu maes. Un oedd pencampwr y paffwyr ysgafn, Jimmy Wilde, a lysenwyd gan rai yn Ieuan Gwyllt.

Y llall oedd David Lloyd y tenor, un o'r datgeiniaid mwyaf soniarus a seinber a melys a gododd ein cenedl erioed. I'm tyb i prin yr enillodd ddim drwy ymroi i sentimentaliti canu emynau fel unawdau, ac ar ei ôl aeth pob rhyw ganwr mawr a bach i efelychu'r arfer heb fod ar eu hennill. Cofiwn am gyfaredd David Lloyd yn nydd ei nerth.

Ebrill 18, 1969

LLÊN Y LLANNAU

Croeso i rifyn newydd "Llên y Llannau" sef cynhyrchion llenyddol eisteddfodau Llandderfel, Llanfachreth, Llangwm, Llanuwchllyn. Dyma'r unfed ar ddeg yn y gyfres, a'i bris yn ddim ond 3/6. Mae'r cyfraniadau yn gymeradwy eu safon (ar wahân, efallai, i ddychangerdd "Y Grwgnachwr"). Medrus iawn yw englyn "Breuddwyd" gan Ifan Roberts, Llanuwchllyn:

> "Am eiliad daw'r ymwelydd—â'i berlau
> I barlwr f'ymenydd;
> Ni wiredda toriad dydd
> Gu bennod y gobennydd."

Mai 16, 1969

CYMRU'N GALW

Dydd Ewyllys Da yw Mai 18, a daw eleni ar y Sul nesaf, ac am y 48 tro anfonir cyfarchion yn enw ieuenctid Cymru i holl wledydd y ddaear. (Y bwriad lleol yn Nolgellau yw cynnal oedfa yn y Taberncl am saith o'r gloch nos Iau, Mai 22, gyda nifer o rai ifainc yn cymryd rhan, a chasglu tuag at Gartref Abbeyfield yn Nhŷ Meurig.) Dyma'r neges am eleni:

"Dyma Gymru. Bethcyn a merched Cymru yn galw ar fechgyn a merched yr holl fyd ar Ddydd Ewyllys Da.

Gwlad fechan, fynyddig yw ein gwlad ni gyda'i llynnoedd dyfnion a'i dyffrynnoedd ffrwythlon; gwlad a chanddi ei hiaith ei hun a honno yn un o ieithoedd hynaf Ewrop.

Drwy gyfrwng yr iaith hon yr anfonwn ni heddiw ein Neges. Ac er i'n hieithoedd fod yn wahanol, gwahoddwn chwi, ein cyd-ieuenctid, i ymuno â ni i gyhoeddi ag un llais ein bod yn mynnu siarad iaith cariad, iaith cyfiawnder ac iaith cymod. Gofynnwn am ddewrder i siarad yr iaith hon yn wyneb trais a gormes, ac mewn ateb i gri'r newynog a'r tlawd. Gofynnwn hefyd am ddewrder i droi ein geiriau yn weithredoedd – yn gefnogaeth ymarferol i'r mudiadau sydd eisoes yn ymdrechu i symud achosion rhyfel ac i ddileu ei effeithiau.

Drwy wneud hyn gallwn obeithio am fyd lle na fydd raid i'r un genedl ddioddef gormes gan genedl arall, a lle gwelir gorseddu brawdgarwch yn lle rhyfel, cariad yn lle casineb, a chyfiawnder yn lle trais."

AMRYW

Bûm yn lled-genfigennu wrth gyfeillion a glywodd y gog eleni dair wythnos o'm blaen i. Clywais innau ei deunod nawn Sul gyferbyn â giât Tyddyn Mawr yn Islaw'r-dref.

Gofynnodd cyfaill imi beth yw tarddiad y gair "sgwrffil" a glywodd tua glannau Mawddach. Gair cwbl ddieithr i mi. Fe'i harferir yn ddiraddiol am rywun – "yr hen sgwrffil".

Mai 23, 1969

AMRYW

Syn meddwl am farwolaeth y Dr R.Alun Roberts, Bangor, yn 75 mlwydd oed. Yr oedd yn Athro Llysieueg ym Mangor, a phan euthum i yno tybiwn na chlywswn erioed siaradwr mor gyfoethog ei Gymraeg rywiog. Melys anghyffredin yw ei lyfr "Hafodydd Brithion", a chyn dyddiau ei lesgedd mwynhad oedd gwrando arno'n traethu yn "Seiat y Naturiaethwyr".

Mehefin 11, 1969

Y WERN

Gyferbyn â Choed-poeth y mae ardal y Wern. Cawswn gyfle o'r blaen i weld adfail y capel lle bu gynt glywed pereiddlais y llanc o Gwm-hyswn-ganol. Bellach tynnwyd y cysegr i'r llawr, a drain a mieri aflêr biau'r fynwent gerllaw. Yr oedd modd ymwthio at y golofn bigfain uchel a darllen yr ysgrif ar ei phedair ochr: "Erected in memory of William Williams of Wern who died March 17th, 1840, aged 59 years". "also Rebecca wife of the said William Williams who died March 3rd 1836, aged 53 years." "also Elizabeth their eldest daughter who died February 21st, 1840, aged 22 years." "also James their eldest son who died March 31st 1841, aged 21 years." Cymraeg sy ar y cerrig o'i cwmpas, ond estron yw iaith coffa un o dri chewri'r pulpud Cymraeg yn ei ddydd.

Gorffennaf 18, 1969

BETH YW ADDYSG?

Buasai'n dda gennyf fod yng nghyfarfod diwethaf Pwyllgor Addysg Meirionnydd i glywed un drafodaeth drosof fy hun. Gwelais yr adroddiad ym mhapur Lerpwl fore Iau, a chafodd amlygrwydd tudalen flaen ym mhapur Caerdydd. Rhag imi wneud cam â'r cynghorwyr euthum i weld cofnodion yr is-bwyllgor.

Daethai neges oddi wrth Reolwyr Ysgol y Gader, ar y "streic" fer symbolaidd gan bum bachgen yno yn galw ar y Prifathro i rybuddio'r holl ddisgyblion rhag dim tebyg, ar boen eu cosbi'n llym, onid eu troi allan. Hefyd y dylai hysbysu'r athrawon ar bwnc gweithgarwch gwleidyddol plaid oddi fewn i'r ysgol, ac y byddai canlyniadau difrifol os ceid un yn euog o "indoctrination" uniongyrchol neu anuniongyrchol, sef dylanwadu ar feddwl disgybl i bwrpas plaid wleidyddol.

Wel, wel! 'rwy'n synnu at y Pwyllgor Addysg, ond yn synnu'n llawn mwy at y Rheolwyr. Mae'n wir fod y rhybudd i'w anfon i holl ysgolion y sir, ond yn y cofnodion ac yn y Wasg nid enwyd ond Ysgol y Gader. A gaed unrhyw dystiolaeth i gadarnhau'r cyhuddiad, ynteu ddibynnu'n benagored ar "mae'n-nhw'n dweud". Os oedd lle i amau unrhyw un athro pam na alwyd hwnnw neu honno i gyfrif, a gwyntyllu'r mater? Pam y cyffredinoliad enbyd uchod?

Wrth gwrs, yr oedd y cyhuddiad yn fêl ar fysedd rhai o'r cynghorwyr. Nid yn America yn unig y mae teulu McCarthy. Ond yma mae'n saffach ichwi fod yn Gomiwnydd mewn enw na dodi arnoch label "Welsh Nash". (Onid yw'r defnydd o'r term Saesneg gan Gymry yn arwyddocaol?) Beth a olyga'r Rheolwyr wrth ddylanwadu'n anuniongyrchol? Yn yr ysgol y'm dysgwyd i i ganu "Rule, Britannia" ac y cyflwynid imi fel arwyr di-fai Syr Walter Raleigh a Syr Phillip Sidney a'u tebyg (ond nid Llywelyn na Glyndŵr). Onid propaganda hynny, ac oni chyflyrwyd meddwl y Rheolwyr fel finnau gan y fath duedd? A yw dangos agwedd yn erbyn safbwynt yr hen gerdd yn gamwedd? Cofiaf glywed sibrwd gynt fod rhai athrawon yn rhoi slant Sosialaidd i'w sylwadau mewn gwersi. Erbyn heddiw mae disgyblion Chweched Dosbarth yn cael llawer mwy o gyfle i drafod pynciau'r dydd, a sut mae modd osgoi dangos ochr?

Codais athro ysgol i'm car y dydd o'r blaen, ac yn ystod y sgwrs crybwyllodd fod ambell brifathro yn troi awyrgylch ei ysgol yn Saesneg. Soniodd am anhawster dysgu'r Gymraeg fel ail iaith mewn rhan o Feirionnydd. Gofynnodd geneth iddo "Pam mae angen dysgu Cymraeg?" Cwestiwn eithaf teg, ond sut mae modd ei ateb heb fesur o bropaganda? Ond mae'n amlwg pa un yw'r bwgan i wŷr y Sefydliad.

Cynigiaf i rai o Reolwyr Ysgol y Gader, a'r aelodau o'r Pwyllgor Addysg a gred yr un fath â hwy, y rhigwm hwn i'w ddysgu i bob disgybl:

Fy mhlentyn ufudd, rho dy fryd
Ar gyrraedd statws yn y byd.
Myn dod ymlaen mewn job â cash,
A phaid â boddran â'r Welsh Nash.

Saesneg sy'n saff rhag bod yn gul,
Cans yn Gymraeg y brefa mul.
Cais blesio pawb, 'waeth beth fo'u llun,
A châr bob gwlad – ond dy wlad dy hun.

Gorffennaf 25, 1969

AR Y LLEUAD

Drwy'r dyddiau hyn bu llygaid miliynau drwy'r byd ar y sgrîn deledu,
a'n dyhead yn dilyn hynt orchestol y tri Americanwr i'r gofod, megis
yr arloeswr cyntaf Yuri Gagarin o Rwsia.

Wedi'r Swithin caed saethu—y tri dyn,
Antur daith i fyny,
Rhai cadarn yn rocedu
Yn ddi-fraw i annedd fry.

Am y lleuad mae llywio—i'w chylchu
Eilchwyl, yna glanio,
Rhwygo'i charreg a'i chario
A wna dyn i'w blaned o.

Dewrion yr eangderau, yn wir, a champ anhygoel oedd glanio ar
blaned arall a dychwelyd. Clywir trafod werth y fath gynlluniau
costus. Amdanaf fy hun, ni ellais gredu bod y Creawdwr wedi cyfyngu
ei ddiddordeb i'n planed fach ni, a llunio bydoedd eraill y bydysawd i
ddim ond i ddyn syllu arnynt o bell. Mae amcan a phwrpas i bob
planed a seren a haul, a gall Duw ddefnyddio dyn i weithio allan ei
ewyllys ddwyfol drwy'r holl greadigaeth.

AMRYW

Chwithig rywfodd yw mynd drwy bentref Llynpenmaen heb weld capel yno. A yw ei dynnu i lawr er mwyn lledu'r ffordd yn ddameg o awydd ein cyfnod i frysio ymlaen heb grefydd?

> Tŷr Penmaen heb faen i'w fur—na llechi
> Yn lloches pechadur;
> Yn lle cwrdd i wella cur
> Heibio rasiwn yn brysur.

Cau chwarel arall yn Arfon. Ac mae Cyngor Tref Dolgellau dan gabl yn 'Stiniog argyfyngus am ei fod am doi tai newydd efo teils am eu bod yn rhatach na llechi.

Croeso i'r dystysgrif gladdu ddwyieithog sydd wedi cyrraedd cylch Dolgellau.

Awst 8, 1969

FESUL DEG

Fe'n paratoir yn araf sicr ar gyfer y drefn ddegol, neu fetrig. Dyna'r dull o gyfri a arfera holl blant ysgolion cynradd Meirionnydd o ddechrau Medi ymlaen, ac ni fydd yn ddim tramgwydd iddynt.

> Ni chwynwn ni ychwaneg—ar rifo,
> Fe rifwn ar redeg;
> Arian gwlad, daeth yr adeg
> I sylwi y dônt fesul deg.

Efallai y caiff y bobl hynaf fymryn o drafferth ar y cychwyn cyn cynefino â'r prisiau newydd. Da y cofiodd Ian James, Y Gorlan, amdanynt hwy yn eu penbleth:

> "Newydd arian i'w rhannu,—a dryswch
> Ddaw drosom wrth dalu;
> A rhaid i Taid fynd o'r tŷ
> 'Nôl i ysgol i ddysgu."

Awst 22, 1969

ENGLYN

Un nawn Gwener yn ddiweddar cafodd amryw o ferched achos gwenu
am ben fy ymdrech i siopio.

> Un blysig, hawdd ei blesio, —gwn, ydwyf,
> Hawdd gwneud im betruso,
> Di-siâp wrth fynd i siopio,
> Boi ar goll heb ei wraig o.

Medi 5, 1969

NOFEL WYCH

Cyfeiriais eisoes at gyhoeddi'r nofel "Y Stafell Ddirgel" gan Marion
Eames. Dyma fi wedi'i darllen, a'r mwynhad a brofais yn peri imi yn
ddiweniaith ei chymeradwyo i bawb. Wele nofel ein bro ni, gan mai
llwyfan y ddrama yw tref Dolgellau a rhai ffermydd ar odre Cader
Idris. Mae'n hysbys i fferm Bryn-mawr roi ei henw i goleg merched
yn yr Unol Daleithiau, a'r perchen Rowland Ellis (1650-1731) a'i was
Ellis Pugh o Benrhos (1656-1718) yw prif gymeriadau'r stori
gyffrous. (Gyda llaw, Ellis Pugh oedd awdur y llyfr Cymraeg cyntaf a
argraffwyd yn America, sef "Annerch ir Cymru" yn 1721 a
gyfieithwyd i'r Saesneg wedyn gan Rowland Ellis.) I ddarlunio
helyntion y Crynwyr rhwng 1672 a 1686 gwnaeth yr awdur ymchwil
drylwyr i'r hanes, ond nid llyfr hanes mo hwn, gan y medd hi ar
ddigon o ddychymyg i droi ffeithiau moel y cofnodion yn
ddigwyddiadau a phersonau byw a dangos ymateb pobl gymysg i'w
gilydd, a'r tyndra a'r gwrthdaro yn allanol ac yn fewnol. Portreada firi
ffair, hwyl ciaidd y Gadair Goch, protest yn y llan, gwrthod talu
degwm, restio a phrofi, dirwyo a charcharu ac atafaelu eiddo. Drwy
ymchwydd serch a chas, twf argyhoeddiad a surni malais, lluniwyd
cymeriadau real, a chynhelir y diddordeb yn ddiwyro. Dyma nofel
gyntaf Marion Eames ac y mae'n llwyddiant di-os. Gall bro Dolegllau
fod yn falch o'i champ.

Y NENTYDD

Rhyfedd synio am yr elfen o Leihad (meiosis) sydd yn enwau cymoedd gwych Eryri – Nant Ffrancon (Llyn Ogwen a Bethesda), Nant Peris, Nant Gwynant, a Nant y Betws (o Ryd-ddu i Waun-fawr). Mae rhai o'n golygfeydd mwyaf mawreddog yn yr ardaloedd hyn yng Nghadernid Gwynedd. Ym Mwlch Aberglaslyn wedyn gwelir y Ladi Wen. Clywswn amdani droeon ond heb erioed ei gweld nes i'm priod ei dangos imi ar Awst 19 eleni, mymryn o wyn yn y graig uwchlaw'r hen lein yr ochr draw i'r afon ... Nid hawdd ei lleoli heb i rywun ei dangos ichwi, ac ymddengys fel pwt o hen wreigan yn llaes ei gwisg, a'i phen yn gwyro ymlaen megis mewn myfyr. Awgryma imi ffurf ambell ddarlun a welais o'r frenhines Victoria. Wedi ichwi groesi pont Aberglaslyn a dringo'r allt nes dod i ddarn gwastad syllwch tuag yn ôl i ganol y graig yr ochr arall i'r afon, ac fe welwch y tipyn gwyn. Deallaf yn awr pam y mae'n fwy hysbys i bobl o ochr Waun-fawr, oherwydd nis gwelir o du'r deau, ac efallai mai dyna pam er cyn amled y teithiais drwy'r bwlch, na chlywais bobl 'Stiniog yn sôn am y Ladi Wen. Nis nodir gan Gruffudd Parri yn "Crwydro Llŷn ac Eifionydd".

Ond rhyfedd na sonia Alun Llywelyn-Williams yn "Crwydro Arfon" am y ferch enwocach lawer yr ochr draw i Eryri, sef Ledi'r Wyddfa, neu Frenhines yr Wyddfa. Fe'i gwelir rhwng pentref Nant Peris a Llanberis, aros tipyn cyn codi at Gastell Dolbadarn, ac edrych i fyny ar lechwedd yn rhan isaf yr Wyddfa, gan syllu ar y creigiau yn amlinellu wyneb lled-Eifftaidd. Ond o'r ochr arall i'r cwm o lethrau Dinorwig (drist ei chwarel) y ceir yr olwg orau arni, ac i mi mae'n llawer mwy gogoneddus na'r Ladi Wen.

Medi 12, 1969

WNION

Dyfynnai Syr Ifor Williams sylw Syr John Morris-Jones: "Fydd 'na neb ond ffyliaid yn treio esbonio enwau lleoedd!" Ond y mae pob Cymro bron yn ei ffansio'i hun yn awdurdod ar y pwnc.

Fe'm holwyd gan gyfaill am ystyr Wnion. Nis ceir yn llyfryn Syr Ifor Williams. Ond edrycher tudalen 16 cyfrol R.J.Thomas "Enwau Afonydd a Nentydd Gwynedd", sy yn Llyfrgell y Sir. Dan enw

Mawddach fel prif afon cyfeirir at Wnion fel rhagafon. Maw neu Mawdd oedd yr enw gwreiddiol yn ôl y cofnodion sy ar gael. Nodir Maw (Mawdd) yn 1284, Afon Faw yn 1578 a 1610. Ai'r "dd" ar derfyn y gair a gamarweiniodd rhywun anghyfiaith i roi bod i'r ffurf echrydus Barmouth (fel ei gydradd ffôl "Meirioneth")? Meddai Dafydd ap Gwilym chwe chanrif yn ôl:

> "Talwn fferm porth Abermaw
> Ar don drai er ei dwyn draw."

sef talu toll am groesi. Ond dair canrif yn ôl ebe Siôn Phylip

> "Dŵr fferm aber y Bermo."

Yn 1777 cofnodir y ffurf Afonfawr (newid o "fawdd"). Cofier hefyd am y ffurf Mawddwy, sy'n siwr o fod yn perthyn.

Cainc neu ragafon yw Wnion, a chesglir mai enw lled-ddiweddar ar yr afon ydyw. Caed cofnod am Tyddyn y Bennerth Wnyon yn 1592, Penar Wnion tua 1830, a Garthwynion. Tybir mai o enw personol y daeth, Gwnion neu Gwynion, wedi dod o Gwyn(n) iawn.

Medi 19, 1969

LLANDDWYN
Teithio drwy Frynsiencyn a heibio i ymyl Dwyran. Cofio am Cynan yn anfon y Nico,

> "Hed i'r gogledd dros Frynsiencyn,
> Paid ag oedi wrth y Tŵr."

Ni allaf gofio pwy a awgrymodd imi nad Tŵr Marcwis mo hwn, gan ei fod i'r dwyrain o'r daith, ond tŵr eglwys Llangaffo draw ar y gorwel. Beth bynnag, i Niwbwrch â ni, ac yng nghanol y pentref droi ar y chwith. Llawer gwaith y bwriedais ymweld â'r gwningar a bûm yn ymyl unwaith. Gyrru'n araf am fod wyneb y ffordd yn arw, y twyni tywo ar agor, a gyrru drwy ran arall o'r blanhigfa. Gadael y car a mynd ar y traeth, a cherdded i'r orynys sy'n helaethach nag y tybiaswn. Dyma dir Dwynwen, santes y cariadon, a hyfryd oedd awel gref y gorllewin ar ein hwynebau yn yr heulwen.

Wrth nesau at drwyn y tir dacw adfail rhwth y llan. Gyferbyn ar y chwith roedd croes Geltaidd, ac arni, heb eglurhad:

> "Ymma y mae ein tremmyn ni'n tri—yn gorwedd
> Dan ddaear yn ddifri
> Tithau yn ddiau a ddeui
> I'r un man lle'r ydym ni."

Ar du arall ceir:

"Tmynd ar y traeth, a cherdded i'r orynys sy'n helaethach nag y tybiaswn. Dyma dir Dwynwen, santes y cariadon, a hyfryd oedd awel gref y gorllewin ar ein hwynebau yn yr heulwen.

Wrth nesau at drwyn y tir dacw adfail rhwth y llan. Gyferbyn ar y chwith roedd croes Geltaidd, ac arni, heb eglurhad:

> "Ymma y mae ein tremmyn ni'n tri—yn gorwedd
> Dan ddaear yn ddifri
> Tithau yn ddiau a ddeui
> I'r un man lle'r ydym ni."

Ar du arall ceir:

> "They lie around did living tread
> This sacred ground—now silent, dead."

Ar godiad yn nes ymlaen ar y dde mae croes blaen ac arni'r enw DWYNWEN

"erected by the Hon.F.G.Wynn owner of the isle"

a'r tu arall:

"In the sixtieth year of Queen Victoria 1897 in memory of St.Dwynwen Jan.25, 465."

Ysgwn-i sut y caed dyddiad mor benodol.

Ymlaen roedd rhes fer o fythynnod, ac ar y trwyn y goleudy bychan, heb ofalwr, gan mai trydan sy'n gweithio'r fflacholau yn awtomatig. Oni fuoch ar Landdwyn mae'n werth mynd yno i'r unigedd tawel.

Y PLAZA

Mae patrymau ein bywyd lleol yn newid yn gyflym. Clywais sibrwd bod dau gapel yn y dref ar fin cau. A chan fod set deledu ar y mwyafrif o aelwydydd bron, wedi hir sôn caewyd y Plaza wythnos yn ôl.

> I dremwyr ar sawl drama—gwir a ffug
> Ar y ffilm fu yma.
> Darfu un hwyr derfyn ha'
> Ein pleser yn y Plaza.

Medi 26, 1969

COFIA DRYWERYN

Unwaith eto bûm yng ngolwg Llyn Celyn. Galw yn gyntaf i gyfarch yr annwyl J.C.Jones gyda'i frawd yn Llys Mynach, Fron-goch. Wedyn moduro ar hyd yr argae llydan ac yn y pen pellaf edrych ar y ddarpariaeth ar gyfer troslif. Rhaid troi'n ôl ar hyd yr un ffordd, a gwelir ychydig ymlaen ar lan y llyn faen fawr i goffau'r fferm Hafod Fadog a foddwyd. Hysbysa'r ysgrifen ddwyieithog i'r ffermdy un amser fod yn dŷ cwrdd y Crynwyr. Gyrrer ymlaen ac wrth ddod at benelin y llyn gwelir Cofeb Capel Celyn a'r ardd goffa gyda'i cherrig beddau. Yna i'r adeilad syml, plaen, anghyffredin ei ffurf, lle cynlluniwyd yr unig ffenestr i ddwyn golau ar y tair llechfaen ag arnynt enwau a blynyddoedd einioes y rhai a gladdesid ym mynwent y pentref bach cyn y diwedd trist yn 1964. Wrth gwrs, y llyn ei hun yw'r gofeb i grawd. Ac ni ddarfu am wanc.

> Bedd yw'r cwm, a'r boddwr cas
> Mae y diawl am Gwm Dulas.

Y GANGELL

Dyna'r enw ar ran ddwyreiniol eglwys lle mae'r allor, ond gall hefyd olygu cysegr. Ni wn sut y daeth yn enw ar dŷ annedd hynod fychan yn sir Gaerfyrddin. Y tro cyntaf y bûm yn ei olwg cardy blêr ydoedd, erbyn yr ail waith yr oedd wedi ei edfryd diolch i E.Curig Davies, Abertawe, am ei arweiniad. Ddechrau Medi cefais fynd â thri chyfaill tuag yno. Mynd drwy Landysul am Bentre-cwrt, ac wedi holi hwn a'r llall dringo ar Ros Llangeler, ac ar ôl holi eto cyn mynd am Flaen-y-coed, gael y tŷ ar groesffordd lle troir am Gynwyl. Rhydfelen yw enw'r tŷ sy'n wynebu'r ffordd, ac yno roedd gwraig ifanc siriol yn magu ei phlentyn bach, ac yn barod i estyn yr agoriad inni. Mae'r darn croes sy yng nghefn yr adeilad hwn yn dŷ ar wahân, ac wrth y mur mae llechen i nodi mai yma yn y Gangell y ganed Elfed bereiddlais (1860-1953). Dwy ystafell sydd iddo. Cerrig palmant yw llawr yr ystafell gyntaf, gyda simnai fawr, un ffenestr fach, setl, bord gron, peintiad o'r emynydd a lluniau ei rieni o boptu iddo, a hambwrdd a gafodd gan gyfeillion o eglwys High Street, Hull yn 1881. Mae'r ystafell arall yn llai, ac ynddi lyfrau a darluniau a thlysau eisteddfod. Yn y bwthyn diaddurn hwn y magodd y rhieni dri o'u plant cyn symud i aelwyd arall.

> "Boed pob aelwyd dan dy wenau,
> A phob teulu'n deulu Duw."

Mwyn oedd aros funud yn y tawelwch, a cher y tŷ cefais bicnic blasus efo Evan Rowlands, Plas-brith, J.R.Jones, Tyn-yr-ardd, a James Henry Jones o Ddinas Mawddwy. Mae un dodrefnyn arall nas enwais, sef cadair farddol o Eisteddfod Gŵyl Ddewi 1888 yn Abermaw, a enillodd Elfed gyda'i bryddest "Gorsedd Gras". A chan na welem obaith am iddo ennill cadair felly ei hun gosodwyd y cyfaill Evan yn hon a chyhoeddi heddwch uwch ei ben. Ond diolch am ychydig funudau tawel i gofio'n dyled. Cychwynnodd enaid mawr ei yrfa faith yn y Gangell.

BARDD YR HAF
Cefais brynhawn wrth fodd fy nghalon y Sadwrn, a chynesodd Ha'
Bach Mihangel o barch i fardd a ganodd yn odidog i'w hinon. Euthum
i Dal-y-sarn i gofio am fy hen athro, yn aelod o gynulliad mawr a safai
ar dro'r ffordd i Nantlle. Wedi cyfarch byr gan ei gefnder, y Dr Tom
Parry, daeth Myfanwy, gweddw'r bardd, ymlaen i ddadorchuddio'r
gofeb a gynlluniwyd gan R.L.Gapper yn wal o gerrig lleol yn dal
llechen o chwarel Dorothea, ac arni
> Robert
> Williams Parry
> 1884 + 1956
> Bardd

Wedyn aed heibio i'w hen gartref, Rhiwafon, a'r cannoedd yn
gorlenwi capel Hyfrydle. Dan lywyddiaeth y Dr S.J.Williams,
Abertawe, arweiniwyd mewn defosiwn gan y Parch.John Roberts,
Caernarfon, darllenodd y Prifardd Gwilym R.Jones ei englynion o
fawrhad, a chanodd y Prifardd Gwyndaf "Englynion Coffa Hedd
Wyn" ac "Eifionydd" gyda Morfudd Maesaleg yn delynores. Y wledd
wedyn, cynulliad astud yn gwrando ar sylwadau John Gwilym Jones,
Bangor, arno fel bardd yr Haf a'r Gaeaf, gan nodi'r newid a'r
cyferbyniad a fu yn ei ganu, gyda W.H.Roberts a J.O.Roberts o Fôn yn
darllen yn raenus amryw o'r cerddi. Cyfarfod bendigedig yn wir.

AR BA BERWYL?
Beth sy'n digwydd i'n tref? Nos Iau canwyd cloch drws ffrynt fy nhŷ.
Pan agorais dyna lle'r oedd tri bachgen oddeutu 12-13 oed.
Gofynnodd yr un canol, "What's the time, please?" Atebais mai deng
munud i wyth. Gofynnodd wedyn, "Can we have an apple?" Atebais
fod yr ychydig a gawswn ar y coed wedi eu casglu. I ffwrdd â'r tri yn
swta ddigon. Pan edrychais yn y munud dros y gwrych tybiwn fod
pedwerydd gyda hwy yn mynd i lawr heibio'r ysgol. Os oedd un arall,
beth a wnâi hwnnw tra holid fi gan y tri yn y drws. Beth mewn difri
oedd pwrpas y sioe wirion mewn tŷ oddi ar y ffordd fawr?

Hydref 31, 1969

MELANGELL

Mae sawl Cwm Pennant yn ein gwlad, a gwn i am rai yn Arfon a Meirion a Maldwyn, ac y mae'r enw yn ei esbonio'i hun. Un Gwener ym Medi codais o Ddyffryn Penllyn i unigeddau'r Berwyn, ac wedi croesi'r ffin sirol mynd yn raddol i lawr Cwm Rhiwarth i Langynog ym Maldwyn, lle mae olion chwareli. O ganol y pentref mae modd troi am gesail y mynydd ac ymlaen am ddwy filltir a hanner at eglwys Pennant Melangell yn neilltuedig ac anghysbell. Lled ddiweddar ei olwg yw'r adeilad ond yn lle ffenestr liw arferol uwchben yr allor ceir paneli coed yn dwyn y Credo a'r Deg Gorchymyn a'r Pader. Dywedwyd wrthyf mai yn anaml iawn yr addolir yno. Ger y drws mae dwy gist garreg (a gysyllta traddodiad â'r tywysog Brochwel Ysgithrog neu ag Iorwerth Drwyndwn) a hefyd "asen y cawr" sef darn hir o faen a gaed ar y mynydd. Cyfeiria Gerallt Gymro at draddodiad Melangell y santes, Gwyddeles a ffodd rhag gorchymyn ei thad iddi briodi, ac a gafodd drugaredd a thir yn y llecyn hwn gan Brochwel. Tardd ei henw o "ancilla" gair Lladin am forwyn.

Wrth ben dwyreiniol yr eglwys mae adeilad bychan yr eir iddo drwy'r fynwent, "cell y bedd" sef ystafell yn dal crair addurnedig a adferwyd i goffau'r santes. Wrth ddychwelyd ar hyd y cwm gwelais ddegau o ffesantod yn ei lordio hi ar y ffordd gul, a deall bod y tirfeddiannwr wedi gwacau ffermdai'r er mwyn pesgi'r aristocratiaid bras.

Tachwedd 7, 1969

MYNWENT

Ar gwr Penllyn, ardal hynod,
Nid oes un o'r saith rhyfeddod.
Ond fe gafwyd yno'r wythfed,
Gwych ei olwg, ewch i'w weled.

Yno mi welais arwydd smala,
Colli'i phen a wnaeth tref y Bala;
Wedi'i thocio y daeth acw
Yn air mawr ym mro y marw.

Hyd yr ochor, os edrychi,
Y mae tir y Cemetary;
Man i'n tynnu, mynwent hynod,
Llecyn chwithig llu cŵn a chathod.

Eir â phobol i grematoriwm
A'u troi'n llwch drwy bwyso botwm.
Anifeiliaid, awn i ofalu,
Tŷ clai a haeddant, da eu claddu.

Draw y down â'n creaduriaid anwes
A rhoi mynor ar eu mynwes;
Yr ast foel a'r hen gath felen
A geir yn heddwch y Garneddwen.

Rhown y cu aderyn cawell
Neu bysgodyn aur y badell,
Neu gwningen neu lyg, yn ango'
Nid â un o'i fyned yno.

Efo'n boddran trefnu beddrod
Awn i Beniel er mwyn y bennod,
A weinio cynnes hen acenion
A gwych eiriau "gynau gwynion".

A'i gôb a'i urddol wisg o barddu
A'i sŵn addas i weinyddu,
I'r hoff erw a â'r offeiriad
I ynfydu am atgyfodiad?

Nodyn: *Cyfeirio mae'r gân at fynwent anifeiliaid anwes a sefydlwyd ar ochr ddwyreiniol Y Garneddwen ar y ffordd o Ddolgellau i Lanuwchllyn. Wrth gau'r rheilffordd yn Y BALA dygwyd yr enw a'i osod yn y fynwent (heb y fannod) i olygu "British Animal Lovers Association".*

Ionawr 9, 1970

MEURIG

Mae hwn yn enw hen yn ein hardal. Enw'r allt sy'n codi am Lanfachreth yw Rhiw Carreg Feurig, a chyn cyrraedd pen y tyle safai beudy ar y chwith a'i gefn at y ffordd, ac ym môn y mur sylwid ar garreg fawr a'i enw arni. Da gweld lledu'r ffordd gul, a chlod i'r gweithwyr am ddiogelu'r hen faen. Dewiswyd lle priodol iddo, sef yn union uwchlaw'r tro am Benyresgynfa, a gwelir yn glir y llythreniad "Carreg Meirig".

Chwefror 6, 1970

DAFYDD IWAN

I mi'n hogyn brawddeg aruthr gan yr hen weddïwyr yn bur gyson oedd: "cofia'r rhai yng ngharchar". Ond curai calon pawb a fedd yr un argyhoeddiadau ag ef mewn cydymdeimlad â Dafydd Iwan. Cydwelwn â'r personau amlwg a brotestiodd fod y gosb yn rhy drom, a rhagwelais i raddau brotest ei gyfoedion. Apeliodd rhai cyrff at y Frenhines am ei ryddhau, er na wn i pa bwynt sy mewn dod â'i henw hi i'r mater. Yna wele dau arweinydd o Aberystwyth E.D.Jones ac Alwyn D.Rees yn cael gan rai ynadon dalu gweddill y ddirwy ar ben mis o'r ddedfryd o dri. Iawn, ond pam gadw enwau'r ynadon yn gyfrinach? Dymunem oll gael Dafydd Iwan o'i gell (a sonnir am ei ollwng dydd Gwener) a buasai cannoedd ohonom yn barod i gyfrannu tuag at dalu'r ddirwy. A Dafydd Iwan yn gwneud ei safiad dros argyhoeddiad oni ddylem ni rai hŷn hefyd ddangos wrth ein henwau ein bod yn cefnogi ei amcan?

Chwefror 13, 1970

SAFWN YN Y BWLCH

"Nid beio'r ifainc a wnaf, ond y bobl ganol oed sy'n eu hannog, eithr yn gwneud dim eu hunain." Geiriau tebyg i hynna a glywais gan ŵr amlwg yn bur gynhyrfus ar y teledydd y noson o'r blaen. Aeth ymlaen i ryfygu amau geirwiredd E.D.Jones, y cyn-Lyfrgellydd Cenedlaethol, ac Alwyn D.Rees, pennaeth Adran Allanol Coleg y Brifysgol,

Aberystwyth, pan honnent fod tuag ugain o ynadon wedi cyfrannu i dalu rhan o ddirwyon Dafydd Iwan er mwyn ei ryddhau ddydd Gwener.

Addefaf mai anesmwyth fu fy nghwsg nos Fercher, a'm meddwl gyda'r 14 ifainc yn Pentonville a Holloway. Y fro hon fu crud dau ohonynt, a'u magu yn sŵn geiriau delfrydau a'n hegwyddorion. Ac y maent wedi'n hysgwyd drwy gymryd ein geiriau o ddifri. Adwaen rai o'r protestwyr, ac 'rwy'n gynefin â theulu amryw o'r 22. "Mae peth fel hyn yn codi cywilydd arnaf fy mod yn Gymro," medd rhywun. Cywilydd sy arnaf fi am fy mod yn Gymro mor wael. Ac y mae gynnyf gywilydd o'm cyd-genedl sy mor daeog, mor wasaidd, gyda chorsen hyblyg i gowtowio lle dylai fod asgwrn cefn. Yr ydym wedi'n cyflyru gan genedlaethau o israddoldeb, a chadarnhau hynny drwy addysg o liw estron nes tybio ohonom mai'r Saesneg yw unig allwedd bywyd.

Mawrth 6, 1970

LLYTHYRAU

> Galwaf ar Ddoctor Gwilym
> Pari Huws **(a pure whim)**,.
> Brithdir yn wir yw ei ne',
> Hen Golwyn, Abergele
> Road yn iawn i ŵr di-nych,
> Hardd unben yn Sir Ddinbych.

Wedi imi fethu ateb englyn amlen y meddyg roddais rywbeth fel yr uchod oddi mewn i'm llythyr iddo. Bu llawer o rigymu o'r fath. Cofiodd Miss Margaret Olwen Lloyd, Bryn Myfyr, am ei thad, pan oedd ef tua deunaw oed, yn derbyn amlen gyda phennill gan ei frawd:

> "I Robert Owen Lloyd
> Aed gyda'r postman yn ddi-oed.
> Fe'm dwg yn ffyddlon fel y lloer
> Hyd lwybrau cas Cwmhafod-oer
> I fferm y Werngraig ar y mynydd
> Ger Dolgellau, Sir Feirionnydd."

Henry Lloyd (Ap Hefin) 1870-1946 oedd yr awdur, a aeth o swyddfa'r DYDD at argraffwyr ym Merthyr, ond gan drigo yn Aberdâr, bod â rhan mewn cyhoeddi'r papur gwiw "Y Darian" (Tarian y Gweithiwr), a chael wedyn ei argraffdy ei hun. Oedd yn un o ddeg o blant amddifaid ar aelwyd Pantyronnen. Deallaf i Ap Hefin gyhoeddi cyfrol o'i gynnyrch "Pregethau Lleygwr". Erys ei enw yn hysbys fel awdur yr emynau "I bob un sydd ffyddlon" ac "Arhosaf yng nghysgod fy Nuw". Bu R.O.Lloyd yn ffermio yng Nghregennan am drigain mlynedd cyn ymddeol i fferm lai yn Arthog a huno yn 1961. Diolch i'w ferch am yr hanes.

Mawrth 13, 1970

Y GAU A'R GWIR

Ni wn pwy a luniodd y llinell "nithio'r gau a nythu'r gwir". Prin ein hymddiried ydyw yn "y gwir, yr holl wir, a dim ond y gwir". Chwaraewn â'r gwir weithiau nes teneuo'r llinell derfyn rhyngddo a chelwydd. Ambell dro mae modd cyflwyno'r hyn sy'n ffeithiol gywir mewn modd hollol wahanol i'w wir ystyr. Meddylier am George Thomas, wrth drafod pwnc yr iaith Gymraeg yn yr Uwchbwyllgor Cymreig, yn achub y cyfle i roi ei lach ar yr ymdrech o'i phlaid. Cafodd papur Lerpwl bennawd wrth ei fodd: "Only 23 used forms in Welsh". A dyma'r paragraff a gododd o araith yr Ysgrifennydd-i-Gymru: – "The Welsh forms used last year, throughout the whole of the Principality, had amounted to seven retirement pension forms, five maternity benefit forms, four widows benefit forms, three family allowance applications, two supplementary pensions applications and two teacher pensions applications. 1.81 per cent of births had been registered bilingually." Mae'n wir i'r un papur drannoeth gyhoeddi eglurhad mai am chwe ffurflen yn unig y meddylid, ac nid am y 240 a ddarparesid. Ond pa sawl mil o'r darllenwyr a dderbyniodd y camargraff cyntaf? Cofio a wneuthum i'n syth am dystysgrif gladdu, ffurflen trwydded car a thrwydded gyrru, trwydded radio, ffurflenni treth incwm ac amryw eraill. A fynnodd George Thomas gyfeirio at y rhain? Na, fe ddewisodd yn ofalus i'w bwrpas ei hun. Rhaid mai rhoi camargraff oedd ei fwriad. Am faes ei ddewis anffodus, cofier mai pobl mewn oed sy'n arfer y mwyafrif o'r rhain, pobl wedi arfer â llenwi ffurflenni yn Saesneg, y golygai gryn ymdrech iddynt eu dilyn mewn ieithwedd Gymraeg. Gwn am Gymry glân gloyw sy ysywaeth wedi arfer gohebu â'i gilydd yn Saesneg. Cefais i wersi mewn llunio llythyr yn Saesneg, ond ni chefais yr un wers o'r fath erioed yn Gymraeg. Mewn ambell swyddfa dangosir y ffurflen Saesneg ar y cownter, ond cuddir yr un Gymraeg, a rhaid ichwi ofyn yn benodol amdani, gweld y swyddog yn crychu ei drwyn, a chlywed rhywun o'ch ôl yn poeri'n wawdlyd 'Welsh Nash'. Mae eisiau asgwrn cefn heddiw i weithredu fel Cymro Cymraeg. O! fe wyddai George Thomas beth yr oedd yn ei wneud. Heddiw newidiwyd yr hen drefn, ac mae'r dwyflwydd am ladd y blwydd. Ddydd Gwener hysbysodd y Swyddfa Gartref fod rhyw "visiting magistrate" wedi dedfrydu dau o'r tri ifanc sy'n aros yng ngharchar i fis arall o gosb, yn cydredeg â'u tymor presennol, am wrthod talu dirwyon peintio. Golyga hyn fod Ffred ac Arfon yn colli rhai breintiau gwerthfawr, a'u trin fel troseddwyr cyffredin. Ni ddewis y newyddiaduron adrodd am gais y 14 ifainc am gael sacrament y Cymun, na syndod pennaeth y carchar at gymeriadau mor lân. Yn hytrach, "dywedant bob drygair yn eich erbyn".

Mawrth 27, 1970

GWNEWCH BOPETH (NID) YN GYMRAEG

O'r diwedd caed disg treth car yn ddwyieithog, a hawlir mai mudiad yr Urdd oedd y cyntaf i fanteisio ar hynny. Ond a glywsoch am adran o'r Weinyddiaeth Amddiffyn yn darparu arwyddion dwyieithog, ac yn gyfystyr â "please" yn dodi "boddhau" ar y rhybudd? Rhyw glerc wedi edrych mewn Geiriadur, mae'n siwr. Oni allai ymgynghori â rhywun?

Llefarodd y Tywysog Charles ac wedyn Edward Short yn erbyn gwthio'r Gymraeg ar bobl. Gair a blas drwg arno yw "gorfodaeth". Rhyfedd fel y derbynnir yr elfen o orfod yn ddigwestiwn gyda phethau eraill. Bu Saesneg yn orfodol yn yr ysgolion ac y mae felly o hyd, a rhai pynciau eraill, ond ni chlywais i neb yn achwyn. Gorfodir plant i ddysgu hyn ac arall, ac fe'i derbynnir. Fe'm gorfodwyd i a'm cyd-ddisgybion i ddysgu "French" am dair blynedd, ac, er maint ein diflastod, ni chofiaf glywed y Gweinidog Addysg nac aelod o'r Teulu Brenhinol yn codi llais i achub ein cam. Ond soniwch am gadarnhau

lle fy mamiaith i yn y gyfundrefn addysg a rhoi cyfle i bob plentyn yn
fy ngwlad i fedru rhyw gymaint ohoni, a dyna weiddi "Gorfodaeth!"
fel petai'n anghyfiawnder dybryd.

Ebrill 24, 1970

O'R GOFOD

Nos Wener theatr oedd yr aelwyd yn hanes mwy nag arfer o gartrefi'r
deyrnas hon, a'r un modd dros rannau helaeth o'r ddaear, i wylio ar y
sgrîn deledu ddrama na bu ei bath erioed. (Cyffesaf imi fod yn fyr
iawn fy amynedd wrth rywun deleffoniodd ataf yn agos at uchafbwynt
yr act olaf). Wedi'r pryder a fu am y tri Americanwr yn Apolo 13 pwy
na lygadrythai ar y darlun, a theimlo gwefr o weld smotyn y llestr
bychan yn yr awyr, a rhoi ochenaid o ryddhad wrth i'r tri parasiwt
agor.

Clod i'r gwyddonwyr a benderfynodd yn fanwl gyfewin, ac a
lywiodd ddull a lle ac eiliad eu dychweliad. Diolchaf am gael bod yn
dyst i ddiwedd y ddrama gyffrous a'r funud y troediodd y tri fwrdd y
llong, y Caplan yn offrymu gweddi o ddiolch i Dduw am ei harbed.

> Y tri dewr yn troi i daith,
> O'u daeardy i awyrdaith;
> Am y gofod ymgodi
> Tua'r lloer uwch tir a lli;
> Yn troi chwil trwy uchelion,
> Llywio hyd grib lleuad gron.
>
> Sydyn ffrwydrad ar adain,
> Llesteirio mynd y llestr main.
> Troi'n ôl y tri anelwr
> Doeth rhag ofyn y dieithr gwr.
>
> Tri gwyfyn trwy y gofod
> O druan daith adre'n dod;
> Angau a'i fygwth ingol
> A'i herio hir ar eu hôl;
> Taer eu gweddi am ddianc,

109

I gael eu traed o fagl tranc;
Gweddi unol gwyddonwyr
Drwy'u gwaith yw gwaredu'r gwŷr.

A da y rhoes Duw yr hedd
I dri gwrol drugaredd.

Gorffennaf 3, 1970

CYHUDDO ETO

Flwyddyn yn ôl gresynwn am i'n Pwyllgor Addysg gefnogi gwaith anffodus Rheolwyr Ysgol y Gader yn cyhuddo'n benagored ryw athrawon nas enwyd o liwio addysg ag amcanion gwleidyddol. Gwnaeth Mr Cledwyn Hughes, Aelod Seneddol Môn gyhuddiad cyffelyb rywdro, ac ar y radio yr wythnos ddiwethaf William H.Edwards, yr Aelod Seneddol dros Feirionnydd. Wrth gwrs, mae'r ddau yn gyfreithwyr, yn hen gyfarwydd â thriciau llys barn lle goddefir pob math o gyffredinoli a lled-gyhuddo ac ensynio a hanner "innuendo" heb gael eich galw i gyfri. Dro'n ôl 'roedd yr Aelod dros ein sir yn wfftio cynllun dŵr a apeliai at rai ffermwyr, yna'n condemnio ieuenctid ein gwlad, yn barnu cynghorwyr Ffestiniog, ac yn awr yn anhygoel dyma'i lach ar rai athrawon di-radd o'r Colegau Hyfforddi, dri ohonynt. Gadawer iddo dynhau'r rhaff wleidyddol am ei wddw ef ei hun.

Eithr o dan y tair enghraifft uchod mae pwnc sylfaenol i'w wyntyllu. A gaiff athro sôn wrth blant am Gymru, eu dysgu i ganu "Hen Wlad fy Nhadau", a'u hyfforddi yn hanes eu cenedl ar ôl 1282? A yw pethau o'r fath yn cyfreithloni plentyn i achwyn wrth ei rieni fod yr athro am hynny yn "Welsh Nash" dirmygedig, ac iddynt hwythau gwyno wrth A.S. fod eu plant yn cael eu cyflyru'n annheg? Drwy'r holl ddaear meithrinir gwladgarwch a chenedlgarwch. A ddamniwyd Cymru i fod yn eithriad annormal?

Gorffennaf 31, 1970

PENAR-LAG
Methwn ddyfalu tarddiad yr enw hwn ar y llecyn y tu ucha' i'r Bont
Fawr, a chofio y digwydd hefyd yn sir Fflint. Dyma sylwadau yr Athro
Melville Richards, Bangor, yn "Y Cymro": "Gwyddys mai 'ardd'
(ucheldir) sydd yn y gair 'pennardd', ac felly hefyd yn yr enw
Pennar-lag, gynt Pennardd Alawg. Fe'n temtir i dderbyn mai enw
personol yw Alaaog, efallai o'r ansoddair 'alafog' (cyfoethog mewn
gwartheg), ond gellid hefyd ystyried yr ystyr lythrennol a thybio bod
ym Mhennardd Alafog le da i gadw gwartheg yn ddiogel. Os felly
byddai'n cydio wrth yr enw Saesneg Hawarden sy'n gyfuniad o'r ddau
air 'high' a 'worthing' sef fferm uchel. Cymeraf yn ganiataol pa ystyr
bynnag a ddewisir, mai cyfieithu 'pennardd' y mae'r 'high' yn
Saesneg."
  Dyna ddilyn Syr Ifor Williams yn "Enwau Lleoedd" tudalen 21.
Ai hen enw annibynnol ydyw yn Nolgellau, neu tybed ai benthyciad
lled ddiweddar o sir Fflint?

Awst 21, 1970

OFFEIRIAD
Drwy fod oddi cartref ni chlywais mewn pryd am farw'r Parch.Francis
Scalpell ar Awst 6 mewn ysbyty yn Wrecsam onid e buaswn yn ei
angladd y Llun dilynol. Ef oedd yr hynaf o weinidogion y dref a'r
hwyaf ei dymor gwasanaeth yma. Yn wahanol i'r offeiriaid Pabyddol
ieuangach nis hyfforddwyd yn y Gymraeg. Ni fennodd y tuedd
ecumenaidd arno, ac ni ddeuai i gyfarfodydd y Frawdoliaeth; ac er
iddo ddod i un Cyfarfod Gweddi Gyd-eglwysig yn y llan gwrthodai roi
ei droed mewn capel Anghydffurfiol.
  Gŵr tawel oedd, diymhongar a hoffus. Os ceisid arwain y sgwrs i
gyfeiriad sylw yn y Wasg gan ryw Esgob neu Gardinal ni ddangosai
fawr o ddiddordeb. Ni allwn beidio â synio amdano fel annibynnwr o
Babydd, canys yn ei eglwys leol yr oedd ei unig ddiddordeb. Rhoes ei
fryd o'r cychwyn ar gael capel yn y dref, a thrwy ymroddiad a
dygnwch gwelodd godi'r deml. Cofiwn yn annwyl amdano.

ENGLYN

Hysbys yw'r englyn sy uwchben drws y llan Fair yn ein tref:

> "Annedd-fawr Sanctaidd noddfa,—Gôr breiniol
> Ger bron Duw a'r dyrfa;
> Er dim na thyred yma,
> Y dyn, ond a meddwl da."

"Anheddfawr" a sgrifennid heddiw, a cheir amrywiad i'r llinell olaf: "ar feddwl da". Ceir yr englyn ar lannau megis Tal-y-llyn, Llansilin, ac eraill. Gwelais nodi ei fod yn Llanfachreth hefyd, ond methais ei weld yno. Ni wn a gollwyd y garreg pan atgyfeiriwyd yr eglwys; a go brin mai at Lanfachreth ym Môn y cyfeirir. Ei awdur oedd Matthew Owen (Mathew Goch) o Langar yn Edeyrnion, a fu farw yn 1679. Ceir yr englyn yn y llyfryn "Beirdd Meirion", ac fe'i gwelais y dydd o'r blaen yn y gyfrol "Mil o Ddyfyniadau Cymraeg" gan G.Lloyd Edwards.

Yno hefyd y gwelais gyfeirio at fardd o'r 16eg ganrif nas enwir yn "Y Bywgraffiadur", sef Syr Owain ap Gwilym. Dyma un dyfyniad o'i waith:

> "Nid haws cael bun i unoed
> Na throi y Bodlyn â throed,
> Neu rifo a symio'r sêr
> I gyd o ben y Gader,
> Neu estyn mewn glyn o'm gwlad
> Fy llaw at fin y lleuad."

Ni chefais eto gyfle i holi am ardal yr awdur, ond enw o Llanddwywe-is-y-graig yn Ardudwy yw "Bodlyn", cronfa ddŵr y Bermo heddiw, ac os felly nid oes amheuaeth am y "Gader". Pan ddechreuais i arfer y pennawd "O Gader Idris" mynnai cyfaill neu ddau nad dyna ffurf y dafodiaith leol. Eithr dyma enghraifft o'r gair ar y brifodl mewn cywydd bedair ganrif yn ôl. A oes rhywun a all roi gwybodaeth am yr awdur? Dyma gwpled arall ganddo:

> "Pwy ni fydd aflonydd flin
> A fo noeth ar fôn eithin."

Medi 18, 1970

AMRYW

Dywedodd cyfaill wrthyf fod y Llydawyr o gwmpas unwaith eto gyda'u nionod, ac i un o'r gwerthwyr grybwyll ei fod yn dod yma bellach ers 50 mlynedd. Go dda, ynte, Jiwbili Sioni Wynwyn.

YN FLYCHAU SGWÂR

"Mae gennym ormod o gapeli." Mor aml y clywir yr edliwiad hwn o enau pobl na fynychant addoldy. Ond wrth glywed o hyd am gau a chau yma ac acw, cofiwn ein bod yn gweld diwedd pennod go werthfawr yng nghronicl hanes Cymru. Da y gwnaeth Cyngor Celfyddydau Cymru wrth anfon arddangosfa o beintiadau o gapeli o gwmpas y wlad, a bydd yn Neuadd Idris o Fedi 14-26. Hwylus yw'r catalog sy'n egluro peth ar y 33 darlun. Wrth weld cau hen gapel, ei werthu i fod yn gardy neu neuadd Bingo neu glwb siawns, gwelir portread o'r dirywiad ysbrydol echrydus sy yng Nghymru foethus, fodlon. Rhyw saith o'r capeli sy o fewn cylch uniongyrchol fy mhrofiad i. Ni ddaeth dau ohonynt i Neuadd Idris, a theimlaf fel diolch na welais y peintiad chwithig o "gapel yn Rhos Lan". Os Rhos-lan yn Eifionydd, lle'm hordeiniwyd i, a olygir, gall yr artist ei gadw.

Hydref 9, 1970

ENGLYNA

Wrth fynd yn y car trawodd i'm meddwl mai prin y lluniwyd gan neb englyn hwiangerdd:

> I dawelwch dy wely—dos, un bach,
>   'Does un baich i'th lethu;
>   Yno cei freuddwydion cu
>   Nef-oriau tan yfory.

Y TRO OLAF

Mae'n bosibl bod un digwyddiad a fu yn Nolgellau fore Mawrth, Hydref 13, yn fwy arbennig a hanesyddol nag y tybiwn i. Ni wn pa bryd y dechreuwyd cynnal y Seisys yn ein tref, na chwaith pa mor hen yw'r arfer o gynnal oedfa grefyddol ar adeg ymweliad Barnwr. Yn Lloegr y ffurf Anglicanaidd yw'r Eglwys Sefydliedig, ond nid felly yng Nghymru oddi ar Ddeddf Datgysylltiad 1920. Eto parhawyd gyda'r Seisys y yr eglwys blwyf, ac erbyn hyn ychydig o bobl a âi iddi ar wahân i'r rhai yr oedd hynny yn rhan o'u dyletswyddau.

Ychydig flynyddoedd yn ôl sgrifennais baragraff yn codi'r cwestiwn pam bod rhaid cyfyngu'r oedfa i'r un addoldy bob tro. Awgrymais os Pabydd fyddai'r Barnwr, pam na ellid mynd gydag ef i gapel Pabyddol; neu os deuai yma Barnwr o Fedyddiwr pam na allem fynd gydag ef i Judah, ac yn y blaen. Eleni penodwyd Mr John E.Tudor. Bryn Adda, yn Uchel Siryf Meirionnydd fel cynrychiolydd y Frenhines, ac fel diacon efo'r Annibynwyr anrhydeddodd yntau weinidog y Tabernacl drwy ei benodi'n Gaplan iddo. Adeg trefnu oedfa'r Seisys yn Ebrill mentrais daflu lled-awgrym oni ellid cael y gwasanaeth mewn capel am dro. Erbyn yr Hydref deallodd Mr Tudor mai'r Barnwr fyddai Syr Williams Lloyd Mars-Jones, Annibynnwr o Lansannan. Bu mor hynaws â holi'r trefnwyr llys ar y mater, a chaed nad oedd unrhyw rwystr ar ffordd cynnal yr oedfa ddwyieithog mewn capel Ymneilltuol. Felly y daeth i'r Tabernacl fore Mawrth, a'r Parch.W.Idris Selby, sy'n swyddog llys, yn gweinyddu gyda mi. Diolch am weld yno gynulleidfa fawr iawn, a chael canu llawn a gwefreiddiol.

Yr wyf wedi holi amryw o gyfeillion ond heb glywed hyd yn hyn am ddigwyddiad tebyg o'r blaen. Tybed yn wir mai dyma'r tro cyntaf yng Nghymru?

ENGLYNA

'Rwy' wedi mynd i deimlo'n anfodlon ers tro ar osgo rhai o'n prydyddion. Gellid tybio na chyfrifant englyn yn ddigri oni bo'n sôn am fol neu din, ac yn peri ha-ha aflywodraethus. Ond yn siwr mae doniolwch cynnil hefyd yn werth ei gael. Ac i bwrpas cystadleuaeth meddyliais am derm fel "englyn ysgafn", ac yn destun gynnig "tei bo". Yn y car eto y dechreuais synio:

> Graenus ffrog orau heno—a ry' Gwen,
>   A'r gwallt wedi'i gyrlio;
>   A gwn, i'r Maes a'i ginio
> Mae ynta, Ben, mewn tei bo.

> Un du, fel steil gan Dior, —yn gwlwm
>   Dan goler heb agor;
>   Syth iawn gan fas a thenor,
> Un ciwt, yw tei côr.

Ionawr 15, 1971

ARIAN DEGOL

Doeth yw penderfyniad y Llywodraeth i adael i Falentein â minnau ddathlu ein pen blwydd, a thrannoeth newid y drefn arian degol. Mae plant yr Ysgolion wedi eu hyfforddi i arfer y dull newydd, a bydd digon o gyfarwyddyd i ni'r rhai hŷn. At hynny bydd cyfnod trawsnewid o flwyddyn, ac efallai ragor, pryd y bydd yr hen arian mewn grym.

Cafodd y wasg gopïau ymlaen llaw o lyfrynnau a baratowyd i'n helpu. Danfonir i bob tŷ drwy'r deyrnas (fe gyrhaeddodd yma fore Mercher) gopi rhad o "Your Guide to Decimal Money". Diolch yn fawr. Paratowyd 150,000 copi o fersiwn Gymraeg ohono, "I'ch Arwain at Arian Degol", ac y mae ei eiriad mor glir â'r un Saesneg. Go dda, yntê. Ond arhoswch! "Ar gael" y bydd hwn at hanner olaf Ionawr. Ni ddaw i'ch tŷ. Rhaid ichwi fynd i'r Swyddfa Bost neu ambell le arall i ofyn am hwn. Felly paratowch araith fer i fynd at y cownter:

"Begio'ch pardwn, Cymro ydw i. Nid fi sy'n gyfrifol am hynny. Ar Dduw y mae'r bai. Os gwelwch-chi'n dda a gaf fi gopi Cymraeg o'r llyfr Desimal Myni? Cofiwch dydw i ddim yn un o'r hen eithafwyr penboeth yna, mi wyddoch pwy ydw i'n feddwl. Ond, os nad yw'n ormod o drafferth ichi mi hoffwn gael llyfr bach Cymraeg i'w ddanfon

115

i 'nghyfneither yn Awstralia iddi gael gweld bod yr hen iaith yn dal yn fyw, hyd yn oed yn Nolgellau."

Myn brain i! sut mae'r dywediad: "All men ar born equal, but some are born more equal than others." A dyma'r gweinyddwyr hollalluog yn pledio dilysrwydd cyfartal i ddwy iaith, ond wrth gwrs gael mwy ohono i'r Saesneg nag i'r Gymraeg. Iaith pobl eilradd.

Mawrth 19, 1971

HEB FFRWYN

Hosea biau'r ymadrodd "canys gwynt a heuasant a chorwynt a fedant". Amlha'r arwyddion fod ein cymdeithas oddefol yn dirywio'n gyflym, a dioddefa moes wrth ymwrthod â rheol a gwastrodaeth. Mae mynychu tafarnau yn fwy derbyniol na mynd i gapel, ac yfed ar gynnydd ymhlith yr ifainc er bod nifer caethion alcoholig yn enfawr. Aeth smocio yn arf y gelyn. Aruthr oedd y rhaglen deledu'r noson o'r blaen ar afiechydon gwenerol sy ar gynnydd dychrynllyd ymhlith rhai dan 25 oed, a rhai dioddefwyr yn ymddangos yn gwbl ddiedifar a dihidio. A brawychus yw'r defnyddio cyffuriau. Dywedodd athro ysgol uwchradd ym Morgannwg wrthyf wythnos yn ôl eu bod newydd ddarganfod yno fod nifer helaeth o'r disgyblion wedi dechrau ymhel â'r drwg. Diolch i'r Parch. Alwyn Thomas, ar ran Undeb Dirwest y Gogledd, am baratoi pamffledyn Cymraeg yn rhybuddio rhag perygl ofnadwy rhai cyffuriau. Wrth gwrs mae rhyw bobl giaidd yn gwneud elw mawr o'r farchnad aflan hon.

ENGLYNION

"Cyn i Facadam lyfnu'r llawr" meddai R.Williams Parry yn un o'i gerddi ysgafn. Cofia'r rhai hynaf ohonom mor llychlyd weithiau fyddai heolydd a ffyrdd yr haf, ac am y drol a ddeuai'n achlysurol i chwistrellu dŵr o'i chefn. Cyn dyddiau'r moduron hwyl i blant oedd mynd tu ôl i gar-a-cheffyl a chael reid drwy eistedd ar y bar; pan welid rhywun arall wrthi gwaeddid ar y gyrrwr "Whip behind". A direidi oedd perswadio un diniwed i geisio reid ar du ôl y drol ddŵr yn y gobaith o'i weld yn cael golchfa ddirybudd. Adroddodd cyfaill wrthyf englyn a glywsai flynyddoedd yn ôl i'r drol ddyfrllyd (rhyfygais gywiro mymryn ar gynghanedd dwy linell):

"Ai rhyw hers enfawr yw hi—neu ai van
Yw i fod mewn difri?
Da cael ei llond, rhaid cael lli
Dewr cadarn a dŵr codi."

Ebrill 23, 1971

Y GWEINIDOGION

Ac aelodau ifainc Cymdeithas yr Iaith, yn wyneb gwawd a sen, yn
ymgyrchu drosti hyd aberth, teimlodd amryw o beronau hŷn y dylent
amlygu cefnogaeth i'w hamcanion, beth bynnag am eu dulliau
weithiau. Pasiodd rhai cynadleddau eglwysig ac enwadol
benderfyniadau yn galw am statws swyddogol i'r Gymraeg, a
theimlodd rhai gweinidogion o enwadau gwahanol y dylid gweithredu
rywfodd i argyhoeddi'r awdurdodau fod yn rhaid cymryd y pwnc o
ddifri. Cynlluniwyd gweithred symbolaidd, a bore Gwener daeth 36 o
weinidogion ynghyd i dref Caerfyrddin a phastio ar ben arwydd
Saesneg uniaith arwydd arall dwyieithog. Roedd 70 gweinidog wedi
arwyddo deiseb yn galw am gydnabod y Gymraeg, ac aed â hi i
Syrfewr y Sir. Wedyn aeth y gweinidogion i Swyddfa'r Heddlu i
gydnabod mai hwy a gyflawnodd y weithred brotest, a bod pob un
ohonynt yn arddel cyfrifoldeb cydradd. A wrandewir ar apêl a
pherswad?

MARI

A hithau wedi oeri peth nawn Gwener, Ebrill 16, ac awgrym o
genllysg mewn ambell gawod sydyn, bûm gyda dau berthynas ar
furiau castell Harlech. Yna gyrru ymlaen ar y ffordd union sy ar hyd y
morfa islaw i chwilio am fynwent Llanfihangel-y-traethau. Ni welais
arwydd yn cyfeirio tua'r fan, ond wedi holi mewn siop roedd yn
ofynnol troi ar y chwith rhyw drigain llath cyn dod at y bont sy'n troi
tua'r dde am Dalsarnau. Yno ar godiad tir mae'r llan, ond roedd clo ar
y drws. Dyma chwilio am fedd Mary Evans (1735-89), 'Mari'r Fantell
Wen' a dwyllodd amryw gyda'i hofergoel. Nis enwir gan T.I.Ellis ond
gwelaf i W.Llewelyn Jones ('Ar Grwydr') hefyd fethu gweld y bedd.
Mi dreiaf eto.

AMRYW

Arferir amryw o eiriau am 'sweets' fel melysion a fferins, ond y ddau enw cyffredinol a arferem ni'n blant oedd da-da a minciag. Clywswn mai benthyg oedd yr olaf o'r Saesneg 'mint-cake', ond ni chofiwn ei weld erioed. Prynodd fy mhriod fagiad o 'Welsh old-fashioned Mint Cake', ond gyda phob parch i'r gwneuthurwyr o Fiwmaris, rhaid i mi gydnabod na hoffwn ei flas.

Ebrill 30, 1971

DROS YR IAITH

Yn unol â'i arfer annheilwng plygodd papur Caerdydd yn isel i sôn am 'a semi-secret organisation of middle-class professional Welshmen called Cyfeillion Yr Iaith'. Ond nid oes dim yn amheus am y gymdeithas hon o bobl na allasent fodloni rhagor ar adael i'r ifainc yn unig ysgwyddo'r brotest dros y Gymraeg. Daeth llond neuadd fawr i Aberystwyth y Sadwrn i wrando ar y Dr Jac L.Williams, y Dr R.Tudur Jones, Marion Eames, Lisabeth Miles, a'r Parch.T.James Jones yn annerch, ac yna orymdeithio drwy'r dref.

Pan ddygwyd wyth aelod o Gymdeithas yr Iaith i Seisys Caerfyrddin ddydd Gwener protestiodd eu cefnogwyr, a gorchmynnodd y Barnwr fynd â 50 ohonynt, gan gynnwys merched a bechgyn o'n bro ni, i'r ddalfa dros y Sul am sarhau'r llys. Yn siwr, wrth lythyren pethau, yr oeddynt yn euog. Ond pa farnwr a gyhoedda ddedfryd ar weinyddwyr euog a chynffonaidd y drefn sy'n sarhau'r iaith Gymraeg a thraddodiad fy nghenedl i? Pa'r un yw'r sarhad gwaethaf? Fe gewch sathru'r iaith fel y mynnwch heb i neb mewn awdurdod eich argyhoeddi na'ch blino. Mae'r Cymry yn fwy o fradwyr nag o frodyr.

Mai 21, 1971

BARN WEDI'R LLYS

Daeth drama helbulus Caerfyrddin ac Abertawe i ben, a chyhoeddwyd yn euog o dor-cyfraith y saith ifanc "a gyfrifwyd gyda'r troseddwyr". A hwythau wedi cyhoeddi eu bwriad ymlaen llaw yng nghlyw pawb, a'r cymhelliad dros eu gweithredu eithafol, wedyn wedi eu hildio'u hunain yn agored i'r Heddlu heb geisio dianc nag osgoi, mae'n syn fod yn rhaid gan yr awdurdodau daflu'r gair "conspiracy" atynt. Gair yw hwnnw ag iddo liw chwanegol o rywbeth amheus a chudd; gwelaf mai ei gyfystyron yn y Geiriadur yw "cynllwyn, brad". Eithr onid brad yw gwaith y rheini sy'n dal i bledio arwyddion Saesneg un-iaith yng Nghymru?

Yn y cythrwfl yn Abertawe cyhoeddodd y "South Wales Evening Post" gyda phennawd bras hanes un plismon yn torri i grio wrth restio'r bobl ifainc: "I do not want any part of this. We are Welshmen too." Yr oedd yn amlwg, meddir, fod y plismyn dan orchymyn i ganolbwyntio ar brotestwyr ifainc yn unig. Meddai un ohonynt wrth weinidog, fel petai'n ymddiheuro am beidio â'i restio: "I'm sorry, you are in the wrong age group, boyo." Megis adeg helynt Swyddfa'r Post yn Nolgellau gynt yr oedd yn gwbl amlwg ym mh'le'r oedd cydymdeimlad gwŷr y siwt las.

Cosbau gohiriedig o garchar a roes y Barnwr. Os gobeithiai y byddai ei diriondeb y tro hwn yn foddion osgoi rhagor o dor-cyfraith mae'n amheus gennyf a lwydda. Bydd ymgyrchu eto "hyd oni cheir datganiad swyddogol pendant o fwriad i gael yr arwyddion yn ddwyeithog." Ie, dyna'r amcan yn syml ac yn glir, ac fe allai mesur o ddoethineb o du'r awdurdodau yn awr wella'r sefyllfa. Pa faint o amser a gymer y panel a sefydlwyd gan y Llywodraeth i astudio'r pwnc? Gorau po leied.

Rhagfyr 7, 1971

AMRYW

Ni phrofais gig ffesant erioed. Dangosodd cymydog imi fod iâr yn fy ngardd nawn Llun. Bûm yn ei gwylio drwy'r ffenestr, a sylwi bod amryw o'r adar bach cyffredin yn pigo'n ddirwystr o'i chwmpas. Ni feddaf wn, ac ni thaniais ergyd erioed. "Mi fynnwn heno gael dy gig yn rhost amheuthun" meddai R.Williams Parry.

> "Cadwed y gyfraith di rhag cam,
> Ni fynnwn innau iti nam."

119

Rhagfyr 17, 1971

DIOLCH

Gwn fod gennyf bob achos i ganu emyn George Lewis o Lanuwchllyn:

> "Gan fy mod i heddiw'n fyw
> Mi rof deyrnged
> Clod a mawl i'm Harglwydd Dduw
> Am fy arbed."

Mae fy aelwyd rhwng dau fynydd sy'n dwyn enwau gwahanol ag iddynt yr un ystyr, sef saddle. O'm blaen i'r de mae'r Cyfrwy, a bûm ar y grib bedair gwaith; o'm hôl tua'r gogledd mae'r Rhobell neu yr Obell, sef cyfrwy arall, copa y methais ei ddringo. Fel llwynog Williams Parry "ganlath o gopa'r mynydd" yno wrth hel llus ar y nawn Mercher olaf yng Ngorffennaf y daeth terfyn ar fy hynt fel mynyddwr.

Mae gennyf le i ddiolch i lu a'm helpodd. Ni allaf yma adrodd stori epig fy ngwraig er mai hi a ddug ben tryma'r baich. Diolch i deulu'r Hengwrt Uchaf am eu cymwynas, ac yr oedd yr un parodrwydd yng Nghefn Braich. Brysiodd Dr Norman A.Thomas i fyny i'm hymgeleddu, a daeth John R.Evans a David John Davies â mi mewn ambiwlans i Ysbyty'r dref, lle cefais bob gofal tirion gan yr holl staff. Bûm dan lygaid Dr Gwilym O.Thomas, a Dr H.D.Owen a Dr J.G.Roberts hefyd. Sylwaf ei bod yn ffasiwn gan rai i gydnabod gwasanaeth meddygon a'u cynorthwywyr ar achlysur marwolaeth yn y teulu. A derbyn am dro fod hynny'n briodol onid oes mwy o achos diolch iddynt pan fônt yn gyfryngau adferiad inni? Mawr fy nyled i lu o gymdogion a chyfeillion caredig, ac am amynedd aelodau'r Tabernacl a Pheniel.

Tra bûm ar wastadedd yr wythnosau meithion hyn nid oedd gennyf ddim a welswn "O Gader Idris", a diolch am sylwadau Gwynfryn Jones "Oddi ar y Bont Fawr". Rhaid i minnau feithrin amynedd.

> Dof bellach yn iach, 'rwy'n well,—yn araf
> Yn awr dof o'm stafell;
> Dim rhuthro, dim heicio 'mhell
> O'r rhybudd ar y Rhobell.

PRESWYLIO'R UCHELDERAU

Ond gall eraill fwynhau esgyn o hyd. Soniais o'r blaen am fy nghrwydr yn Nannau-uwch-afon at Chwarel Cae Adda Wyn. Hyfryd fu'r ail daith ar nawn hafaidd, heulog o Ryd-y-main, heibio i giât Baich Bedw lle'r oedd deuwr ymroddgar yn ymchwilio i goluddion car, a gweld giât i Tŷ Cerrig a Llwyn-y-cynfal. Dringo allt go serth nes gweld Cefn Braich ar y chwith yn y pant, ac wrth yr ail giât arwydd "Cae'r Defaid turn left". Draw ymhell ar y chwith gwelem olion yr hen chwarel fach, gyferbyn â'r drydedd giât a phorfeydd y defaid. Daeth y bedwaredd giât â ni at "y fforest gonifferaidd" a chyn dod i'w phen draw darfyddai am yr wyneb tar ac yr oedd y ffordd ychydig yn arwach. Dod at y bumed giât gyda hen dŷ ar y llaw dde, Tŷ-newydd-y-mynydd yn ôl y map. Yma eto 'roedd darn helaeth dan goed bach, a'r trac yn dal i ddringo hyd at y chweched giât a darn gwastad. Mae yno eangderau helaeth, y Rhobell ar y chwith, y Foel Gron megis bryncyn o'n blaen, a thu draw iddi olwg ar hafn Cwm yr Allt Lwyd a Chwm Hesgen, ac ar y gorwel draw tua'r gogledd drumau Eryri. Gwych yw'n gwlad. "Hen Gymru fynyddig i mi."

Ionawr 7, 1972

PAIR YR IAITH

Blwyddyn fawr fu '71 i ymgyrch yr iaith. Dechreuodd yn gas drwy i rywrai yn Nolgellau geisio baeddu Dafydd Iwan a'i gyd-ieuenctid; cafodd well croeso yma wrth annerch yn y Tabernacl ddechrau Mehefin; ac er gwaethaf wyau Dolgellau i gyd aeth y cerddwyr drwodd yn Awst, wedi mwynhau croeso ambell aelwyd yn y dref a'r cyffiniau. Y ffârs waethaf oedd y ddrama yn llysoedd Abertawe a'r Wyddgrug. Os bu unrhyw Gymro yn amau a amherchir ei famiaith yn ei wlad ef ei hun cafodd brofion digamsyniol llynedd. Er i rai o wŷr amlycaf ein cenedl, yn Archesgob ac eraill, apelio am barchu hawliau dynol gwrthodwyd ystyried eu cais. Cyhoeddwyd drosodd a throsodd mai Saesneg yw iaith llys barn, ond y goddefir cyfieithu. Diolch am weld rhai degau wedi gwrthod gweithredu fel cyfieithwyr Cwislingaidd dan yr amodau hyn, a bod pobl hŷn wedi eu cynhyrfu i gefnogi safiad yr ifainc. Er holl fost y Sais yn ei barch i gyfiawnder dim ond ar ei delerau ef yr estynnir y fraint i eraill. Gellir gwyro llys barn yng Nghymru i gynnal y drefn annheg sy ohoni. Eithr nid ofna'r bobl ifainc wawd na dirwy na chell.

A rwan dyma George Thomas wedi rhoi ei droed yn ei geg fawr drwy weiddi ei gefnogaeth i gynghorwyr Merthyr Tudful (roeddwn innau o'u plaid) am fynnu ohonynt i ddal i roi llefrith i blant ysgol. Prin y bu neb yn fwy croch nag ef wrth gondemnio'r ifainc am dor-cyfraith dros yr iaith, ond yn awr fe dorrai yntau'r gyfraith, meddai, a mynd i garchar. Sut mae deall y dyn?

Ionawr 14, 1972

Y GLOWYR

Pan oedd pethau yn ddrwg yn chwareli 'Stiniog bu fy nhad, fel amryw o'i gydweithwyr, yn y De yn chwysu mewn pwll glo. Aeth i Donypandy yn 1906, dipyn go lew cyn fy ngeni i. Tua Phen-y-graig gerllaw yn y Rhondda flynyddoedd yn ddiweddarach y cefais innau gyfle i ddisgyn i goluddion y ddaear i weld y cwt mochyn y llafuriai glowyr ynddo. Ystyriai fy nhad orchwyl chwarelwr yn galetach nag eiddo glowr, er bod yr ail yn fytrach. Mae gennyf atgof hefyd amdano yn syfrdanu ei deulu drwy fynd ymlaen mewn eisteddfod fach i ymgeisio ar unawd i rai dros 50 oed, ac yn ennill (gan ddigio un canwr yn arw). Darn o'i gân oedd:

> "Ystyriwch bris y glo,
> Mae hwnnw'n ddrud o'i go'.
> Ystyriwch y tân yn fawr ac yn fân
> A chofiwch am bris y glo."

Tybiaf mai Ceiriog biau'r geiriau, ond ni chlywais i neb erioed ond fy nhad yn eu canu.

Fe'm magwyd i feddu cydymdeimlad ag undebau llafur (mae amryw byd yn Nolgellau na olyga hyn ddim iddynt), ac er bod swyddogaeth y rheini wedi newyd cryn lawer, tua'r gweithwyr y mae fy nhuedd i ym mhob ymryson. A dyna pam na welaf fai ar y glowyr am streicio ddiwedd yr wythnos. Cefais i godiad cyflog llynedd ac ni warafunaf fraint gyffelyb i neb arall. Ond yn union ar ôl y sôn am roi miloedd o bunnoedd chwanegol i deulu Buckingham, a rhoi codiad sylweddol iawn hefyd i'r Seneddwyr, pitw bach oedd y cynnig a gafodd y glowyr. Bydd eu streic yn peri anghysur i lawer, ond anodd osgoi hynny. Fel y daw stori'r chwareli i derfyn felly hefyd y pyllau glo, a'u tanwydd yn cilio o flaen trydan a nwy ac olew. Os pery'r streic yn hir gallai fod yn ergyd farwol i'r diwydiant glo, a dyna ddarn o stori gyfoethog cymoedd Cymru yn dod i ben. Nid pres gwlad yw pris y glo.

Ionawr 21, 1972

RYGBI

Erbyn hyn nid oes digon o rym yn ein bywyd eglwysig i boeni a oes rhywun yn euog o heresi. Caiff pobun gredu a dweud a gwadu fel y mynno. Efallai y'm cyfrifir i gan rai yn heretic mewn maes arall!

Bûm yn chwaraewr penboeth, ac ni phallodd fy niddordeb mewn gêmau amrywiol. Cicwyr y bêl-droed, rhagflaenwyr George Best, a edmygwn i yn hogyn. Amdanom ni blant (heb rwan fynd ar ôl mater cicio tuniau a cherrig efo'n hesgidiau cryfion) codem yn araf o dymor pêl bapur a phêl glwt i gael weithiau gwd tarw o'r lladd-dy, a hel ceiniogau a dimeiau prin i brynu ambell bêl go iawn. Rhyfeddod yn wir oedd i Edwin, mab Jones y Gard, gael pêl fawr hirgron o rywle, a bu cryn hwyl gyda hi heb efelychu rhyfyg y bachgen, yn ôl y sôn, a gydiodd ynddi a mynd fel y gwynt i gychwyn traddodiad newydd yn ysgol Rugby. Yn yr Ysgol Sir yr oedd yn ofynnol prynu esgidiau priodol i gicio'r bêl-droed fawr, ac nid cyn mynd yn fyfyriwr i Fangor y gwelais i'r gêm Rygbi gyntaf. Treiais fy llaw arni ond heb ymwadu â'm cariad cyntaf.

Eithr ar ôl yr Ail Ryfel Byd chwyddwyd y mawl i'r chwarae hwn yn ddifesur. Er bod mwy o chwaraewyr a gwylwyr i'r bêl gron codwyd statws y bêl hirgron, gyda'i chefndir o ysgolion bonedd Lloegr a'i hapêl at wŷr colegau ac ysgolion, meddygon a'r cyffelyb nad oedd raid iddynt wrth dâl am chwarae. Mynnai Hitler a'i debyg, os adroddech gelwydd drosodd a throsodd y deuid i'w dderbyn fel y gwir. Dechreuwyd honni mai Rygbi yw gêm genedlaethol Cymru, a chyhoeddwyd hynny mor aml nes swnio o'r peth bellach fel y gwir. Gydag Eic Davies yn archoffeiriad medrus dyrchafwyd y gêm i uchder nefoedd bron gan borthi brwdfrydedd mwy a mwy.

Cynhesa fy nghalon wrth weld tîm o'm cyd-wladwyr yn llwyddo ym mhob chwarae, ac edmygaf innau fel pawb ddawn a meistrolaeth Barry John a'i gyd-gampwyr. Gwych yw ennill y Goron Driphlyg, ond er bod cyfartaledd uchel o Gymry ymysg y Llewod a orfu yn Seland Newydd, cyffesaf i mi gael syrffed ar y gorfoli. Wedi'r cyfan delwedd Seisnig sy i'r 'Llewod', a bu'r llwyddiant, os mynner, yn ddadl gref yn ffafr Prydeindod. Llawenhaf am i'r tîm Cymreig ennill yn Twickenham nawn Sadwrn, ond wrth daflu'r bêl peidiwn â cholli ein pennau.

Mawrth 24, 1972

GAIN

O enau Llew Evans (Gwanas gynt) y clywais y gair hwn. Siarad am y tywydd yr oeddem, ac arwyddion gwanwyn, a dyfynodd fy nghyfaill hen ddywediad 'Gaeaf tan gain', ymadrodd cwbl ddieithr i mi. Chwiliais Eiriadur Prifysgol Cymru heb gael golau dan "cain", ond wrth "gain": "Math o wybedyn melynwawr a welir ar ddail gwartheg yn y gwanwyn, pan fo'r hin yn cynhesu. Ar lafar ym Mhenllyn: 'Welis i mo'r gain eto 'leni'." Ac am bryf melyn yn y domen dail y soniai fy nghyfaill gyda "gaeaf tan gain".

Mawrth 31, 1972

ARAN

Holwyd fi gan gyfaill am ystyr yr enw "Aran". O Lyn Aran, wrth droed y rhaniad rhwng mynydd Moel a Gau Graig, y llifa afon Aran. Wedyn dyna'r pigyn uchaf yn ein sir, Aran Fawddwy, ac yn nes i'r gogledd Aran Benllyn. I'r gorllewin o'r Bala ymgyfyd Arennig Fawr, ac i'r gogledd o Lyn Celyn saif Arenig Fach, gyda dau lyn yn dwyn yr un enwau. Gwelais Yr Aran fel enw ar fynydd uwch Cwm Pennant ger Llandrillo, a'i nodi fel enw ger Betws Garmon yn Eryri a hefyd ger y Drenewydd ym Maldwyn. Enw benywaidd yw ymhob enghraifft, ond yn betrus y cynnig Syr Ifor Williams mai'r ystyr yw "cefn neu drum". Mae'n demtasiwn tybio mai perthynas agos iddo yw "Arran" fel enw ar ynys ger yr Alban, a thybiaf mai efelychu hwnnw y mae pobl Dolgellau wrth ddyblu'r gytsain yn ddiangen.

124

Ebrill 28, 1972

DIGYMAR YW FY MRO

Mae gan siroedd Dinbych a Cheredigion a Threfaldwyn (gyda'i llyn) eu Clywedog o afon megis y mae dwy ym Meirionnydd, y naill ym Mallwyd a'r llall yn llifo i Wnion. Hyfryd yw hamddena o ymyl Pandy Uchaf i fyny'r ceunant i olwg y 'Refail ac allan islaw Braichyceunant. Gwylio Clywedog yn ewynnu'n fywiog o raeadr i raeadr, gwrando "murmur dyfroedd ar dragywydd daith" a chofio i un o emynwyr Israel gael ei gyfareddu gan "sŵn dy bistylloedd di".

Ni wn pa mor hen yw'r grisiau cerrig sy ar rannau o'r llwybr. Dyfalaf eu bod megis llwybrau eraill yn waith y stadau. Arwyddocaol yw'r enwau "Torrent Walk" a "Precipice Walk" a "New Precipice", a rhyfedd na luniasai gwerin bro enwau Cymraeg arnynt. Diolch am y cynnig "Rhodfa'r Llethr" er bod ei gytseiniaid caled yn ei wneud yn llond ceg braidd.

Mehefin 2, 1972

CIC I BWY?

Wedi'r holl gyfeirio sy ers tro yn y wasg a rhaglenni teledu at ledaeniad cyffuriau ymysg ein pobl ifainc mae'n ysgytiol clywed am y drwg yn darostwng rhywun yn ein tref. Bydd yn rhaid i rieni a meddygon a gweinidogion ac athrawon a phawb gydweithio yn dirion ac amyneddgar, ond eto'n gadarn, i wrthsefyll y bygwth hwn. Y gelyn casaf yw'r un sy o'r golwg, y person sy'n clwa'n ariannol ar y farchnad aflan. Pe na bai cyffuriau'n talu i neb darfyddai amdanynt. Ond tra llygrer ein pobl ifainc a'u darostwng i fod yn gaethion blys bydd y budrelwyr uwchben eu digon.

Mehefin 23, 1972

MEIRIONNYDD

Rhaid wrth enw i'r awdurdod newydd. Tybir cael yr hen un o enw Meiriaun neu Meirion, un o feibion Cunedda a ddaeth yma o Fanaw Gododdin (de Alban). Daeth Meirionnydd yn enw ar y cantref rhwng

Mawddach a Dyfi. Gyda Statud Rhuddlan 1284 y daeth y sir i fod, drwy gael Ardudwy a Phenllyn ac Edeirnion ato, ac yn 1536 ychwanegwyd Mawddwy. Meirionnydd – dyna'r enw a geir yn gyson yng nghywyddau'r beirdd, gydag ambell eithriad. "Cyngor Meirionnydd" amdani, a chladdu'r ffug "Meirioneth" a'r cywilydd i ni am ein ffordd o'i gynanu.

Gorffennaf 28, 1972

DAFYDD IONAWR

Bardd enwocaf a hynotaf ein tref (er na olyga hynny bardd gorau), oedd David Richards 1751-1827 a fu'n athro ysgol yma. Cyhoeddodd beth wmbredd o'i gynnyrch, yn bennaf ar fesur cywydd, er mai digon di-fflach ac anniddorol yw miloedd o'i linellau. Esgyn ei feddfaen yn bigfain yng nghornel y fynwent wrth y clawdd ar ochr y Marian, a chofiaf imi lunio englyn yn Awst 1955.

> Er ei "Drindod", fardd clodfawr—a nyddu'r
> "Mil Blynyddau" enfawr,
> Nid â neb i weld yn awr
> Fedd unig Dafydd Ionawr.

Yn ddiweddar sylwais fod darn o'r beddfan wedi syrthio a rhannau eraill yn debygol o ddirywio. Sylweddolais nad oedd enw'r hen fardd yn golygu dim i rai o'r trefwyr heddiw, eithr gresynwn nad oedd ddarpariaeth i ddiogelu ei gofeb. Cefais gan y cyfaill Eifion Humphreys, Old Bank roi dipyn o forter i ddodi'r darn coll yn ei ôl a diolchaf iddo am ei gymwynas.

Gorffennaf 28, 1972

BRYN TYNORIAID

I fyny'r dyffryn â mi i bryfocio teulu caredig a adwaenwn drwy edliw iddynt eiriau Syr O.M.Edwards "yr oeddwn yn cadw fy hun at y te oedd yn Esgair Gawr". Codi o aflerwch hen orsaf Drws-y-nant ac wrth y rhes dai dyma droi ar y chwith hyd lôn wledig. Roedd gennyf gydymaith o wraig garedig i agor a chau dwy giât, ac wedyn aros wrth adfeilion Bryn Tynoriaid. Ffurfiai'r tŷ, yn undarn gyda'i ysgubor a'r beudy, adeilad helaethach na Thŷ Croes, ond os yw'n furddun diolwg cofier mai yma y ganed Ieuan Gwynedd a'i fagu am ddwy flynedd bron.

Awst 18, 1972

CRWYDRO

Wedi profi cymhlethdod heolydd Glasgow o'r blaen bwriadwn osgoi'r lle, ond rhaid mai cymryd rhyw dro amhriodol a wneuthum oherwydd daethom at faes enwog Hampden Park. Prin yw'r cyfarwyddyd i ddieithriaid, a bu raid "holi-holi hwn a holi-holi'r llall", cyn cael ffordd Dunbarton, ac o dan Bont Erskine (a minnau wedi arfaethu mynd drosti). Dyma ni'n dau yn dechrau canu:

"You take the high road and I'll take the low road ..." a dod i olwg Loch Lomond fyd-enwog, y llyn helaethaf yn y deyrnas, gyda'i amryw ynysoedd bychain. Wedi picnicio ar y lan cofiais ei bod yn nawn Mawrth y brifwyl, mentro'n ddigywilydd at ddrws bwthyn, a begio caniatâd gwraig oedrannus i gael dod at ei set deledu. Cael croeso ganddi i wylio coroni'r Prifardd Dafydd Rowlands o Bontardawe a Chaerfyrddin.

Medi 29, 1972

AMRYW

Ddydd Mawrth cyhoeddodd y Swyddfa Gymreig adroddiad cynhwysfawr "Crynhoad o Ystadegau Cymru" gyda rhai ffigurau a gaed o Gyfrifiad 1971 ond nid ar bwnc yr iaith. Bydd raid wrth amser i'w ystyried yn fanwl.

Ysgwn i beth a symbylodd y llifeiriant o bropaganda Seisnig a gaed yn ddiweddar. Wedi teledu cyfres hir o ffilmiau ar frenhinoedd Lloegr, a'u hailadrodd wedyn, cyhoeddodd ambell bapur Sul fawrhad digymysg o hanes Prydain a'r ymerodraeth, a dyma deledu eto hyd at syrffed glod i'r oruchafiaeth fawr yn y Rhyfel diwethaf. Mae'n siwr bod cenedlaetholdeb y Sais yn beth iach, ond gwrandewch ar rai yn Nolgellau yn poeri allan yr ymadrodd "Welsh Nash" fel petai'n enw ar wenwyn o uffern.

PENUCHA'R SIR

Daeth cyfle un nawn heulog i grwydro darn gwlad dieithr imi. Wedi bod yng ngolwg Llyn Celyn troes tri ohonom yn y Fron-goch am Gwm Tirmynach, oedi funud wrth Dai'r Felin i gofio am fan geni fy nhad, ac yn nes ymlaen droi ar y chwith wrth arwydd ger caban teleffon. Mynd heibio i giât Hafod-yr-esgob lle mae pencampwyr o wartheg, ymlaen dros ddwy fualch ar Gadair Benllyn i holi'r Saeson sy'n byw yn Gydros Isaf (a chofio bod Bob Owen wedi cydio'r enw Gydros wrth Edmwnd Prys).

Aethom drwy ddwy giât wrth ymyl ei gilydd ac at gapel gyda fferm y tu draw iddo. Cawsom nad oedd clo ar ddrws yr addoldy, Tŷ Mawr y Presbyteriaid, a gwelem ei fod yn gapel cymen a hyfryd. Wedi pasio Plas Onn daethom at Tai-ucha'r-cwm gydag arwydd ar y mur uwchlaw'r drws efo ffurf llew gwyn:

> "1720
> Tangneddyf dduw
> fyddo yn y ty hwn."

Wedi cael gollyngdod o ddeall nad holwr o'r "Ministry" oeddwn (mae hynny yn llawer pwysicach na'r Weinidogaeth) eglurodd y teulu croesawus mai tafarn oedd y lle gynt. Cofiais innau am dad Llwyd o'r Bryn yn un o Ferthyron Y Degwm yn 1887 wedi eu gwysio i lys Rhuthun. "What is your name?" holai'r barnwr. "John Lloyd, Tŷ Isa'n-y-cwm, Pwm Penanner, Cerrigydrudion," a'r llond ceg yn peri i'r Sais uniaith brotestio'n ffôl: "None of your nonsense."

Hydref 6, 1972

GWIWER

Fel y prinha'r wiwer goch sonnir am y wiwer lwyd fel pla cynyddol. Fe'i gwelir yn aml ar ochrau ffyrdd ym mhob rhan o'r sir, a Choedwigaeth yw ei chrud. Nawn Iau diwethaf roedd un yn fy ngardd yn dalog o fewn teirllath i ffenestr y tŷ, a'r un modd ddydd Llun. Hawlio'i lle efo'r Llwydiaid.

Ger y lawnt mae gwiwer lwyd—gynffonnog
(Ni phoena y proffwyd),
Ac â sbonc hi gais ei bwyd
Yn filain ger fy aelwyd.

Hydref 27, 1972

ISLAW'R TYRAU MAWR

Er fy holl grwydro erys llawer darn o'm gwlad yr hoffwn ymweld â hwy. Un prynhawn aeth tri ohonom am Islaw'r-dref, codi'n llaw ar un o deulu Nant-y-gwyrddail draw yn torri rhedyn, a sylwi ar furddun 'Foty Fach. Ni throesom ar y dde am Lynnau Cregennen, ond wedi mynd drwy giât edrych ar arwydd Hafod Taliadau. Ymhen rhyw hanner canllath mae fforch, ac i'r chwith mae glaslawr y Ffordd Ddu yn ymgodi. Tynnais sgwrs â gŵr a gwraig siriol a oedd newydd ei cherdded, a thystient fod un car wedi eu pasio arni. Cofiais amdanaf yn ei mentro mewn anwybod naw mlynedd yn ôl, ac am y rhigol ddofn mewn un man. Lledawyddwn am ei threio eto, ond nid oedd fy mhartneriaid mor ffyddiog ac ni fu dringo'r nawn hwnnw.

Drwy giât wedyn gyda wyneb tar i'r ffordd, ac ar ôl giât arall cael pedair croesffordd. I'r chwith mae ffordd las yn mynd am y Ffordd Ddu, ymlaen eir drwy giât am Fron Llety Ifan, ond troesom i'r dde am Arthog gan ddisgyn yn araf a mwynhau'r olygfa wych o'r Morfa. Ar y dde mae tŷ Pant-yr-hen-erw wedi ei foderneiddio. Islaw iddo gadawsom y car a cherdded hyd lwybr ar y dde, drwy giât, croesi'r afon, a dal ar y dde i fynd at y cerrig sy'n nodi olion Llys Bradwen. Bellach digon annelwig a digynllun yw'r cerrig, ac y mae'r gyfrol Saesneg ar hanes ein sir yma yn nodi'r traddodiad mai yma yr oedd hen gartref Endowain ap Bradwen., pennaeth lleol yn yr Oesoedd Tywyll. Gerllaw mae Meini hanesyddol eraill.

Aethom ymlaen at Lwydiaid croesawus Cregennan i glywed rhagor am hyanfiaethau'r fro. Caf fynd eto i olwg Eglwys Goel, neu'n fwy cywir efallai Eglwys Foel. Beth bynnag yw'r esboniad ar y cylch hirgrwn mae'n annhebygol y bu yma "eglwys". Ymlaen â ni drwy giât, dal ar y dde wrth giât Tyn-y-graig a Merddyn, i lawr yr allt serth iawn, un giât eto ac i lawr ac allan tua chanol y rhes tai a'u gerddi blodeugar yn Arthog. Ar ben y trip diddorol bu raid aros ar ganol yr allt islaw capel Salem er mwyn pâr o beunod a oedd yn hamddena'n ddigynnwrf ar y ffordd, ac edmygu piws tywyll eu gyddfau hirion.

Tachwedd 10, 1972

FFYNNON Y GRO

Ddiwedd Mehefin cyfeiriais at y blynyddoedd hir o esgeuluso a dibrisio a fu yn achos Ffynnon Fair yn ein tref. Cyffelyb fu hanes un arall a fu'n enwog, sef Ffynnon y Gro. Holais un o'n cyd-drefwyr rai wythnosau'n ôl ond ni chlywsai amdani erioed. Wrth gwrs bu hanes lleol islaw sylw ein hysgolion a'r patrwm Seisnig iddynt.

Dyfynnu sylwadau awduron eraill y mae Trebor Môn ("Diwrnod yn Nolgellau" 1904). Mae Robert James (Trebor) yn ei "Dolgellau yn Hanesyddol 1907" yn lleoli'r ffynnon 'is law y Llwyn, a'r reilffordd yn rhedeg drosti. Y mae olion eto ohoni, a rhed i'r Wnion.' Cyfeiria at arfer rhai o gario dŵr ohoni, ac y bu ef ei hun yn ei yfed. Eddyf Robert Prys Morris ("Cantref Meirionydd" 1890) na wyddai am ei tharddiad, eithr tybiai y bu ymyrryd â hi adeg llunio'r rheilffordd, a bod y ffos a lifai ger y Llwyn yn dod ohoni. Cyfeiriad byr sy gan Idris Vychan ("Hanes Dolgellau" 1872). Trown at gyhoeddiad R.Oliver Rees "Gwaith Dafydd Ionawr" 1851. Wrth englynion i'r ffynnon nodir "ei lle nid edwyn ddim o honi mwy." Gan eu dieithred i ni bellach mentraf godi'r englynion gwych a wnaeth Dafydd Ionawr yn 1796, heb newid ond ambell bwynt bach o orgraff.

"Ffynnon gwlad Feirion glodforaf—heddiw,
     Mae'n haeddu'r glod bennaf;
  Ei chroyw ddŵr gloyw a wna glaf
  Ddynyn yn iach ddianaf.

Ffynnon y gweinion i gyd—ei gelwir
     Rhag alaeth afiechyd;
  Cyn hir fe'i rhifir hefyd
  Yn ben ffynhonnau y byd.

130

Na phoenwch i Dreffynnon—ymlusgo
Am lesgedd clefydon;
Coeliwch, wrth fodd eich calon,
Cewch Iechyd o hyd yn hon.

O flin haint ac o aflan hwyl—farwol
Adferodd fi eilchwyl;
Cefais iechyd, hyfryd hwyl,
Yn y ffynnon hoff annwyl.

Ym min dwyffrwd mewn dyffryn—gwyrdd y tardd
(Gerddi teg gyferbyn)
I fardd ac i oferddyn
Yn gan' gwell nag yw gwin gwyn.

Tachwedd 24, 1972

Y CAPEL MAWR

Troi trwyn ar gapel a chapelwyr yw tuedd y mwyafrif yn Nolgellau a
thrwy'n gwlad, ond pan font yn hwylus ar gyfer angladd neu briodas
neu efallai fedydd. Yn ôl cyfrifiad a wnaed ar Sul y dydd olaf o
Fawrth 1851 bu 52 y cant o'r Cymry yn addoli. Fel canlyniad i'r
diwygiadau mynych, ac yn neilltuol yn 1859, a chynnydd enfawr y
boblogaeth yn y canolfannau diwydiannol newydd, gwelwyd angen
am helaethu'r addoldai, ac ar ôl 1862 a dathlu deucanmlwyddiant
Deddf Unffurfiaeth a'i heffaith andwyol, caed achlysur i godi'r "capel
mawr". Mae'n arwyddocaol fod llawer capel yn ddiweddar wedi
dathlu ei ganmlwydd. Wedi tynnu i lawr dro'n ôl gapel yr
Annibynwyr Saesneg yn Wood Street, Caerdydd, tybiaf mai'r capel
helaethaf yn ein gwlad yw'r Tabernacl, Treforys, lle gallai 1,450
eistedd i wrando ar bregeth gan fy nghyfaill, John G.E.Watkin.

Crynhowyd stori'r ganrif yno i lyfr hardd "Y Cathedral
Anghydffurfiol Cymraeg", 216 tudalen, pris £1.60, Gwasg John Penry,
gan Trebor Lloyd Evans. Collfarnu golwg yr adeilad a wnaeth un
beirniad a'i alw yn "anferthwch pensaernïol" (am gymysgu, mae'n
debygol, ddau arddull, sef y colofnau, a'r twr pigfain), ond oddi mewn
mae'r cysegr yn wir hardd ac urddasol, ac ysgoldy helaeth yn hwylus

odano. Mae'n ddatblygiad sy ymhell oddi wrth "dŷ-cwrdd" plaen yr hen Ymneilltuwyr. Eithr dylid cofio mai aristocratiaid oedd amryw o'u harweinwyr hwy, aelodau o deuluoedd cefnog, megis Hugh Owen, Bron-y-clydwr, a gallent fforddio bod yn annibynnol ac yn fudiad y lleiafrif. Ond erbyn canol y ganrif ddiwethaf 'roedd syniadau democrataidd ar led, gydag apêl at bob Dic a Tom a Harri, ac, o'u hargyhoeddi a'u hennill, rhaid oedd darparu canolfan digon helaeth ar eu cyfer. Felly y caed "eich hen addoldai mawr" a amddiffynnwyd mor gynnes gan T.Rowland Hughes yn ei gerdd "Blychau". Aeth yn ffasiwn heddiw edliw rhagrith ein teidiau. Ond nid balchder oedd y prif ysgogiad wrth iddynt wario'u cyflogau prin wedi caledwaith, nid ar drefnwyr Bingo, na miliynwyr pyllau pêl-droed, ond ar gapeli na chaed grant gan lywodraeth na nawdd gan dirfeddianwyr i'w codi. Ac oddi mewn i'r rhain, gydag addoli Duw a'i foli, y dysgodd fy ngwerin i ganu sol-ffa a ffurfio côr, darllen y Gymraeg a alltudid o'r ysgolion dydd, dysgu ymadroddion yr Ysgrythurau fel moddion gweddi, trafod yn yr Ysgol Sul, ymarfer annerch mewn cyfeillach a chymdeithas lenyddol, adrodd a dechrau llwyfannu drama. Yma yr hyfforddwyd y bobl mewn dirwest, cynorthwyo'r tlodion, ymgeleddu'r anffodus. Heb y gweithgarwch cymdeithasol a diwylliannol llydan hwn beth fyddai hanes Cymru? Mae stori'r Tabernacl, Treforys, yn cynrychioli'n deilwng iawn hanes capeli ein gwlad, a diolch i'm cyfaill Trebor Lloyd Evans am ei chroniclo a'i chyflwyno mor eniłgar. Yn nhrai ein cyfnod cymhleth ai Bethel fydd yr unig addoldy i bobl Dolgellau ei gau a'i werthu?

Rhagfyr 22, 1972

SIOPA

Ddiwedd yr wythnos cefais gyfle ar y siop ddiweddaraf. Ac un o dyrfa oeddwn yn yr adeilad enfawr, yn gwibio drwy haid o forgrug. A phob un yn gwthio troli bychan llwythog o'i flaen. A'r awyrgylch yn peri prynu, prynu a phrynu, gan wario, gwario a gwario. Roedd miloedd ohonom yn y siop-bob-peth, dan unto enfawr, heb sôn am y stordai helaeth yn y cefn. Wedyn y tri ohonom yn holi ein gilydd, ac yn cytuno nad oedd rhyw lawer o flas ar siopa mewn clwstwr diaros, ac y byddai dod yn aml i ganol y fath ruthr yn dreth go drom ar bersonoliaeth dyn heb sôn am bwrs a phoced. Aeth y farchnad yn "supermarket" ac wedyn yn "hypermarket". Beth nesaf?

Ionawr 5, 1973

MARI'R FANTELL WEN

Ymlaen â ni wedyn hyd waelod Harlech i Lanfihangel-y-Traethau. Sgrifennais amdanaf o'r blaen yn methu dod o hyd i fedd y dwyllwraig ryfedd a fu'n hudo rhai o bobl rhan ucha'r sir efo'i hofergoel. Dywedodd cyfaill wrthyf am edrych wrth dalcen dwyreiniol yr eglwys, ac wedi chwilio tipyn yn y drydedd res oddi wrth y mur gwelais garreg fach isel, rhyw 18 modfedd wrth 15, gyda'r ysgrif anghyffredin:

> "Yma ycladd
> wud Mari Euan
> Hydref y 28
> yn y flwuddu
> n 1789 yn 545 oed"

Os iawn y cofiaf fy ngwersi ysgol dyna fwyddyn y Chwyldro Ffrengig a chwymp caer y Bastille ar 14 Gorffennaf. Ac er gwaetha'r holl sôn am ei hanfarwoldeb dyna hefyd flwyddyn cwymp Mari druan.

Chwefror 2, 1973

LLYWYDDION

Roeddwn yn falch iawn o weld anrhydeddu ein nofelydd Marion Griffith Williams fel un o'r chwe llywydd a ddewiswyd at yr Eisteddfod Genedlaethol yn Rhuthun. Ond wrth ochr yr hysbysiad hwnnw ym mhapur Lerpwl fore Llun yr oedd gan George Thomas ei golofn arferol o lysnafedd. Rhaid ei fod wedi cael gwybod ymlaen llaw am y rhestr enwau er mwyn procio'i sylwadau cyfoglyd arnynt. Datganai yntau ei lawenydd am nad oedd yr un o'r chwe dethol yn debygol o ddweud dim "eithafol" am Gymreictod na dangos rhagfarn wleidyddol. O'r chwech mae Frank Price Jones yn Sosialydd proffesedig, a bu dau arall, Dr Glyn Tegai Hughes a D.Saeborne

Davies, yn ymgeiswyr Rhyddfrydol mewn etholiadau. Ond wrth gwrs nid yw'r tri hyn yn bygwth politics George Thomas. Ei elyn ef a'i debyg yw'r neb a gymer ei Gymreictod o ddifri ac a fyn i wleidyddiaeth weini i genedl a'i thir a'i hiaith. Datganodd cadeirydd Pwyllgor Gwaith Dyffryn Clwyd nad oedd a wnelo'r trefnwyr ddim ag ensyniad annheilwng George Thomas.

Mehefin 6, 1973

CWPLED

Yn ystod fy nhymor coleg yr oeddwn ar y Sul, Awst 13, 1933 yn gwasanaethu eglwysi Capel Mawr a Hermon, ardal Bodorgan yn sir Fôn. Ar ôl cinio cerddais o un capel i'r llall, ac wedi cyrraedd yn gynnar euthum am dro drwy'r fynwent, a'm syfrdanu gan gwpled ar garreg fedd:

> "Duw biau edau bywyd
> A'r hawl i fesur ei hyd."

Nid oedd enw wrtho, ac er imi yng nghwrs y blynyddoedd ei adrodd wrth amryw o gynganeddwyr ni wyddent hwythau pwy oedd yr awdur.

Eleni ymddangosodd cyfrol Emyr Wyn Jones "Ar Ffiniau Meddygaeth", ac ar dudalen 131 dyfynnir:

> "Duw biau edau bywyd
> A'r hawl i bennu ei hyd."

Wrth adolygu'r llyfr yn "Y Faner" am Fehefin 10 noda G.P.H. (y meddyg mwyn o Golwyn, mae'n siwr) fod gwall yn yr ail linell, a thadogi'r cwpled ar Ddaniel Ddu o Geredigion. Ymhen pythefnos roedd gan E.Haydn Pughe, Dinas Mawddwy, nodyn yn lled awgrymu mai ... Gutyn Peris ac nid y Parch.Daniel Evans biau'r cwpled. Prociodd hyn fi i redeg drwy'r gyfrol drwchus "Gwinllan y Bardd". Ni welais y geiriau yn argraffiad 1831 o waith Daniel Ddu, ond ceir yn y trydydd argraffiad 1907 ddarnau chwanegol, yn cynnwys yr englyn beddargraff hwn:

"Achos sydd it' mewn iechyd—ystyried
Na's dewrwych dy nerthyd:
Duw biau edau bywyd
A'r hawl i fesur ei hyd."

Gorffennaf 20, 1973

CYNGOR MEIRIONNYDD

Nid ffyrff Pwyllgor Addysg Meirionnydd yw ein ffyrdd ni.
Gwrthododd adael i ddau athro ddilyn cwrs arbennig a olygai golli
ysgol am wythnos, nacau tâl deuddydd i athro os myn feirniadu ym
mhrifwyl yr Urdd, gwrthod caniatâd i ddau arall i fod yn absennol er
mwyn iddynt ddarlithio mewn cwrs neilltuol, ond rhoi ei dâl i athro ar
daith gyda chôr. Ni cheir yn y cofnodion unrhyw esboniad dros y
dyfarniadau anghyson. Ar ben hyn gwrthodwyd gadael i Blaid Cymru
gynnal Ysgol Haf yn Ysgol Y Berwyn. Dyma ergydion olaf
cynghorwyr Meirionnydd cyn eu disodli gan Gyngor Gwynedd.

Gorffennaf 27, 1973

DYWEDIADAU

Tybed a yw'n deg casglu, er cystal ein cyfleusterau addysg, fod iaith a
geirfa pobl yn dirywio? Fel y ciliant o'r capeli collant y cyfle i
ymarfer siarad yn gyhoeddus mewn cyfarfod gweddi a chyfeillach a
chymdeithas ddiwylliannol. Er y parheir yr arfer o ddisgwyl i rai
annerch wrth fwrdd gwledd briodas sylwaf fod datgan ychydig
frawddegau taclus o ddymuniadau da yn ormod tasg i amryw o
ddynion. Ar raglenni teledu byddaf yn rhyfeddu at y nifer o Saeson
sy'n gorfod cynnwys "you-know" bron ym mhob brawddeg a lefarant.
Yr un modd yn Gymraeg mae "ych-chi" ac "ys-ti" wedi disodli'r hen
"bethma" hollgynhwysol, er bod "yn-te" yn dal efo hi o hyd.

Oddi wrth hyn euthum i synio am hoff ddywediadau rhai pobl a
adwaen. Mae lle am hwyl ar gorn gweinidogion efo'u "ie, ie" ac "ie,
siwr" neu "felly", geiriau llanw digon diystyr yn amlach na pheidio,
rhywbeth i roi hwb ymlaen i'rsgwrs. Goglcisid fi gan un o'm
hathrawon am y dywedai o hyd "i'm tyb i". Arfer mynych ond

diniwed un arall o'm cydnabod yw "after all's said and done". Rhagair un cyd-fyfyriwr i bob sylw a wnai mewn trafodaeth fyddai "y pwynt ydi hyn," tebyg i rywun a glywais droeon yn dweud "Gwrand'wch-chi arna'i." Arferem yn y coleg ers talwm gyfeirio'n chwareus at hen ffermwr o Eifionydd a borthai bob stori gyda "wela, wela". A sylwaf ar un gŵr galluog sy'n llenydda llawer mai ei hoff ansoddair am bopeth yw "diddorol". Dichon bod fy nghydnabod yn sylwi ar ambell sylw od gennyf innau yn fy nhro.

Awst 3, 1973

SIANEL DELEDU
Cryfhau y mae'r galw am neilltuo'r Bedwaredd Sianel Deledu i bwrpas yr iaith Gymraeg a rhaglenni Cymreig. Ond fel y cynydda'r gefnogaeth ceir ambell lais croes fel eiddo Frank Price Jones, Bangor, ac yn awr y Dr Jac L.Williams, Aberystwyth, sy'n sgrifennu'n helaeth yn "Y Cymro" a'r "Faner". Pan rybuddia ef rhag perygl ynysu'r iaith ymddengys i mi mai'r un yw ei ddadl yn ei hanfod ag a geid gan wrthwynebwyr sefydlu Ysgolion Cymraeg. Mynnent hwythau yr alltudiad yr iaith o'r ysgolion eraill, a'i neilltuo yn feddiant rhyw griw bach. Ond fel arall yn hollol y digwyddodd. Tra dadleuom ni'r Cymry sylwaf fod yr hysbysebwyr yn galw am roi'r Bedwaredd Sianel eto i'r cwmnïau masnach. Mae Lord Hill, a gafodd brofiad gyda'r BBC, a'r Awdurdod Teledu Annibynnol, yn galw am ei defnyddio i amcanion addysgol yn bennaf, megis y Brifysgol Agored. Mae galluoedd nerthol i'n herbyn.

Awst 31, 1973

TRO I'R ALBAN
Wedi'n cyfareddu gan Yr Alban llynedd, roedd fy mhriod a minnau am ymweld eto â'r ucheldiroedd. A'r haf ar ei orau dyma gychwyn o Fangor y Llun wedi Prifwyl Rhuthun, cael rhawd ar hyd A55 y glannau yn eithaf dirwystr, a hyd ffordd osgoi Caer gan ddod i ruthr gwyllt y M6. Picnic am hanner dydd yn Charnock Richard, rhoi diod i'r car yntau, a gyrru am derfyn Lloegr lle newid y draffordd dair lôn i

fod yn ddwy. Yn Lockerbie ar ben 224 milltir trefnu lle i glwydo, cael sbel fach (a chwyrniad neu ddau yn ysgafn ac wedi swper llawn mynd draw rhyw bedair milltir i Lochmaben, aros yn yr haul ar lan dyforedd tawel sy'n warchodfa natur gydag amrywiaeth o adar. Sylwi ein dau, megis y mae'r Alban yn helaethach na Chymru, fod y defaid yno yn fwy eu maint na'u perthnasau yn Nolgellau.

Ymlaen drwy bentref Dalton a dal ar y chwith am Eglwys-fechan. Wedi holi un neu ddau dod at "The Arched House", man geni Thomas Carlyle, a'r tabled yn nodi "4 Dec.1795". Mae'r lle yng ngofal Ymddiriedolaeth yr Alban, ond gyda'r nos yr oedd dan glo. O flaen y drws roedd math o garreg farch gyda'r llythreniad "That idle crag". Ar fryncyn uwchlaw'r pentref mae cofeb y llenor, delw ohono yn eistedd ar gadair, yn wyneb-trist fel ym mhob darlun ohono a welais i. Diolch am weld ei bentref a'i wlad yn anrhydeddu ei goffa.

Ionawr 11, 1974

AR I WAERED

Er mai sŵn argyfwng sy drwy'r deyrnas yr wythnosau hyn, a bod yr argoelion yn dywyll ddigon gellid tybio mai'r prif achos gorfoledd i filoedd yw bod siawns cael gwylio chwarae pêl-droed ar y Sul. Dyna'r mil-flwyddiant i lu. Ofer bellach geisio gwadu bod dirywiad moesol enbyd yn digwydd, ac nid yn y pellafoedd na'r dinasoedd yn unig ond yn ein broydd ninnau. Adroddwyd wrthyf yn ddiweddar am y trai sy yn 'Stiniog, ac am y modd y mae haid o lambystiaid ifanc dihidio yn ymosod yn haid greulon ar fechgyn a gais fod yn gydwybodol eu gwaith yn yr ysgol. Mae hwliganiaeth ar gynnydd.

Yr un modd yn Nolegllau. Llanc ifanc yn bostio wrthyf, heb unrhyw arwydd o gywilydd, ei fod yn un o dafarnau'r fro y noson o'r blaen hyd ddau o'r gloch y bore. Ni thybiai fod dim o'i le yn y fath ymddwyn gwarthus. Adroddir am griw yn ymosod ar ambell berson unigol yn gwbl ddiachos, a haid yn mynd oddi amgylch yn hwyr y nos gan falurio a difrodi yn eu nwyd. Ni fyddaf yn rhuthro i lyncu pob stori, ond adroddwyd wrthyf gan gyfaill y coeliaf ei air fod haid o fechgyn tua'r deuddeg oed yn chwil gaib hyd strydoedd ein tref y noson o'r blaen, wedi i rywun hŷn brynu'r ddiod drostynt, ac iddynt ei lowcio yn un o'r heolydd cefn.

CREFYDD A MOES
Er gwaethaf yr holl ddilorni sy ar grefydd, a sôn ein bod ni heddiw wedi tyfu drwy'n dillad henffasiwn, ni chafwyd dim arall yn ateb i foesau ymddygiad. Pan holaf Swyddogion Prawf am y troseddwyr ifainc a ddaw dan eu gofal eu tystiolaeth unol yw mai eithriad yw cael plentyn Ysgol Sul mewn trwbl. Rwyf am gyfeirio unwaith eto at sylwadau'r Arglwydd Farnwr Edmund Davies. Yn ei gyfnod yn Abertawe astudiodd achos 60 ifanc, a dim ond un ohonynt a âi i gapel; pan oedd yng Nghaerdydd holodd gant o droseddwyr, a chael na fu 84 ohonynt erioed mewn oedfa addoli. Tra bo addoldai Dolgellau yn wag bydd strydoedd y dref yn beryglus. Ni thâl i rieni ymwrthod â gweinyddu awdurdod ar yr aelwyd. Nid angylion bach diniwed mo'n plant, mwy nag oeddem ninnau yn eu hoed, a chennym heddiw le i ddiolch i'n rhieni am ein disgyblu a'n gwastrodi lawer tro i'n cadw rhag rhysedd. Yn wir mae'n amser inni edifarhau.

Ionawr 18, 1974

ENGLYN ETO
Saith mlynedd i'r mis hwn y dyfynnais yma englyn ysgafn (ysgafn iawn!) i baffiwr trwm o'r Eidal, Primo Carnera:

> Cawr yn awr yw Carnera,—ow'r adfyd,
>   Saith troedfedd o daldra.
> Fe hitith hwn, mi fetia',
> Eliffant yn fil o ffa.

Y rheswm dros gyfeirio ato'r pryd hynny oedd imi weld ei gamddyfynnu yn y llyfr doniol 'Hyfryd Iawn' gan Eirwyn (Jones) Pontshân. Gwelais ail argraffiad ohono, Pocedlyfrau'r Lolfa, pris 45c Awst llynedd. Argraffiad diwygiedig, meddir, ond ar dudalen 66 honna Eirwyn iddo ef ac eraill lunio hwn mewn tafarn:

"Cawr o ddyn yw Carnera—saif
    Saith troedfedd mewn taldra.
Hitiff hwn mi fetia
Eliffant yn fil o ffa."

Petai hynny o bwys i rywun arall, fy ngwaith i oedd y gwreiddiol yn Ionawr 1931, englyn o-ran-hwyl i gylchgrawn doniol yn nhymor coleg. Amder cinio Ionawr 10 eleni yn y rhaglen "penigamp" clywais Harri Gwynn yn dyfynnu hanner olaf yr englyn bach a'i briodoli i R.Williams Parry o bawb! Gyda llaw, pa air Cymraeg a gawn am "understatement".

Ionawr 25, 1974
CANIADAU SEION

Degau o ganrifoedd yn ôl hiraethai rhyw fardd Iddewig "Pa fodd y canwn gerdd yr Arglwydd mewn gwlad ddieithr?" Erbyn 1966 gallai Ronald Griffith ddweud am yr emyn:

"Er i'r ffair lygru'i eiriau—a'i ganu
Uwch gwinoedd tafarnau,
I dduwiol dyma'n ddiau
Offeryn ffydd ffwrn a ffau."

I'r Saeson aeth "Lead, kindly light" yn ble am ennill cwpan ar faes Wembley. I'r Cymry aeth "Guide me" a "Chalon lân" yn sgrechiadau ar gae Rygbi. Ac wedi inni deledu rhuo "I bob un sy'n ffyddlon" mewn tafarnau nid syn gweld bloeddio "Bread of Heaven" i bwrpas hysbysebu cwrw. Nid yw Duw a'i fab ond cyfuwch â Dai-bach-y-sowldiwr. Tywyllodd yr aur.

At hynny ai diogi ynteu prinder unawdau priodol sy'n peri i'n hunawdwyr poblogaidd droi i sentimentaleiddio efo emyn-donau? Tybed a fydd gor-wneud Caniadaeth-y-cysegr yn codi syrffed arnom cyn bo hir? Digon anesmwyth y teimlwn wrth wrando ar ddatganiad mewn rhaglen deledu nos Sadwrn, a lleisiwr melys yn canu dau bennill Ieuan Gwyllt "Mi glywaf dyner lais" ar y dôn Sarah, a rhyngddynt bennill gan William Lewis "Pe meddwn aur Periw". Rhaid holi pa hawl sy gan ddatganwr poblogaidd i lunio'r fath glytwaith

139

arwynebol? Os haedda cerddor barchu ei dôn oni haedda bardd hefyd barchu ei gynnyrch yntau? Tybiaf mai David Lloyd a ddechreuodd y chwarae disylwedd hwn, ond i mi mae'n farc dirywiad artist.

Gorffennaf 12, 1974

AMRYW

Chwarddodd fy mhriod a minnau amser cinio ddydd Mawrth wrth wrando ar y rhaglen recordiau Pe-cawn-i-hon. Cyfarchwyd geneth fach ar ei phen blwydd cyntaf ac yna gyflwyno iddi Gôr Meibion yn canu "Yr eneth gadd ei gwrthod". Mae'n siwr fod y flwydd fach wrth ei bodd.

Cefais seiat fer wrth fodd fy nghalon nawn Llun pan alwodd yr annwyl Abel Ffowcs Williams heibio yn farfog hardd fel patriarch o Tasmania. Bu ef a'i briod yn y Friog ym mhriodas eu mab Ifor. Dyna wefr yw cael ychydig funudau "gydag enaid hoff, cytûn."

Chwefror 1, 1974

HYFFORDDA BLENTYN

Bron darfod yn llwyr y mae arfer y capeli o blant yn dweud adnod yn gyhoeddus, ac ers tro byd aeth Llyfr y Diarhebion yn ddieithr. Ond fe dalai inni ystyried llawer o'i gynghorion a'i ddelfrydau, yn hytrach na dilyn dyfaliadau rhai damcaniaethwyr ym maes addysgu sy'n gwamalu ac yn newid yn barhaus. Y syndod diweddaraf yw osgo Dr Benjamin Spock. Yn 1946 y cyhoeddwyd llyfr yr Americanwr ar fagu plentyn, a daeth yn feibl i filiynau, a'i gyfieithu i ieithoedd amryw.

Ac yntau bellach yn 70 oed mae'r meddyg wedi newid ei feddwl, ac addef iddo ef a'i debyg gamgyfarwyddo rhieni nes colli ohonynt yr hyder i ddisgyblu eu plant anystywallt. Tanseiliwyd eu sicrwydd, a pheri iddynt dybio, pe byddid yn gadarn gyda phlentyn, yr anwesai ef atgasedd tuag atynt o'r herwydd. Nid teg galw Spock yn dad y gymdeithas oddefol, canys cyfrannodd amryw o ffactorau eraill i'r newid a fu ar aelwydydd. Ond tybiaf innau fod gormod o edrych ar ambell blentyn annosbarthus fel un henffel neu giwt ei gampau annifyr, a bod gormod o rieni yn ymwadu â chyfrifoldeb gorfodi eu plant.

Megis yr helpir un bach yng nghamau cyntaf ei gerdded, gan ei godi o aml godwm, mae eisiau ei arwain mewn rhodiad moesol hefyd. Mae cywiro yn rhan o hyfforddi. Ac wrth ei gael i ddysgu ystyr 'paid' a 'rhaid' ni wna chwip-din fach weithiau ddim ond lles i'r bychan ystyfnig. (Gwell hynny na'r galw am chwip carchar i lafnau deunaw oed; mae'n rhy hwyr erbyn hynny, ac ni wna'r driniaeth ond eu caledu.) Nid curo creulon yw cerydd cariad, ac y mae'n bwysig i'r gosb ddod yn union wedi'r trosedd. Diolch am ddisgyblaeth. "Gwrandewch, blant, addysg tad."

Chwefror 22, 1974

YR ETHOLIAD
Dim ond wythnos tan ddiwrnod torri'r groes ar bapur, ond eisoes mae llawer wedi hen ddiflasu. Ers talwm yr hwyl fyddai tri neu bedwar cyfarfod cyhoeddus brwd gyda llond y lle o bobl a thwrw. Bellach heb symud o'n haelwydydd cawn ar deledu a radio syrffed o wleidydda, sylwadau yn y newyddion, ymhelaethu ar raglen arall, ac ailadrodd yr un cawdel eto dan deitl gwahanol. Y bol tyn o bolitics.

Beth am werth y Profion Pleidleisio (Opinion Polls) a pha effaith a gânt? Nid wyf fi yn abl i farnu i ba raddau y maent yn cyflyru rhai pobl i dybio bod rhyw duedd yn anochel, a bod y dyfarniad wedi ei benderfynu ymlaen llaw, fel na ellir newid dim arno. Rhaid cydnabod eu bod ar y cyfan yn bur gywir.

Bûm yn meddwl am ambell ganfasiwr selog:

Taeru a haeru, herio—a dadlau
Hyd edliw a gwylltio,
Mewn tymer yn maentumio
Yn dân i gyd,—un o'i go'.

Caiff achos Cymru beth sylw. Ceir gan Rhyddfrydwyr addewid am Senedd, senedd ranbarthol, cofier, nid senedd lawn awdurdod. Mae'r Sosialwyr yn sôn am Gyngor Cymreig etholedig. Nid Senedd eto, oherwydd peth addas i Lundain yn unig yw hwnnw. I ni fe dâl rhyw

Gyngor-Sir chwyddedig. Na thwyller neb gan y chwarae hwn. Yr unig fudiad sy wedi dal yn ddiwyro i alw am Senedd gyflawn i'n cenedl yw Plaid Cymru. Nid yw hi wedi gwamalu nac anwadalu ar y pwnc megis y ddwy blaid arall.

MEIRIONNYDD

Bûm yn y cyfarfod cyhoeddus mawr yn Neuadd Idris nos Wener gan ymdeimlo â hyder y gweithwyr ymroddgar sy'n ymweld â phob rhan o'n sir. Cynhesai fy nghalon wrth glywed yr hen delyn a'r gitâr fodern mewn cynghanedd hapus, a gwrando ar rai ifainc oddi ar y llwyfan. A dyma ŵr ifanc disglair yn cynnig ei wasanaeth i'r sir, Dafydd Elis Thomas, ysgolor gloyw, meddyliwr craff a threiddgar, siaradwr medrus wedi rhoi cyfri gwych ohono'i hun ar lwyfan a theledu a radio. Weithiau byddaf yn methu esbonio sut y daw ambell ymgeisydd i'r golwg fel rhyw seren wib, a heb ond tair wythnos o apelio lwyddo i gael cefnogaeth amryw na chlywsent hyd yn oed am ei enw ychydig ynghynt. Ond dyma ŵr sy wedi treulio misoedd ar fisoedd yn chwilio i gyflwr ein sir, yn holi am stad pob agwedd ar ei bywyd, ac yn poeni'r awdurdodau yn barhaus i'w cael i ymateb i'r angen. Os oes rhywun yn haeddu cael ei anfon gennym i'r Senedd y tad ifanc siriol hwn yw'r dyn. Bendith arno.

Gorffennaf 19, 1974

Y PREGETHWR

Y pregethwr enwocaf a godwyd yn ein bro oedd William Williams o'r Wern (1781-1840). Bûm ddwywaith tua Dolfawr yn edrych ar yr ysgubor, a'r gwaith coed a fu'n orchwyl olaf y saer ifanc cyn iddo fynd am y Weinidogaeth. Annwyl yw'r stori am Elfed yn ymweld â'r lle, a mynnu cael ysgol i'w dringo at y to er mwyn iddo roi ei law ar y coed a driniwyd gan y seraff.

Llawer tro y cododd awydd arnaf fynd i olwg ei gartref, Cwmhyswn Ganol (Cwmheisian ar lafar). Wedi ymgynghori â'r cyfaill Derfel Roberts o Gae-poeth dyma gychwyn efo 'mhriod wedi amser te ar nawn Mawrth ddechrau'r mis, a than do deiliog y ffordd gul hyd lan Afon Wen. Croesi'r bont, ac yn lle dal ar y dde am Hermon ac Abergeirw troi i'r chwith tua Dolfrwynog. Cadw wedyn ar y ffordd dar a dringo gan ddiystyru pob trac coedwig ar y naill ochr a'r llall, nes dod at groesffordd. Trac R13 oedd gyntaf ar y dde ond i fyny yr âi'r ffordd dar nes dod â ni at adwy Breifat am Hafod-fraith. Cael lle hwylus i droi'r car, a dychwelyd at y groesffordd i fynd yn syth ymlaen y waith hon hyd ffordd heb ei thario. Yn y dieithrwch tawel dod at ddau gar a gweld tŷ ar y chwith odanom. Penderfynu mynd i holi, ci yn cyfarth yn gyffrous, oen llyweth yn dangos diddordeb, a dau hogyn bach annwyl yn dod i archwilio'r dyn diarth. Ac yna llawenhau o weld wyneb a adwaenwn, sef eu mam, Eirlys Thomas. (Rwy'n curo ei chefn am ei llythyr plaen i'r rhaglen "Yr eiddoch yn gywir" ar gorn osgo wael rhywun yn chwarel y Llechwedd.) Cael gwybod fy mod wedi cyrraedd Cwmeisian Uchaf, sgwrsio braf, a chael stori Meirion Rhys (5 oed), a Llion Hefin (4 oed) yn Ysgol y Ganllwyd wedi clywed rhywun newydd o'r enw Mared Llwyd wedi canu "Mi welais Jac y Do". Yn yr unigeddau gwyrdd y trig y teulu hapus hwn. Wedi imi holi cyfeiriodd Mrs Thomas ei bys at Gwmeisian Ganol, a bu mor hynaws â'n harwain ar draws dau gae tuag yno. Clywem chwyrniad tractor a gwelem ei phriod John Llewelyn Thomas wrthi'n brysur yn lladd rhedyn, a daethom at y ddau fab hynaf Gareth ac Arwel. Tŷ haf i deulu o Lerpwl yw crud y pregethwr bellach, ac yr oedd rhywrai yno'n peintio'n ddyfal. Mae rhan chwith yr adeilad wedi ei newid, ond ymddengys y rhan ar y dde yn hynod debyg i'r darlun a geir yn y cofiant gan D.S.Jones. Prin bod adeilad arall yn y golwg ond Cwmeisian Isaf draw. "A ddichon dim da ddyfod o Nasareth?" holir. Yn y lle diarffordd a dinab-man hwn y doniodd Duw un o gedyrn pulpud fy nghenedl i.

Ymhen rhyw hanner milltir arall roedd ffordd y Comisiwn Coedwigo yn gorffen. Yr oedd yn ddi-haul a braidd yn hwyr gennym ein dau i gerdded i lawr i olwg Rhaeadr Mawddach a Phistyll Cain, heb sôn am gyrchu am Fedd y Coedwr lle'r argyhoeddwyd y llanc William Williams dan bregethu Rhys Dafid y Glun Bren (Peg Leg). Hyderaf gael chwilio'r ucheldir tawel yma eto, oherwydd gwelsom goed llus ar ochr y ffordd gul, a diolch na thagwyd monynt yn llwyr gan y talgoed clòs.

DYDD Y CYFRI

Bore'r Etholiad yr ymddengys y rhifyn hwn o'r DYDD. Tybed a ddaw mewn pryd i law rhywun sy'n petruso i bwy i bleidleisio? Os wyt ti felly, ystyria, bydd yfory yn Ddygwyl Dewi. Wrth i deledu a radio a phapurau gyhoeddi'r canlyniadau a fydd ffaith dy Gymreictod yn cyfri o gwbl? Mae teulu niferus iawn o bobl a ddywed ar galan Mawrth "Rwyf cystal Cymro â neb ond ..." Gwag fydd y fath ymffrost oni chaiff yr holl deyrnas wybod iti bleidleisio fel Cymro dros dy genedl a'th wlad. Mi wn fod y tri ymgeisydd arall yn Gymry Cymraeg, ond os rhoi dy bleidlais iddynt bydd yr un peth â phe baet yn byw yn Preston North End neu Land's End. Heb fychanu dim arnynt hwy daliaf mai'r unig bleidlais a gaiff ystyr fel pleidlais Cymro fydd yr un i Dafydd Elis Thomas. Mae'r Cennin melyn wedi codi eu pennau o garchar y gaeaf. Cod dithau dy ben a saf yn rhydd i ymgyrch Plaid Cymru.

AMRYW

Gwych o fuddugoliaeth foesol i ymgyrch Plaid Cymru. Wedi i'r awdurdodau drefnu iddi gael teledu ei neges ar y ddwy sianel nos Fawrth ymyrrodd y tair plaid fawr yn Llundain (dywedodd Emlyn Hooson, Rhyddfrydwr Maldwyn, na chlywsai ef am y cynllwyn annheg) i gyfyngu ar y telediad drwy ei symud ar rybudd byr iawn i nawn Sadwrn. Gwrthododd Plaid Cymru, ac aeth â'i phle i'r Uchel Lys, ac wedyn wynebu'r Llys Apêl, ac ennill ei hachos. Er gwaethaf teulu John Bwli fe gaed y telediad nos Fawrth.

Dafydd Elis Thomas	7,823
William H.Edwards	7,235
Iolo ab Eurfyl Jones	4,153
Roy Owen	3,392

BUDDUGOLIAETH

Dyma'r calan Mawrth gorau a gefais erioed, a Gŵyl Ddewi gwerth yr enw. Cyn torri o'r wawr yr oedd gorfoledd y golau ar Stryd Fawr ein tref wrth y newydd fod cynrychiolydd Plaid Cymru wedi cael mwyafrif o 588 pleidlais. Yna cyhoeddwyd bod Arfon yn gyffelyb wedi rhoi mwyafrif o 1,726 i Dafydd Wigley. Pan ddaeth yn ddydd gwelwn Gader Idris i gyd mewn gwyn.

Bu miloedd ohonom ar bigau drain wedyn yn troi clust i gyfeiriad Caerfyrddin. Ailgyfrif bedair gwaith trosodd (dweud y bu un ar ddeg achlysur o ail gyfri yn Peterborough yn 1951) cyn cyhoeddi nos Wener fod yr addfwyn Gwynfor yn fyr o dair pleidlais. Gresyn, yn wir. Ond "Aros Mae". Diolch am a gafwyd.

I wasanaeth y Senedd—yn ddyfal
Dau Ddafydd gaiff eistedd,
Dau union, cry eu dannedd,
Arfon a Meirion a'u medd.

Mawrth 22, 1974

NA DDOS I ...
Cofiaf unwaith gerdded efo gwraig hŷn na mi hyd heol yn ein tref, ac mewn un man gwelwn hi yn camu oddi ar y pafin cul. Gan faint y traffig gafaelais yn ei braich i'w dal, ond eglurodd hi'n annisgwyl mai'r rheswm oedd i'w rhieni ei siarsio'n ifanc i beidio â sangu hyd yn oed ar garreg trothwy tafarn. Enghraifft eithafol o lythrennol, meddir, ond cofiais amdanaf fy hun yn hogyn yn helpu Now Parri a weithiai gyda cherbyd bara. "Dwy dorth fawr i'r fan'na," gwaeddodd arnaf yn y Rhiw, a dyna finnau yn eu hestyn ac yn cychwyn drwy ddrws y "Baltic", ac mewn fflach yn sylweddoli fy mod yn croesi trothwy tafarn am y tro cyntaf erioed. Mae bwyta bara i bawb. "A bu llawer tro ar fyd."

FFŴL EBRILL
Diwrnod olaf Mawrth yw marc terfyn yr hen gynghorau cyhoeddus. Bûm yn meddwl am y ganig "Ffarwel i blwy Llangywer".

Ffar-wel i'r Cyngor Trefol,
Ffar-wel i'r Cyngor Sir,
Ffar-wel i'r Cyngor Gwledig,
A'r Cyngor Plwy yn wir.

145

Rwy'n mynd i Gyngor Gwynedd
A 'nghalon fel y plwm.
I ddiawlio wrth weld ei gostau
A chaledi y trethi trwm.

Yn y gogledd-ddwyrain fe dorrir i ffwrdd benelin Cyngor
Meirionnydd.

Ffar-wel i bobl Edeirnion
Sy'n myned draw i Glwyd,
Ffar-wel Llandrillo, Bethel,
Glanrafon, Corwen lwyd,
Melin-y-wig, Gwyddelwern,
A Betws Gwerful Goch,
Glyndyfyrdwy efo Carrog
A Chynnwyd.—da y boch.

Ebrill 5, 1974

TATWS

Cawn fel teulu hwyl am fod un o'm hwyresau wedi camddarllen
poster Cymdeithas yr Iaith a dweud "Tatws yr Iaith". Er nad oedd fy
nhad (mwy na'i fab) fawr o arddwr (sut y gallai fod ac yntau yn byw
ar graig a suntur yn 'Stiniog?) fe'i cofiaf yn ceisio tyfu tatws, a
deuthum yn gynefin ag enwau rhai mathau. Tatws-cochion-bach oedd
yr unig Gymry a gofiaf, Saeson oedd y lleill i gyd.

Ebrill 12, 1974

AR DRYWYDD ENGLYN

Cefais gryn fwynhad y dyddiau diwethaf mewn ymchwil am englyn.
Y cyfaill Stanley E.Jones, Arosfyr, a'm cychwynnodd. Cofiai ef dair
llinell, ond nid y gyntaf, a glywsai gan y diweddar William Jones
Evans, Llanfair. Yn ôl y stori Owen Owen, Dregerrig, oedd yr
englynwr a anfonodd gerdyn i John Richards, Pennantigi Isaf (gwelais

146

yn "Y Bywgraffiadur" fod cofnod yn 1761 o'r ffurf Pennant Igillt, cyn i'r enw golli ei gynffon). Dyma'r tair llinell:

> "Mae llwdwn, crwydredig
> O fyr goes ond heb fawr gig
> Ar gorun ffridd Dregerrig."

Roedd mor ogleisiol nes peri imi holi a stilio yma a thraw. Wedyn daeth help oddi wrth y cyfaill William Alun Jones, Cefn, Brithdir, a gofiai hefyd ddarn o'r llinell gyntaf: "mewn cwm unig a hudol". Bellach nid anodd gennym ddyfalu'r gweddill, a chynnig fel hyn:

> "Mae yna mewn cwm unig—a hudol
> Un llwdwn crwydredig
> O fyr goes ond heb fawr gig
> Ar gorun ffridd Dregerrig."

Os gŵyr rhywun y ffurf gwreiddiol byddaf yn falch o'r cywiriad.

Englyn syml, meddir. Ie, a gwyrth yr un pryd, gorchest yn ffrwyth canrifoedd o draddodiad gwydn, a beirdd gwlad wedi ei noddi a'i feithrin er gwaethaf pob rhwystr. Deddf Addysg 1870 yn cadarnhau alltudio'r Gymraeg o'r ysgolion, a gwladwyr cywir yr ucheldir yn dal yn Gymry triw, nes bod ffermwr yn gallu cyfarch ei gymydog mewn dull sy'n gamp na allod iaith estron gyda grym llywodraeth mo'i ddileu.

Mai 3, 1974

AMRYW

Mae'r Beibl yn mynd yn gyfrol ddieithr. Synnais weld hanes cystadleuaeth ddadl rhwng myfyrwyr pedair Prifysgol, a'r pwnc oedd: "That this House agrees with Lenin: "If a man will not work, neither shall he eat." Pam rhoi clod i'r Comiwnydd am ddyfynnu geiriau Paul yn ei ail lythyr at y Thesaloniaid (iii.10): "Canys pan oeddwn hefyd gyda chwi, hyn a orchmynasom i chwi, Os byddai neb ni fynnai weithio, ni châi fwyta chwaith." Efallai mai dyfynnu'r oedd Paul yntau, a'r dywediad wedi ei sylfaenu ar Genesis iii, 19: "Trwy chwys dy wyneb y bwytei fara."

Mai 24, 1974

AMRYW

Rhaid edmygu ffydd y rhai a fentrodd sefydlu Ymddiriedaeth Nant Gwrtheyrn i brynu tai'r hen bentref diarffordd islaw'r Eifl yn Arfon, a datblygu yno ganolfan i ddysgu Cymraeg fel ail iaith. Os cefnogwch yr amcan gwiw, a bod yn barod i gyfrannu rhodd tuag ato yn nes ymlaen pan daw galw, anfonwch air at Dr Carl Iwan Clowes, Bryn Meddyg, Llanaelhaearn, Gwynedd.

LLECHI

A wyddoch enwau ar beth yw'r rhain? Queen, Princess, Duchess, Marchioness, Countess, Wide Countess, Viscountess, Wide Lady, Lady, Wide Header, Header, Small Lady, Narrow Lady, Double, Small Double, SIngle, Unit? Dyma raddoli llechi yn ôl eu maint. Fe welir yr enwau a'r mesuriadau yn yr amgueddfa sy'n rhan o'r datblygiad gwych yn y Gloddfa Ganol yn 'Stiniog. Cynaniad Cymreig a glywswn i i'r termau dieithr. Diddorol fyddai cael esboniad sut y doed i fabwysiadu'r enwau Saesneg ac anwerinol hyn.

Mehefin ***DIM DYDDIAD***

DŴR, DŴR, DŴR

i bob sychedig un, chwedl yr emyn. Nid yw'n annaturiol i hogyn o 'Stiniog fod â diddordeb yn y pwnc. Bellach aeth yn fater o bwys, ac y mae syched diwydiant am y nwydd digyfri hwn yn anniwall. I mi y mae cân "Dŵr" gan Huw Jones yn un o gerddi mwyaf gafaelgar ein cyfnod. Rhyw bythefnos yn ôl ym mhapur Lerpwl protestiai llythyrwr o Ddolgellau (mae ar y Rhestr Etholwyr ddau berson yn dwyn yr enw hwnnw) yn erbyn y sôn am "ddŵr" Cymreig" a'r galw am ei "werthu". Ond o ran egwyddor y mae dŵr i'w drafod yn union fel y trafodir olew dan ddaear yr Arabiaid, glo a llechi yng Nghymru, aur a diemwnd yn Ne Affrica. Ar delerau ffafriol iddynt hwy eu hunain y mae pawb arall yn meddwl rhannu rhoddion Duw. Ond yr ateb mwyaf effeithiol yw syfrdandod pawb wrth y codiadau anhygoel yn nhreth y

148

dŵr. Pa synnwyr sy bod treth pobl gerllaw cronfa fawr yn 20c y bunt, ac eiddo Birmingham o'r un ffynhonnell ond 2Ẅc? "Cofia Dryweryn" meddai'r peintiad. Mae'n hen bryd inni wynebu'r ffaith ein bod ym musnes y cronfeydd dŵr wedi ein gwneud dan ein trwynau.

Gorffennaf 3, 1974

TRA MÔR TRA MEIRION

Clod i'r Monwyson am fod y cyntaf i wrthsefyll bwriad y Swyddfa'r Post i ddileu enw'r ynys oddi ar amlenni llythyrau. A oes yr un asgwrn cefn ym Meirionnydd? Ar galan Gorffennaf derbyniais gerdyn yn rhoi rhan olaf fy nghyfeiriad fel "Dolgellau, Gwnedd" gyda'r Côd Post. Mae arno frawddeg ffug-rasol yn dweud y goddefir imi gynnwys hen enw fy sir am flwyddyn, ond wedyn rhaid iddo fynd.

Er mai i bwrpas hwyluso taith llythyr y bwriedir hyn gwyddom y gall effaith yr arfer o dipyn i beth fod yn bellgyrhaeddol, ac wrth inni gynefino â'r peth y gallai hen enwau hanesyddol fynd i golli. A pha awdurdod i beri hynny a fedd rhyw uchelswyddogion diddychymyg yn Llundain? Mae perygl amlwg i'r Swyddfa Bost, yn anad unrhyw gangen o'r gwasanaeth gwladol, gael yr enw o fod yn dwp yn ei hagwedd tuag at y Gymraeg a'i phethau.

Digwyddodd imi gael achos i edrych ar fap o Fôn a sylwi ar yr enw Llaniestyn. Ond gwn yn dda am Laniestyn yn Llŷn hefyd. Mae yng Ngwynedd ragor nag un Carmel, a pha sawl Bontnewydd sy yn y dalaith? Mae gennym ni ein Llanfachreth, a cheir yr enw ym Môn.

Ond ar wahân i bwnc hwylustod llythyra pa hawl a fedd yr adran i'n gorfodi? Os oes ystyr i arwyddair ein sir diogelwn ein hen enw, gan arfer sgrifennu "Dolgellau, Meirionnydd, Gwynedd". (Bydd hyn yn llawer gwell na "Meirioneth" a hefyd y "N.Wales" di angen a welir gan rai.) Hyderaf y bydd i Gyngor Meirionnydd sefyll yn ddi-ildio ar y mater ac arfer ei enw yn anrhydeddus ar bob gohebu. A beth am i bostmyn Cymru ein helpu? Mae ganddynt eu hundeb a gallant leisio'u protest drwyddo. Os buont ar streic am gyflog ac amodau gwaith beth am iddynt hefyd sefyll dros egwyddor eu cenedl? Mynned pawb ohonom, ac am fwy lawer na'r flwyddyn o oddefiad, arfer "Dolgellau, Meirionnydd, Gwynedd" gyda'r Côd Post.

GORSEDD Y BEIRDD

Drwy'r blynyddoedd arferai fod ar bared yn fy hen gartref ddwy dystysgrif mewn ffrâm, y naill yn tystio i'm tad lwyddo yn arholiad Gorsedd y Beirdd yn Eisteddfod Genedlaethol Caernarfon 1894, a'r arholiad arall at brifwyl Llandudno 1896 lle'r urddwyd ef. Bu rhyw anghaffael gyda'r dystysgrif gyntaf gan roi "Min Ogwen" fel enw barddol iddo, ond erbyn yr ail fe gaed y ffurf gywir "Dyfrdwy". Synnaf heddiw am na chofiaf imi erioed ofyn iddo beth a barodd iddo gymryd at enw'r afon. Pan euthum i Fangor roedd eisteddfod gan fyfyrwyr Coleg y Brifysgol, a chyda hi ffug-orsedd. Derbyniwyd fi'n aelod gyda'r ffug-enw bendigedig "Morgan y Glaw". Bûm am ddwy flynedd yn "archdderwydd". Ni chofiaf i'r syniad o ymuno â Gorsedd y Beirdd apelio fawr ataf, ond wrth edrych yn ôl bûm yn lledresynu na chymerais y cam. Bu i gyfaill deimlo fy mhyls ychydig flynyddoedd yn ôl, ond gwrthod ystyried a wneuthum, ac ateb os awn i mewn i'r cylch o gwbl yr awn drwy'r drws ffrynt! Ond eleni daeth y cynnig grasol imi fynd yn sgil personau amlwg sy i'w hanrhydeddu, a gwirion hen neu beidio, derbyniais y fraint. Diolch i'm holl gydnabod sy wedi dymuno'n dda imi. Edrychaf innau ymlaen at y wisg wen fore Iau, ac os oes gofyn am enw barddol mi barchaf goffa fy nhad drwy arddel Ap Dyfyrdwy. Bu Talfryn "Siop Siafins" Y Faner yn ffeind ei sylw wrthyf, ac yn rhifyn heddiw dyma gael englyn gan fy nghyfaill Huw Llew Williams.

> "Emynu, englynu'n lân,—ennill clust,
> Ennill clod gwlad gyfan;
> Nid y wenwisg ond anian
> Gorau gwaith a grea gân."

RHIWDDOLION

Ond, p'le mae Rhiwddolion? Gwyddwn mai rhywle uwchlaw Betws-y-coed, mai bro wag o bobl ydoedd, ac am flynyddoedd bu fy mryd ar gyrchu'r lle dieithr. Wrth deithio ar hyd y brif ffordd A5 tuag

Eryri sylwaswn ar res o dai i fyny ar y fron ar y chwith, ond bellach dysgais eu bod yn llawer nes i Gapel Curig, ac mai tai hen chwarel y Rhos ydynt. Ymgynghorais â "Chrwydro Arfon" Alun Llywelyn-Williams ac astudio map. Lle y derfydd tai Betws-y-coed a chyn dechrau dringo i fyny tua'r Rhaeadr Ewynnol (dyna goblyn o enw gwirion yw "Swallow Falls" am fod rhywun dwl rywdro wedi tybio mai Rhaeadr y Wennol ydoedd) deuir at Miner's Bridge a chyfle i droi ar y chwith. Stopio'r car wedi pasio rhyw ddau dŷ neu dri am fod y ffordd gul wedi ei thagu. Sylweddoli mai sôn am gerdded i fyny lle serth a wnâi'r Alun o Fangor, ond pa siawns i'w efelychu a feddai'r eiddilyn a loriwyd ar yr Obell? Holi mewn tŷ a chael cyfarwyddyd parod. Mynd i fyny'r briffordd a heibio i iard cerbydau'r Cyngor Sir, ac wedyn droi ar y chwith wrth enw "Maes Newyddion" lle'r oedd gorsaf y Comisiwn Coedwigo. Wrth yr adeiladau gweld arwydd Cymraeg di-lol yn cyfeirio at dŷ-bach wrth yr enw a arferir ym Mathew xv,17 a Marc vii,19. Sylwi wedyn ar yr enw Portaloo wrth y ddau gwt a dechrau dyfalu o ba wlad dramor y'i cawsid. Chwerthin wedyn ein dau o sylweddoli mai cyfystyr symudol i'r enw Cymraeg ydoedd! Dringo'n araf drwy'r ffordd dan y coed. Os â rhyw ddarllenydd i'r fro dawel hon peidied â dal ar y chwith wedyn. Wrth wneud hynny sylwasom ar yr enw Pant-yr-Hyddod ar adwy ar y dde, a mynd ymlaen nes dod i olwg llyn bychan, Llyn Elsi yn yr eangdiroedd uwchlaw Lledr. Bron nad oeddwn am fentro ymlaen yn y gobaith o ddod i lawr wedyn tua Pont-y-pant.

Dychwelasom at y drofa gyntaf, a sylwi bod trac garw yn esgyn tua rhyw dŷ, yn rhy arw imi fentro'r car. Cychwynnodd fy mhriod ar ddeudroed, a chael mai enw'r tyddyn oedd Tŷ Coch Rhiwddolion, a phan esgynnodd i frig y ffordd gwelodd gapel wedi ei droi yn dŷ annedd. Fell nid oes heddiw ond tawelwch y goedwig lle gynt bu rhywrai selog yn seinio sol-ffa dan ofal Gutyn Arfon, ac efallai yn chwyddo "Llef" am y tro cyntaf erioed. Aethom ymlaen dan droelli hyd rai o ffyrdd garw'r fforest, a dychwelyd i brysurdeb yr A5 gan synnu at yr eangderau distaw a warchodir gan y gleision talsyth yng Nghoedwig Gwydir.

COED Y BRENIN

Wedi bod yng Nghwmheisian mynnwn olwg ar yr ucheldir i'r gogledd o afon Mawddach. Cychwynnodd dau ohonom ar ôl te y prynhawn Gwener olaf yng Ngorffennaf a throi i fyny ar y dde cyn cyrraedd Trawsfynydd. Galw ym Mryn Llefrith, a chael croeso a chwpanaid a seiadu gyda William Williams gŵr y tŷ o'i weld yn adennill ei nerth wedi llaw-driniaeth yn Lerpwl. Rhyfedd meddwl mai yn 1928 y buaswn yno y waith gyntaf.

Heibio i fwthyn unig a gwag gyda'r enw gwych Erw Gain, i fyny â ni at yr addoldy gyda'r fynwent ger y tair coeden ddeiliog:

"Capel yr Annibynwyr
Penstryt
1790."

Edrych i mewn drwy'r ffenestri a chael pob man yn gymen. Wedyn cawsom nad oedd clo ar ddrws yr ystafell fechan yn y cefn. Y lle'n llawn ac anrhefnus, ond cofiaf gael cinio ar derfyn oedfa'r bore gynt, cig moch wedi ei ferwi'n frau, menyn tew ar y frechdan, ac aroglau tân mawn yn fy nghyfareddu'n lanc. Nid oes ond moelydd diannedd yn y golwg i bob cyfeiriad, ond yma y derbyniwyd Williams o'r Wern yn aelod, a phery'r ffyddloniaid i gyrchu'r tŷ-cwrdd.

Ymlaen â ni heibio'r capel, gweld ar y dde adwy "Hen Ddolgain" (nid Dôl-gain a ddywed pobl y fro ond rhoi'r acen ar y goben yr un fath ag yn achos Dolfawr, o'i gyferbynnu â Dol-fach) ac i lawr i'r pant nes gweld rhyd drwy'r afon, ac islaw wedyn bont hen yr olwg ond cadarn ei meini. Ymlaen am sbel nes cyfarfod â char bach teulu o bedwar o Gwm Prysor, a gwefusau dulas y ddau hogyn yn tystio'n ddi-wad mai hel llus y buont. Yna gweld trac ar y dde yn disgyn am fferm Gwynfynydd a chael cip ar olion tomen y gwaith aur draw odanom.

Hydref 11, 1974

CYNFAL

Wedi chwarter canrif o ymddicithrio daeth arnaf awydd unwaith eto gerdded i lawr i Gwm Cynfal. Ar nawn yn Awst cychwynnodd y ddau ohonom heibio i ochr capel Bethel yn Llan Ffestiniog, a hamddena i lawr y llechwedd gan glywed sŵn yr afon islaw o bell. Hawdd dilyn y llwybr hyd at Raeadr Cynfal, ac wedyn i fyny'r afon i weld Pulpud Huw Llwyd, sef talp enfawr o graig yn rhyfedd yng nghanol y llif, ac ymlaen eto nes dod at bont a llidiart haearn ar ei chanol. Wedi inni groesi gwelem y llwybr yn ymrannu, a chennyf innau ryw atgof gwan am lwybr yn mynd yn syth ymlaen am fferm Cynfal Fawr. Troesom i lawr efo'r afon ond roedd y llwybr hwnnw'n mynd bron yn ddim o eisiau ei droedio. Aethom i fyny tua'r gogledd, hamddena'n braf yn sŵn y dŵr a gweld rhaeadr deulam, cyn dod dan bedwar bwa pont y lein, a dod allan ger y Bontnewydd (mae gennym yn rhywle benillion a wnaeth fy nhad i ryw gynghorydd ar achlysur agor y bont). Mae gerllaw yno Safle Picnic o'r hyfrytaf, yn llecyn hwylus dymunol.

Nid oeddwn yn fodlon, a thrannoeth daethom yno yn y car, troi heibio'r Safle Picnic, a ffordd dda yn mynd heibio i Frynrodyn ar y dde, ac yna ar y chwith llidiart gwyn Cynfal Fawr. Cawsom bob croeso gan Mrs Elizabeth Jones, a gofiaf fi fel Bessie Humphreys, athrawes o'r Manod, gweddw David Morris Jones ac ef yn fab i Syr Evan Jones (Rhosydd) gynt. Aeth â ni o gwmpas y tŷ hyfryd o chwaethus gan ddangos y distiau hen. Wrth adnewyddu'r adeilad cadwyd ei gymeriad, gan fod y gweithredoedd ar femrwn yn mynd yn ôl i gyfnod y Frenhines Ann. Ar y llechen yn y mur ger y drws mae:

> "Yma y Ganed
> Morgan Llwyd o Wynedd
> (1619-1659)
> Piwritan, Llenor, Cyfrinydd,
> Awdur
> "Llyfr y Tri Aderyn"

Gorau i blentyn fod gyda'i rieni, Gorau i ddyn fod gyda'i Dduw

Dadorchuddiwyd y gofeb ar Orffennaf 22, 1949, ac y mae gennyf nodiad yn fy nyddiadur imi ymweld â'r lle ar Ferchcr, Awst 10, y flwyddyn honno, a chael tynnu llun pedwar ohonom, a gyhoeddwyd wedyn yn "Nhywysydd y Plant".

Hydref 25, 1974

STILIWNS

A ydych yn gyfarwydd â'r gair hwn? yn y ffurf "stiliwns" y clywais i
ef yn ifanc yn 'Stiniog, a chefais achos i'w ddefnyddio'n ddiweddar, a
chlywed rhai o'm cydnabod yn cadarnhau ei ffurf, pan fynnwn bwyso
paceidiau o hen newyddiaduron. Cefais fenthyg "scales", nid clorian
o'r math arferol heddiw, ond mantol neu dafol i'w hongian wrth
fachyn, a braich hir wedi ei marcio â graddau gyda thalp metel trwm
i'w symud i sicrhau cydbwysedd. Yn ofer y chwiliais eiriaduron am yr
enw, a'i sŵn yn awgrymu benthyciad o'r Saesneg. Ai gair wedi colli
ei ben ydoedd? Ond at farchogaeth un o ddau geffyl cyfochr y cyfeiria
"postilion, postillion". Yr enw ar y teclyn yng Ngeiriadur Rhydychen
yw "steelyard". A all rhywun fy helpu drwy ddweud o ba ffurf y
datblygodd "stiliwns"?

AMRYW

Mewn cwmni difyr mewn gwledd briodas aed i sôn am eiriau. Caws
oedd un. Daw hwnnw, a'r un modd y Saesneg "cheese", o'r Lladin
"caseus". Ni fedrem gael cyfystyr union i "cosyn". Mae'n debygol mai
bachigyn oedd hwnnw i gychwyn, tamaid o gaws, ond wedyn ar lafar
fe aeth i olygu darn mawr crwm cyn dechrau ei dorri.

Tachwedd 15, 1974

ISLAW'R-DREF

Mae'n rhan o'm dyletswydd i gynnal oedfa yng nghapel Peniel bob
nawn Sul a da gennyf gwmni yr ychydig ffyddloniaid a ddaw ynghyd.
Mae'r cyfartaledd dipyn yn llai na deg. Cenfigennwn yn dawel wrth
bregethwyr gwadd mis Awst a gâi ddwbl nifer y gwrandawyr pan
fyddwn i ar fy ngwyliau, ac ymwelwyr wedi dod i'r fro. Er imi wybod
am un digwyddiad yr haf eleni ymateliais rhag cyfeirio ato rhag bod
neb yn cael fy nghyhuddo o wneud propaganda plaid at yr Etholiad.
Ond dyma'r "Tyst" wedi ei godi o'r "Llusern", cylchgrawn eglwys
Ebeneser, Caerdydd. Bu'r gweinidog, E.G.Jenkins, yn y cylch hwn ar
"Awst 18 ac ni allai Mrs Gwennie Rees, organydd ffyddlon Peniel, fod
yn yr oedfa. Fel y troai'r pregethwr am y pulpud dyma law ar ei

154

ysgwydd: "Mae nhw am i mi ganu'r organ ichi." Y Dr Gwynfor Evans oedd biau'r llais, ef a'i deulu yno ar wyliau. Ni fynnai ef ddewis yr emynau a'r tonau. "Na, dewiswch chi rai heb ormod o fflats." Diolch am Aelod Seneddol sy'n addolwr cyson, a pharod ei wasanaeth.

HEN DDARLUN
Bwlch Llyn Bach yw'r hen enw ar ran uchaf Bwlch Tal-y-llyn rhwng Craig y Llam a Mynydd Gwerngraig. Ar ben y rhiw gynt gwelid Llyn y Tri Greyenyn, a llên gwerin wedi cynnig esbonio'r enw drwy sôn am y cawr Idris yn taflu i'r dŵr dair carreg (tri maen mawr, yn wir) a gawsai yn ei esgid. Difyr yw'r cyfeiriad gan Syr T.H.Parry-Williams yn un o'i ysgrifau ato'i hun yn cymryd hoe ar ben y rhiw i'w fotor beic KC 16. Ers llawer dydd bellach diflannodd y llyn pan aed ati i ledu'r ffordd a'i hunioni. Da oedd gennyf weld darlun o'r hen lyn yn y llyfryn "Welsh Mountain Railways" a gyhoeddwyd gan y G.W.R. yn 1924.

Tachwedd 29, 1974

MI FUM FACHGEN
Digwyddodd i ddau gyfaill ofyn gennyf am gopi o gywydd a luniais flynyddoedd yn ôl i chwarae snwcer. Gall fod o ddiddordeb i eraill, ac felly mentraf roi ei ddarn canol. Fe'i lluniais ym Mawrth 1944 pan oeddwn yn byw ar Fynydd-bach, Abertawe, i herio'n gyfeillgar Ifor Rees, sy'n adnabyddus fel cynhyrchwr rhaglenni BBC. Roedd ganddo ef fwrdd bychan yn ei gartref. Ymddangosodd y cywydd yn "Y Genhinen" gaeaf 1951-52, rhifyn cyntaf yr ail gyfrol, wedi imi lunio stori ddychmygol amdano a defnyddio'r ffugenw "M o'r Ganllwyd".

> Mawrhawn waith ym Mryn Eithrin,
> Fuddiol le i feddwol win.
> Gwin chwerw a gawn o chwarae
> Math o gêm, nid gêm ar gae.
> I'r gêm dwym rhy gam yw dôl.
> Oddi mewn mae'n ddymunol;
> Ac yn y tŷ 'rôl gwneud tân
> Daw heddwch i wŷr diddan.

Onid gwell brysio bellach?
Bardd y bib, ple mae'r bwrdd bach?
Gwna hast i'w gael yn wastad;
Un da ei dyb yw dy dad,
Daw ef â'i *spirit level*
Ac fe'i gwna yn fwrdd da del.
Dwg y sialc a dau giw syth,
Iawn o ansawdd unionsyth.
Efo'u celfi a'u cilfach
Estyn di dy beli bach.

Myn di dy beli biliards
(Far the best, sir, for the bards).
Un goch a wna i gychwyn,
Ond i'r gêm dwy o rai gwyn.
Plygu'n isel anelu
Yn gyntaf a wnaf yn hy.
Yn llon gwnaf gannon ganwaith,
Neu *in-off* hawdd dyna ffaith
Os ceir *leave* hawdd sgorio lot,
Un rheibus wyf, a robot,
Or look, we will play snooker
If you that challenge prefer.
I'm very hot at potting,
You may account me a king.

Â'r cochion 'nawr cychwyn wnaf,
Hwy heb atal a botiaf.
Yna, boi, pan ddônt i ben,
Mi ofalaf am y felen.
Y wyrdd yn syth a hyrddiaf,
At y frown, yntefe'r af.
Yna'r las ar ei hôl hi
Â o'r golwg 'nawr, gweli.
A thinc fe â'r binc o'r byd
Yn ddifeth, a'r ddu hefyd.

Fe fydd y *break* yn *record*
Orau a fu ar y ford.
Fel Inman a Newman wyf.
Model i Lindrum ydwyf.
I Ifor Rees ofer waith
Ar hyn yw 'nghuro unwaith.

Gadawaf y gweddill gwreiddiol.

HOELION

Ar y rhaglen radio "Yr eiddoch yn gywir" ganol dydd Mercher codwyd y cwestiwn o darddiad y dywediad gynt am bregethwyr mawr fel "hoelion wyth", sef cyffelybiaeth i hoelion wyth modfedd. Arferais i dybio mai addasiad oedd o Lyfr Y Pregethwr, xii,11: "Geiriau y doethion sydd megis symbylau, ac fel hoelion wedi eu sicrhau gan feistriaid y gynulleidfa."

Awst 1, 1975

TAFODIAITH

Diddorol o liwgar yw tafodiaith leol. Bûm yn Ffynnon Groyw yn Fflint (a Chlwyd!) a chlywed brawd yn dweud am ei chwaer, "Mae gyn y 'goriad" am "mae ganddi". Clywais hefyd "piwin" am bryfedyn. Dyry'r Geiriadur Mawr a Geiriadur Bodfan "piwiaid" fel enw lluosog am wybed (gnats) a chwanega Geiriadur T.Gwynn Jones "piwiedyn" fel ffurf unigol. Enghreifftiau eraill a gefais gan frodor oedd "gieir" am ieir, a'r un cwbl ddieithr "ha-we" am tyrd-yn-dy-flaen.

Chwefror 16, 1976

SIARAD

"Siarad pymtheg yn y dwsin" meddem ni, "talk nineteen to the dozen" meddai'n cymdogion. Meddyliais am feddargraff i wraig gyflym-dafod, un yn siarad fel melin bupur.

Un aruthrol ei rhethreg,—dewisai
Mewn dwsin ddweud pymtheg.
Daeth angau a chau ei cheg,
Fe orwedda'n ddifrawddeg.

Ebrill 16, 1976

Y BETWS

Dywedir i'r enw Betws darddu o ffurf yr Hen Saesneg ar
"bead-house". Cyfeiria hyn at yr arfer o gyfri paderau â mwclis, ac
felly mae'n enw ar dŷ gweddi neu gapel anwes. Y mwyaf adnabyddus
efallai yw Betws-y-coed, canolfan ymwelwyr. Chwithig oedd gennyf
ddarllen fod Tabernacl yr Annibynwyr yno wedi ei gau, er y gwyddwn
fod nifer yr aelodau wedi lleihau'n arw ers tro, fel mewn llawer lle,
ysywaeth. Wrth yrru heibio'r capel yr wythnos ddiwethaf cofiwn mai
o'r Coleg yr awn yno gyntaf i bregethu, gan letya efo gŵr a gwraig
mewn tipyn o oed yn y tŷ o dan y capel. Ar ôl cinio'r Sul, a'r sgwrs
wedi teneuo peth, daeth sŵn canu o'r Ysgoldy, a dywedwyd wrthyf
mai'r "Cyfarfod Un" oedd yno i ddysgu tonau'r Gymanfa i'r plant, a
phenderfynais fynd atynt. Codwr canu'r capel oedd yn arwain, gŵr
mewn oed, trwm a chorffol, wyneb coch, a chanddo lais fel tair taran.
Un o'r cerddi oedd "Robin Goch, Robin bach, dwed a wyt ti'n oer".
Dyna ddod at ateb yr aderyn, "Twi, twi, twi", ac anodd oedd gennyf
ddal wrth i'r llais stentoraidd floeddio'r "twi" mewn ffordd na allodd
yr un Robin erioed ei hefelychu, nes bod y muriau'n crynu. Rhyfedd
yw atgof.

Biti yw colli'r Betws
A gwael yw'r drefn o gloi'r drws.

Mai 14, 1976

BWTSIAS Y GOG

I beth y broliwn ein carpedi moethus, Indian, Persian, Axminster,
Wilton, ac ati? Nid ydym yn yr un cae â Natur. Nos Lun yr oeddwn yn
un o bedwar yn moduro o gwmpas y Brithdir a Llanfachreth. Dyma
ddechrau sylwi ar Glychau'r Gog, ac wedi croesi'r briffordd ger y

Bontnewydd a dechrau dringo dyma olygfa fendigedig yn ennyn ein rhyfeddod, carped gwychach nag arfer o las piws yn gloywi'r lle. Cofio am delyneg R.Williams Parry, a synio mor addas yw pob llinell ohoni:

> "Dan goed y goriwaered
> Yn nwfn ystlysau'r glog,
> Ar ddôl a chlawdd a llechwedd
> Ond llechwedd lom yr og
> Y tyf y blodau gleision
> A dyf yn sŵn y gog."

Ceir amrywiaeth o enwau lleol arnynt, gan gynnwys bwtsias, bwtias, botas, o'r Saesneg Canol "botes" am fath o esgidiau uchel. "Och! na pharhaent" gan Fardd yr Haf a ysgogodd f'englyn innau:

> Yn sŵn deunod daw'r blodau—o dan goed
> Yn gain eu glas bennau,
> Y gloyw-wychion fud glychau,
> Ber eu hoes,—na chaent barhau!

Gorffennaf 9, 1976

GO CHWITHIG

Mae pawb ohonom yn ei dro yn llithro ar ymadrodd. Goglcisiwyd fi gan siaradwr yn annerch y cadeirydd mewn cyfarfod cyhoeddus: "ni all Miss Roberts ddim bod yma oherwydd eich bod chwi yn y gadair". Yr hyn oedd yn ei feddwl oedd yr hoffasai'r ferch fod yn bresennol, yn neilltuol "am eich bod chwi yn y gadair".

Awst 6, 1976

VICTORIANA

Os canodd Waldo yn hiraethus am "hen bethau anghofiedig teulu dyn" fe welwch mewn arwerthiant sut y mae rhod ffasiwn wedi troi, a phobl yn cystadlu'n daer i roi arian mawr am g'nwyllbrenni pres a phob math o hen geriach y bu eu rhieni yn eu troi heibio fel pethau diwerth. Yr un modd gyda chrochenwaith, llestri tsieni a phorslen, rhoi punnoedd am gannoedd o gŵn ac aelodau teuluoedd brenhinol ac ati. Dangoswyd imi un anghyffredin gan Mrs Mary M.Jones, Rhiwlas, a'i cawsai ar ôl ei thaid, William Evans Bryn-mawr, sef ffigur troedfedd union o bregethwr, neb llai na John Elias o Fôn. "Rev.John Elies" sydd ar y ddelw, ei benelin chwith yn pwyso ar faen, yn dal llyfr clawr coch yn ei law, yn bennoeth mewn dillad duon, clos pen-glin, a hosanau gwyn. Ddwy flynedd yn ôl y cofid am ddau canmlwyddiant ei eni, a da y gwnaeth y Mudiad Efengylaidd wrth gyhoeddi llyfryn amdano yn Gymraeg ac yn Saesneg. A fedd rhywun arall gopi o'r ffigur, a thybed pa mor hen yw?

AMRYW

"Fel cari-dyms yr ystrydoedd cefn", meddai T.H.Parry-Williams am y brain trystfawr. Cynnig petrus Geiriadur y Brifysgol ar esbonio'r gair dieithr yw "camddeall a chamyngan clêr-y-dom," sef enw i ddifrïo prydyddion bol clawdd. Yn ei ffurf dreigledig gari-dyms, neu giari-dyms y mae fy nghlust i yn gyfarwydd ag ef. Daeth y gair i'm meddwl wrth glywed gyrrwr car mewn tymer afrywiog yn rhuo ac yn arthio ar yrrwr arall yn Nolgellau.

> Yn ei gerbyd yn garbwl—y gyrrai,
> Un gwirion fel penbwl.
> Ddoe fe waeddai'n ddifeddwl,
> Gari-dym y geiriau dwl.

Dyma ddweud profiad llu ohonom wrth heneiddio:

> Bu adnabod wynebau—yn weddol
> O hawdd imi gynnau.
> Rwan gwn hyn, rwy'n gwanhau,
> Anodd yw cofio enwau.

RHOSYN SARON

Pan fo teithiwr yn colli'r ffordd nid gyda'i gamau cyntaf y sylweddola ei fod ar gyfeiliorn, ond ymhen amser daw i ryw bwynt lle gwêl faint ei wyriad. O ris i ris y deuir i lawr, megis yr eir i fyny. Sonia Ail Lyfr Y Cronicl am olyniaeth o dri brenin: Useia y taid "a aeth i mewn i deml yr Arglwydd" gan weinyddu ar yr allor (trosedd yn erbyn yr offeiriaid, mae'n debygol), Jotham y mab "nid aeth ef i deml yr Arglwydd," ac Ahas yr ŵyr "a ddarniodd lestri tŷ Dduw, ac a gaeodd ddrysau tŷ'r Arglwydd."

Mae'n adeg trai ar grefydd ers tro, y meibion a'r merched wedi cefnu ar arferion eu rhieni gynt, a bellach aeth y safonau a'r egwyddorion yn faw yng ngolwg rhai o'u plant. O dipyn i beth y pylodd delwedd addoli ac y gwanhaodd y sentiment at deml, ac yna troes difaterwch yn syrffed a gwrthwynebiad. Dro'n ôl adroddid am rai ifainc wedi difwyno llan ym Meirionnydd, ac nid yw'r fath sibrydion yn ddieithr i Ddolgellau. Wythnos yn ôl y clywais am falurio'n yfflon ddodrefn capel Annibynnol ym Morgannwg hyd at werth cannoedd lawer o bunnoedd, ac ni fynnai'r adroddwr fanylu mewn cwmni am y modd aflan y triniwyd Beibl y pulpud. Erbyn eu dal nid oedd y troseddwyr ynfyd ond plant, ac yn rhy ifainc i'w herlyn. Fel y cilia crefydd dirywia moes, a budreddi aflan yw broc môr y trai.

AMRYW

Rhywun yn prynu pecyn o gardiau chwarae yn ddiweddar yn Nolgellau, wedi gweld ar gefn pob cerdyn lun y ddraig goch yn llachar efo'r enw "WALES". Agor y paced a gweld 'Made in Hong Kong'. Hynny ar y "Joker".

YR ENGLYN

Roedd cyfaill o 'Stiniog wedi gofyn imi ers tro am gopi o englyn am yr englyn, ond nid oedd yn gyflawn ar fy nghof. Eithr dyma fi wedi dod ar ei draws mewn llyfr nodiadau.

"Yn ddi-wag sain rhowch ddeg sill, —ac eilwaith
Rhowch golofn o chwesill,
Ac yna ddwywaith saith sill
I gloi pinagl y pennill."

Neu fe wnâi "yn cloi pinacl y pennill". Ni wn pwy a'i lluniodd, ond fe'i cefais o gof Miss Gwyneth Evans, H.M.I., Cricieth, rhyw ugain mlynedd yn ôl pan oedd yn byw ym Mryn-mair. A ŵyr rhywun pwy yw'r awdur?

Yn ei sgil mentraf ddyfynnu eiddo Robert John Roberts o 'Stiniog:

"Boed teg lun, boed tw'glanwaith,—boed i'r llawn
Bedair llinell effaith;
Rhoed cynghanedd wedd ar waith
A boed ergyd bedeirgwaith."

Ionawr 7, 1977

HYNT CYMRU DROS 1976

Cofiwyd am ddaucanmlwyddiant geni'r emynydd Ann Griffiths, gwerthwyd un ochr i Gader Idris, cynnau tân uwchben Cynwyd, ymddeol Dai Francis liwgar, anrhydeddwyd y delynores Nansi Richards, haf anghyffredin o boeth yn peri sychder mawr mewn mannau cyn i'r glawogydd newid y stori'n syn. Gwych fu prifwyl yr Urdd ym Mhorthaethwy, ac wedyn eisteddfod genedlaethol y dathlu yn Aberteifi, a'r amryfusedd anffodus a fu yno heb dynnu oddi wrth ddwygamp ddwbwl Alan Llwyd. Cafodydd geiriau ar y Cofiadur, dadlau chwyrn am y Pafiliwn cyn setlo'r mater, llwyddiant Plaid Cymru mewn etholiadau lleol, yn enwedig mewn llc fel Merthyr, parhau ymgyrch brotest Cymdeithas yr Iaith a'u cosbi am dorcyfraith, hyd at helynt Coleg y Brifysgol ym Mangor a miloedd yn anesmwytho yn erbyn y gosb. Codwyd gobeithion gyda nodi aelwyd i'r "Cynulliad" yng Nghaerdydd a chyhoeddi cynllun Datganoli gan y Llywodraeth.

CYNGHANEDDU

Mae ers tro bellach arwyddion amlwg o adfywiad yng nghelfyddyd hen y gynghanedd, a'r diddordeb ynddi yn ymledu. Dyma faes lle gall y Cymro Cymraeg ymffrostio yn ei feddiant, yn anad holl genhedloedd y ddaear, hyd y gwn i, gan fod hawlfraint arno gan ein hiaith soniarus. Yn ystod deugain mlynedd bron cefais gyfle i draethu ar "Y Gelfyddyd Gwta" mewn llawer lle, a byddwn yn gofalu datgan fy marn y dylai peth hyfforddiant yn y canu caeth fod yn rhan o addysg pob bachgen a geneth o Gymry. Bu rhai fel Dewi Emrys ac Aneurin Talfan a llawer eraill yn dweud yn gyffelyb. Diolch am y rhoddir gwersi o'r fath mewn llawer ysgol ers tro. A daeth fy nghyfle innau i hybu'r gwaith. Ar wahoddiad Cymdeithas Gelfyddydau Gogledd Cymru cefais fynd i'm hen ysgol, sef Ysgol y Moelwyn, i roi deg gwers gynganeddol ar foreau Llun, a chael gan y disgyblion lunio llinellau eu hunain. Gwaith wrth fodd fy nghalon.

MERCHED

Gresynaf o weld ceidwadaeth mewn maes arall, ac ambell hen lanc o offeiriad yn yr Eglwys Esgobol yn llafar yn erbyn ordeinio merched i'r Weinidogaeth. Gwyddom na fyddai oedfa mewn llawer addoldy hebddynt, ac anhygoel i mi yw dal i wrthod eu cydnabod fel arweinwyr cydradd.

GEIRIAU

Ar raglen deledu "Pobol y Cwm" nos Fercher meddai un cymeriad wrth y llall, "Paid â rhefru," ymadrodd nas clywswn ers llawer blwyddyn. Nid yw'r Geiriadur Mawr yn cydnabod y ferf, er y cynnwys yr enw 'rhefr' am ran ddi-barch o'r corff. Ceir y ffurf yng Ngeiriadur Bodfan yn golygu "backbite, slander, scold". Grym yr ymadrodd i mi ers talwm oedd "Paid â chadw sŵn."

Chwefror 11, 1977

DYNES

Mewn dau Gwis yn ddiweddar, wrth holi plant ac wedyn rai mewn oed, gofynnais am ffurf luosog "dynes". Cynigiwyd amryw, – merched, gwragedd, benywod, menywod, chwiorydd, genethod, ond ni thâl yr un ohonynt. Y ffurf a ddisgwyliwn i oedd "dynion", gan yr arferid gynt "y ddyn" yn gyfartal â " y dyn". Ond sylwodd un ffrind o'm blaen i fod Geiriadur y Brifysgol yn cynnwys "dynesau", a'i fod ar gael ers 1552.

Ar y funud ni allaf gofio ym mhle y mae sylw Syr John Morris-Jones am y gair "dynes", nas ceir gan y Cywyddwyr, a'i fod yn ffurf ry wael hyd yn oed i ryddiaeth y Beibl! Rwyf wedi darllen y cyfieithiad diweddaraf o'r Testament Newydd drwyddo, ond ni chofiaf sylwi a dderbyniwyd "dynes" iddo, megis y mabwysiadwyd amryw o ffurfiau llafar eraill. Rwyf newydd fwrw golwg frysiog gyda help Mynegair, ond "gwraig" a welais bob tro. Mae'n rhyfedd nad arferir modd i wahaniaethu rhwng "woman" a "wife" heb orfod ychwanegu "gwraig briod". Wedi'r cyfan mae "dynes" bellach lawn mor barchus â "dyn", dybia'-i.

Mawrth 4, 1977

DW-LAL

Enynnodd fy nghyfeiriad at y term diraddiol hwn gryn ddiddordeb. Crybwyllodd dau neu dri wrthyf mai'r ymadrodd yn Nolgellau yw "dw-lali-tap", ffurf nas clywswn i o'r blaen. Awgrymodd dau arall mai term o India ydoedd, wedi ei ddwyn yma efallai gan filwyr. Wedi hysbyddu pob geiriadur sy gennyf yn y tŷ euthum draw i'r Llyfrgell a chwilio tua 17 geiriadur yno. Nodai amryw ohonynt "dooly, doolie", a ffurfiau amrywiol eraill fel enw ar fath o glud neu elor (litter, palanquin), ond heb ddim sôn am yr ystyr a geisiwn i. Yna dangosodd Dennis Williams, Felindre, imi "The Reader's Digest Great Encyclopaedic Dictionary" 1964, ac yn y drydedd gyfrol gydag adran "General and Forces slang" tudalen 1224 ceir: "doolally tap, doolali tap (often abbreviated to doolally). (army) Off one's head (from

Deolali, a sanatorium in Bombay, and Hind. **tap**, fever). Wel, dyna fo, a'r hurtyn gwirion wedi ei esbonio. Diolch am help o'r Ambiwlans.

Mawrth 4, 1977

GEIRIAU'R GARREG
Cofiaf ymweld â mynwent Llanfihangel-y-traethau ger Talsarnau i edrych ar garreg fechan ar fedd Mari'r Fantell Wen, ond byddai wedi talu imi chwilio rhagor. Gŵr ymchwilgar, yn ddwfn ei ddiddordeb yn y Pethau, yw Meirion Owen Jones o Borthmadog (cyswllt â 'Stiniog yn gynnar ar ei yrfa). Gwelodd ef yno yr arysgrif ryfedd hon ar garreg fedd:

> "Ddyn gw – – – a Duw hael o h – – ymofyn
> Am af – – – mewn byw – – ael – yd
> Gaf – – – ynddo ath gyf – –
> Rasol f – – – or isel f– –

Os cywir y copi a roed imi ni allaf ddyfalu pam y dodwyd yr englyn mor ddidrefn. Nid anodd cael ar y ffurf:

> "Ddyn gwael, â Duw hael o hyd—ymofyn
> Am afael mewn bywyd:
> Gafael ynddo a'th gyfyd,
> Rasol fael, o'r isel fyd."

Ni wn a oes sail i'r awgrym a glywais mai'r arfer o dalu i'r naddwr wrth y llythyren a barodd y bylchau, er mwyn cynilo. Ystyr "mael" yw elw, lles. Yn chwanegol at y pedair prifodl sylwer ar y pedair ."ael" yn ffurfio odl yn rhan gyntaf pob llinell. Camp go gywrain yn wir (er y gwnâi "rasol fodd" y tro o ran synnwyr).

ENGLYN PWY?
Diolchaf i'r Llyfrgellydd teithiol, Iorwerth H.Lloyd, am adrodd wrthyf englyn a glywsai gan ei gefnder Idris Davies o Lyn Ceiriog. "Bedd' y dyn du" yw'r testun:

"Graen heulog yr anialwch—a roddodd
I'w ruddiau eu duwch.
Yn ei fedd ni chanfyddwch
Olion ei liw yn ei lwch."

Gwych o englyn, ac ni wyddom pwy a'i cyfansoddodd.

Mawrth 18, 1977

GROT

Ymhlith fy nhipyn "trysorau" mae gennyf ddarn arian bychan ac
arno'r geiriad "Four pence" a fathwyd yn 1911. Mae yr un faint yn
union â'r hen bisyn "tair" gwyn. Bellach tybiaf fod yr enw, fel y coin
ei hun, wedi mynd yn ddigon dieithr i'r genhedlaeth ifanc heddiw. Fe'i
cafwyd o'r Saesneg Canol "grote" a aeth wedyn yn "groat", ond fe'i
henwir mewn cywydd gan Guto'r Glyn cyn 1475. Enw ydoedd ar
ddarn arian a fethid rhwng 1351 a 1663 (roedd pedair ceiniog yn swm
go lew y pryd hynny) ac a ddefnyddiwyd eto am bedair ceiniog tua
1836-56. (Ni wn, ynteu, sut y mae cyfrif am fy narn 1911 i.) Arferwyd
ef wedyn am ddarn bychan ei werth, ac aeth yn derm difriol: "don't
care a groat" – "doedd o ddim yn hidio grôt: 'rown i ddim grôt
amdano fo." Mae Geiriadur y Brifysgol yn cynnwys·y dywediad:
"Sawl a aned i rôt, 'daiff o byth i bum ceiniog," a'r un modd y
Diarhebion o gasgliad William Hay: "Y neb a anwyd i rôt nid eiff byth
i bum ceiniog". Mae gennyf ryw led-argraff mai "i chwech" a glywais
gan fy nhad.

Crybwyllwyd y pwnc gan gyfaill y dydd o'r blaen. Dyfalaf i'r
werin arfer y term yn unol â'i syniad am Ragluniaeth ddiwyro a
bennodd gyflwr a statws pob dyn. Os ganed chi'n gyffredin dlawd,
eich dyletswydd oedd bodloni ar hynny; os perthynech i deulu
bonheddig dyna'ch lle. Synient nad oedd newid ar y drefn, nid oedd
ond derbyn mai dyna'ch "rhan" mewn bywyd, ac ofer oedd ceisio
newid pethau ac ymgodi. Erbyn heddiw mae Ernie a Vernon a'u tebyg
wedi hudo'r werin i ymwrthod â'r gred mewn Rhagluniaeth. Mae Jac
cystal â'i feistr, onid gwell!

ANRHYDEDD

Drwy sefydlu cronfa i goffau Syr T.H.Parry-Williams caed Medal i gydnabod gwasanaeth gwirfoddol dros dymor hir i'r bywyd Cymraeg. Fe gofir mai'r person cyntaf i'w dderbyn, a hynny yn Aberteifi llynedd, oedd Mrs L.M.Tegryn Davies, Aberporth. Gwneir y dewis gan Bwyllgor, a'r Sadwrn yn y Drenewydd yng nghyfarfod Cyngor yr Eisteddfod fe gadarnhawyd y dewisddyn i'w anrhydeddu yn Wrecsam yn Awst, sef Ivor Owen, y gweithiwr dygn sy newydd ymddeol o fod yn ysgolfeistr Llanuwchllyn. Dyma'r ardal a gydnabuwyd am "fwrlwm bro", a bu ef yn un o'i harweinwyr amlycaf a ffyddlonaf, ac yn gymwynaswr i ieuenctid ein cenedl ers llawer blwyddyn.

> Clodforwn, gwaeddwn yn gôr
> Hyd y nef, "Da iawn, Ivor."

CYWYDD

Mewn dosbarth cynganeddu yn Nhrawsfynydd y noson o'r blaen, wrth drafod pwnc acennu, daeth achos i gyfeirio at William Edwards, Tŷ Cerrig, yn canu Cywydd "Y Dilyw". Wedi dod adref dechreuais chwilio am y geiriau, eto heb fedru cofio enw'r awdur, ac ofer fy ymchwil. Wedi teliffonio at ddau gyfaill prydyddol mentrais gysylltu â rhai aelodau o'r teulu yn Rhyd-y-main, a chael help parod, gan lwyddo i godi'r geiriau ar y teleffon, ar wahân i un linell betrus. Rhai hynaws efo'u help yw staff Llyfrgell y Sir, ac euthum yno i holi wedi gweld cyfeiriad gan Syr O.M.Edwards i Robert Thomas (Ap Vychan) ennill cadair Eisteddfod y Rhyl 1863 am awdl "Y Dilyw"; eithr nid oedd copi ar gael. Wedyn dyma gael gan Llewelyn Evans, Gronant, dâp a wnaed o recordiad o William Edwards, ond yr oedd eto un llinell na fedrwn ddal ar ei geiriad. Wedi cryn holi a stilio fe'm cyfeiriwyd at Ifor Edwards, Brithdir, ei bartner canu gynt, a heb betruso dim nododd ef mai'r ffynhonnell oedd "Llyfr Cerdd Dannau" Robert Griffith. Ac yno'n wir, gyda rhai defnyddiau eraill mwy poblogaidd sy yn y recordiad, roedd "Penillion Triban Morfudd" ac Englynion Toddaid. Am y Cywydd, clytwaith oedd, tri phennill tri chwpled gan Ap Vychan, a thri arall o waith Gwilym Hiraethog. Ond gwelais mai'r cyntaf oedd yn dal perthynas â stori Noa, ac mai at bennod xi Eseia y cyfeiria'r gweddill. Yn chwanegol at bwnc yr acennu na frysied neb i bwysleisio na chân neb heddiw gerddi o'r math hwn. Mae'r chwaeth wedi newid, a'r dewis o eiriau yn well, eithr cofier i'r hen rai hyn roi diddanwch i lu yn eu cyfnod. Heb ymdrech arloeswyr cynnar dan gryn anfanteision ni byddai ein cerdded ninnau cystal heddiw. Beth bynnag, diolch am sirioldeb pawb a'm helpodd yn fy ymchwil. A diolch am gael cofio eto am un o gymwynaswyr Dyffryn Wnion, caruaidd dad ein Cerdd Dant.

Ebrill 8 1977

GAIR I GALL
Addefaf nad oes i mi'n bersonol ddiddanwch mewn **vers libre**, y wers rydd, mesur penrhydd neu pa enw a fynnwch. Tybiaf nad rhagfarn noeth yw hyn, na mympwy chwaith, oherwydd edmygaf driniaeth rhai meistri o'r ffurf hon ar fynegi. Eithr 'rwy'n teimlo ers tro fod gormod o brydyddion ifainc, a phlant ysgol hefyd, yn cael eu denu at y dull sy'n ymddangos mor rhwydd a dilyffethair. Felly llonnais wrth ddarllen yn rhifyn Mawrth "Y Genhinen" adolygiad y Prifardd Tom Parri Jones ar gasgliad o gerddi gan Menna Elfyn. Wedi canmol deunydd y llyfryn sydd â'r teitl "Mwyara" chwanega'r cyngor hwn: "Ond da chi, a phob bardd ifanc arall, taflwch gwdyn plastig y Wers Rydd i'r afon, ac ewch i fwyara efo'r hen biser Cymreig a'i handlen odl, a hwyrach gaead cynghanedd. Perygl y mwyar yw mynd yn stwns yn y cwdyn plastig. Ond yn yr hen biser tun mi gadwan' eu siâp, ac fe'u cofir." Amen, meddaf fi.

Mai 6, 1977

SIÔN BEN TARW
ANTHEM GENEDLAETHOL
A dyma ffyliaid yr F.A. yn gwrthod eto, y cais am chwarae record "Hen Wlad fy Nhadau" ar gychwyn gêmau pêl-droed yn Lloegr yn erbyn tîm Cymru. Tydi hi ddim yn anthem cenedlaethol, meddai'r deillion rhagfarnllyd, ac fe allai hefyd, yn iaith Ifans y Tryc, fod yn embaras i'r Teulu Brenhinol druan bach. "Eisiau bod yn Sais"? Dyma

bwysleisio unwaith eto nad ydym ond "dinasyddion eilradd" chwedl Robyn Lewis. Mwy effeithiol na dim fydd tynnu tîm Cymru allan o'r cystadlaethau hyn.

IAITH
YR WYDDOR

A ninnau'n byw dan straen pwysau beunyddiol y Saesneg mae'n syn fod y Gymraeg cystal ag y mae. Yn chwanegol at bwnc priod-ddulliau ac ymaroddion a geiriau unigol mae'r dylanwad yn drwm ar ein llythrennau. Ni wn a fyddwch yn ystyried pwnc y wyddor weithiau. Mae gennym 28 llythyren, wyth o'r rheini yn gyfuniadau. At hynny yr ydym yn defnyddio j yn feunyddiol, a dim ond mympwy a bair inni beidio â'i derbyn i'r seiat. Prin bod arnom angen nodau k ac x a z, (ac ni welaf pam y daeth rhai o'r teulu i'r cyfieithiad newydd o'r Testament Newydd) gan y gallwn gyfleu'r seiniau gydag c, cs, gs, s. Rhaid cael sh mewn ychydig eiriau, er bod "si" o flaen llafariad yn ei gyfleu mewn amryw.

Yr unig broblem fawr arall a gofiaf ar y munud yw'r ffordd o seinio "ch" fel yn y Saesneg "church". Un o'r geiriau benthyg mwyaf arferedig (a blasus!) yw "chips". dodwch yr ansoddair "dy" (your) o'i flaen ac fe â yn "dy jips di", ac yn yr un modd y ceir "ei jibs ef". Ni feddaf arwyddion argraffu i gyfleu'r union sain gymhleth a geir wrth osod "fy" o'i flaen.

Mehefin 10, 1977

ENGLYN

Un o gymeriadau odiaf cyfnod y camera teledu yw'r noethlymunwr (streaker) sy'n ymddiosg i roi gwib ar draws maes agored er mwyn cael ei weld gan bobl. I hwnnw y gofynnwyd am englyn yn eisteddfod Arthog, a Tomi Price a enillodd. Megis y gall arlunydd awgrymu gwrthrych efo dwy neu dair stroc o'i frwsh, dyma ichwi gynildeb gwiw mewn englyn:

> "Osborn ydoedd ŵr anhysbys—unwaith,
> Nes tynnodd ei drywsus
> I redeg, rhedeg ar rus,—
> Heddiw mae'n ddyn cyhoeddus."

GEIRIAU
Gogleisiwyd fi gan y cynnig am enw ar "flying saucer" – padell fflio.

Gorffennaf 1, 1977

CODL AM ODL
Mae gwerth ambell lyfr, nid ynddo'i hun, ond yn anuniongyrchol, sef yn yr help a rydd i ddibenion tu allan iddo ef ei hun. Mae pob Geiriadur yn enghraifft o hyn; yr un modd "Mynegair Ysgrythurol", cymorth i ddod o hyd i adnod drwy chwilio rhestri o eiriau. Mae gennyf ddau, un o gasgliad Peter Williams a'r llall gan Owen Jones, Manceinion. Yr ail yw "Geiriadur Y Bardd", neu "Yr Odlydd Cyffredinol at wasanaeth y beirdd" dan olygiad Cynddelw. Erbyn hyn mae copïau o'r ddwy gyfrol yn lled brin, a bûm yn chwarae â'r syniad o fynd ati i ddarparu rhai yn eu lle!

Gweinidog efo'r Bedyddwyr oedd y Cynddelw hwn, Robert Ellis 1812-75. Pa reswm oedd dros iddo baratoi rhestri o eiriau yn ôl eu terfyniadau? Am fod y Gymraeg yn iaith seinegol (phonetic) a'i sillafau diacen yn cael eu cynanu'n drymach ac amlycach nag yn Saesneg. Oherwydd hynny mae odlau yn cyfri mwy inni. Nid hyfryd i'n clustiau yw "odlau Gwyddelig", ac eithriad i'r rheol a'r arfer yw ambell enghraifft fel "a'r Bala dirion deg ... nid wyf yn enwi neb". Yr ydym yn hoff o gael seiniau yn cyfateb, ac mewn englyn mae gofyn i bedair llinell gyfateb ar y brifodl, ac mewn hir a thoddaid chwech. Felly "cymorth cyfamserol", "cymorth hawdd ei gael mewn cyfyngder" yw rhestri o eiriau sy'n odli. At hynny cafodd llawer prydydd y profiad o "chwilio am air a chael mwy".

Gorffennaf 8, 1977

Y DDRAIG GOCH
Balch oeddwn y noson o'r blaen o glywed yr Athro Bedwyr Lewis Jones yn achub cam yr arwyddair "Y ddraig coch ddyry cychwyn". Roeddid wedi hen gynefino â'r llinell tan ryw ychydig flynyddoedd yn ôl pan daflwyd amheuaeth ar ei gwerth a'i phriodoldeb. Ar y funud ni allaf gofio pa achlysur brenhinol neu dywysogaidd ydoedd, ond mae

argraff ar fy meddwl i Cynan a rhywrai eraill dybio ei bod yn llinell anaddas a gyfeiriai at ran neilltuol o gorff tarw. Digwydd mewn cywydd o waith Deio ab Ieuan Du o'r bymthegfed ganrif, cywydd i geisio rhodd o darw ac anner gan Siôn ap Rhys o Lyn Nedd. Fe'i cyhoeddwyd gan Rhys Jones o'r Tyddyn Mawr (y Blaenau wedyn) yn ei gasgliad "Gorchestion Beirdd Cymru" yn 1773, a'i ail argraffu gan Cynddelw yn 1864 gan chwanegu nodyn: "Y Tarw Coch o Lyn Nedd, wedi'r cwbl a roes ddechreuad i'r llinell defnyddir yn awr fel arwyddair arfbais Tywysogaeth Cymru". Cyn diwedd y cywydd y ceir y llinellau sy'n cyfeirio at y ddau anifail:

> "Dreigiau ynt o rywogaeth
> I ennill in'loi a llaeth.
> Y ddraig goch ddyry cychwyn
> Ar ucha'r llall ar ochr llwyn."

Cyffelybir y tarw coch ei hun i ddraig, nid un ran o'i gorff, fel y camdybiodd rhai. Diolch i'r athro o Fangor am ddiogelu'r frawddeg liwgar inni, ac nid oes achos dros ei bwrw o'r neilltu.

Gorffennaf 22, 1977

GEIRIAU
Holodd cyfaill fi am y gair "cabalatsian", a glywais yn ddigon aml yn 'Stiniog. yng Ngeiriadur Pryfysgol Cymru "caber-lats, caberlatsio" yw'r ffurfiau. Mae l ac r yn gallu cyfnewid, fel y sylwir ar dafod plant bach. Dyfelir mai gair benthyg ydyw o dafodiaith leol sir Gaer, "caper-lash, abusive language". Mae'n golygu cadw sŵn ofer, ffwlbri, siarad lol, malu awyr, rwdlan, clebran, paldaruo. (Fe'i ceir hefyd yn nwyrain sir Ddinbych fel enw ar fath o deisen gyrens a wneir o ddarn sbâr o does.)
"Paldaruo" meddwn. "Baldaruo" a gydnebydd y Geiriadur, a chynnig mai benthyg ydyw o ddau air Gwyddeleg "balb" (mud, bloesg) a "dord" (sŵn). Os o "baldordd" y daw, tybed nad yw'n berthynas i'r gair Saesneg "balderdash"?

171

GEIRIAU
Peth od yw hwyl cynganeddu, a gadael i'r feistres fynd yn ddiamcan weithiau.

> Dos o'ma, dos i Eyemouth, —i Garno,
> I Bermo (neu Barmouth),
> Dos o'r sir a dos i'r Sowth,
> Dos i Wem, dos i Weymouth.

Ymadrodd lliwgar yn nhymor fy mhlentyndod oedd "Dos i Wem" am: dos ymaith, i ffwr' â thi, bant â thi, cer o'ma, hegla hi, hel dy draed i rywle. Wrth ei grybwyll wrth ddau neu dri yn Nolgellau synnais ddeall nas clywsent erioed. Pam Wem rhagor rhyw le arall? Enw ydyw ar bentref yn sir Amwythig, yn union dros y ffin yn Lloegr, fel mai ei rym yw "dos o'r wlad, dos yn ddigon pell o'r fan hyn".

Ei gyfystyr Saesneg yw "Go to Halifax". Ond pam Halifax o bobman? Chwiliais a chael mai "gair teg" (euphenism) ydyw am "go to hell". Cynigir iddo ddeillio o fath o weddi cardotwyr a chrwydriaid a ddyfynnir gan John Taylor, Bardd-y-dŵr (1580-1653):

> "From Hull, Hell and Halifax
> Good Lord, deliver us."

Sylwer ar yr elfen o gyseinedd. Osgoid Hull am na cheid tamaid yno heb weithio'n galed amdano; ac yn Halifax dienyddid y neb a ddelid yn lladrata brethyn. Felly dyna ddod yn agos at "dos i'th grogi".

Awst 5, 1977

MAMAU'N GWEITHIO
"Lle ma' Mam?" Dyna'n cwestiwn cyntaf ni blant wrth ddod i mewn i'r tŷ. A sylwais droeon ar fy nhad a'm hewythr yn holi'n gyffelyb, "P'le mae dy fam?" Rhyw fath o gwestiwn difwriad ac arwynebol ydoedd yn aml; nid bod arnom eisiau dim byd ganddi ar y funud, ond rhyw gymryd yn ganiataol, wrth ddod i'r aelwyd, y byddai hi ar gael. Drylliwyd y ddelwedd hon ers llawer blwyddyn. Aeth mwy a mwy o wragedd a mamau allan i weithio er mwyn chwyddo pwrs y teulu, ac i lu o blant ysgol heddiw nid yw mam ddim gartref.

Medi 30, 1977

TAI HAF

Dai Davies, gôl-geidwad tîm pêl-droed Cymru, yn symud oddi wrth Everton i Wrecsam, ac ymhlith rhai manteision a nododd, datganodd y câi ei blant siawns ar Ysgol Gymraeg. Mawr dda iddo – mor wahanol i rai rhieni yn Nolgellau a'r cylch y mae sibrwd eu bod am ymgyrchu i gadw eu plant rhag eu llychwino drwy hyfforddiant mewn Cymraeg.

Dyma agwedd arall ar ein bywyd. Dyfynnais o'r blaen englyn cryf pedwarawd Dyfed i "Dai Haf":

"Aelwydydd egwyl ydynt,—gwenau haul
Ddwg 'wenoliaid' iddynt;
Trwy Walia maent dai'r helynt,
Ogofeydd y gaeaf ynt."

Ail gartrefi, tai gwyliau i bobl ariannog. Eisoes mae Cyngor Dwyfor wedi ennill cefnogaeth i'w cais am grant i brynu hen dai modd y gallant eu cyweirio a'u gosod i bobl leol.

Mae digon o ysgyrnygu dannedd ar Gymdeithas yr Iaith am eu protest gyda'r tai-haf i Saeson cefnog, a hyd yn oed led-amau polisi Tai Gwynedd ac Adfer. Ond darllenais yn y "Telegraph" fod Bwrdd Cynllunio Bro'r Llynnoedd am nacau hawl adeiladu preifat yn y darn o'r Parc Cenedlaethol i bobl oddi allan a fynnai elwa ar y farchnad dai neu gael ailgartrefi neu dai-haf. Gwneir hyn, nid yn unig i lesteirio gor-ddatblygu cylchoedd gwledig, ond i sicrhau cyfle i ieuenctid lleol a orfodid i fudo i barthau eraill am aelwydydd. Os yw'r Saeson yn gweld angen dodi'r cyfyngiad hwn ar eu cyd-genedl, a yw'n anghyfiawn (a chul) i ninnau fel Cymry Cymraeg warchod ein broydd rhag dylifiad pobl anghyfiaith a allai newid bywyd ardal?

Hydref 7, 1977

YM MHLE?

Caf f'atgoffa am stori 'nhad am ei ddosbarth Ysgol Sul yn Jerusalem, 'Stiniog. Trafod y chweched bennod o Efengyl Ioan yr oeddent, ac aeth yn ddadl dda rhwng dau aelod ynghylch ple'r oedd y disgyblion ar y pryd. Yna torrodd trydydd ar eu traws gan ddal bod y ddau yn anghywir eu lleoliad. Troes fy nhad at William: "Ple'r wyt ti yn dweud eu bod ynteu?" Atebodd, "yn Chwannog." "P'le ddwedaist ti?" Aeth yntau ymlaen, "Chwannog, siwr iawn. Mae adnod 21 yn dweud – 'Yna y derbyniasant ef yn chwannog i'r llong'."

Hydref 7, 1977

OWAIN MYFYR

Wrth yr enw barddol hwnnw yr adwaenir Owen Jones (1741-1814) crwynwr o Lanfihangel Glyn Myfyr a ddaeth yn ŵr cefnog yn Llundain ac yn brif noddwr cylchoedd llenyddol ac yn un o olygyddion casgliad gwerthfawr o'n hen farddoniaeth. Fe'i hystyrir yn gryn gymwynaswr, a chladdwyd ei gorff ym mynwent Allhallows yn Thames Street.

Bomiwyd y fynwent adeg y Rhyfel diwethaf, a charreg ei fedd ef oedd un o'r ychydig nad amharwyd arnynt. Penderfynwyd ei symud i le diogelach, ond ymhen amser bu cyrch uwchben yno hefyd a marciwyd y garreg. Penderfynodd Anrhydeddus Gymdeithas y Cymmrodorion ei symud i Lanfihangel. Brodor o Gerrigydrudion oedd ei hysgrifennydd, J.L.Cecil Williams, a cheisiodd ef gan y Prifardd W.D.Williams i lunio englyn ar yr achlysur, a dyma a gaed:

"Archollwyd drwy erchyllwaith—y gweryd
Lle bu'r garreg unwaith.
Ond mae croeso gro ddi-graith
Min Alwen i'r maen eilwaith."

Fe'i ceir ar blac ym mhorth yr eglwys, wedi ei ddadorchuddio ddydd Gwener prifwyl Llanrwst 1951.

NID RHYFYG YW BENTHYG BEIC

Er imi brynu beic ar ôl f'ordeinio'n weinidog yn Rhos-lan, ar feic benthyg y dysgais farchogaeth, gydag amryw o fechgyn eraill. Prin yr haeddai'r hen dracsion rhydlyd ei alw'n ddeurodur iawn, gan nad oedd arno deiars, sach wedi ei rhwymo'n dynn oedd ei sedd, a'r unig frecio posibl oedd crafu ymyl yr olwyn efo ochr eich esgid. Ar dipyn o riw yr

ymarferem, gan fynd i'r wal droeon, a chael aml i godwm
din-dros-ben, nes daeth munud fawr y balans ac wedyn nid oedd sôn
am golli cydbwysedd byth. Y dyddiau hyn, yn lle brysio ar bedair
olwyn caf finnau hamddena ar ddwy.

> Un difodur, nid wyf feudwy—yn gaeth
> Yn ei gell ofnadwy;
> Hy fy nhrem, hoyw fy nhramwy,
> Ar fy meic yr af fi mwy.

Hydref 14, 1977

EMYN

Gwahoddwyd fi i geisio llunio emyn Pasg addas i blant a phobl ifainc
ar y dôn "Macabeus" gan Handel. Dyma fy nghynnig:

> Crist a orchfygodd fore'r trydydd dydd,
> Cododd ein Gwaredwr, daeth o'r rhwymau'n rhydd.
> Gwisgoedd ei ogoniant sydd yn ddisglair iawn,
> Wedi gweld ei harddwch ninnau lawenhawn.

> *Cytgan:*
>   Crist a orchfygodd fore'r trydydd dydd,
>   Cododd ein Gwaredwr, daeth o'r rhwymau'n rhydd.

> Daw Ef i'n cyfarch gyda thoriad gwawr,
> Gwasgar ein hamheuon, lladd ein hofnau mawr.
> Cryfach fyddwn ninnau yn ei gwmni Ef,
> Rhodiwn yn hyderus ar ein ffordd i'r nef.

> Ni yw ei dystion, awn ymlaen â'i waith,
> Gan gyhoeddi'i enw ym mhob gwlad ac iaith.
> Gobaith sydd yn Iesu i'r holl ddynol-ryw,
> Concrwr byd a'i bechod, y pencampwr yw.

Ionawr 20, 1978

TRYFANWY
Un o englynion clyfraf Gwilym Deudraeth yw hwnnw ar newid acen geiriau:

> "Digon hawdd yw dweud gwyn wy, —mae yr un
> Mor hawdd dwedyd gwynnwy;
> Eifionwyn a Thryfanwy,
> Eifion Wyn a Thryfan-wy."

Gwyddwn yn ifanc am enw J.R.Tryfanwy. Yn "Bywyd Bob Owen" sonnir am Eifion Wyn a W.J.Nicholson yn chwarae biliards. "Gŵr y bu Eifion Wyn yn driw iawn iddo oedd Tryfanwy, y bardd dall, a oedd yn marcio'r sgôr biliards yn y "Liberal" yn y Port. Oherwydd yr ychydig geiniogau a gawsai fan honno a'r ffaith ei fod yn ennill ychydig geiniogau wrth farddoni, penderfynodd Bwrdd Gwarcheidwaid y cylch dynnu elusen plwy Tryfanwy i lawr o bedwar swllt i driswllt yr wythnos ... lluniodd Eifion Wyn gerdd ... a dyna ichi'r dychan mwyaf deifiol a ddarllenais i erioed ... Gyda llaw gan fod Tryfanwy yn ddall, ac o'r herwydd yn dlawd cymerai ambell fardd a oedd eisiau clod mewn Eisteddfod Genedlaethol fantais arno a rhoi cildwrn iddo am wneud cerddi iddynt. Gwn am un a enillodd wobr Genedlaethol gyda chân a luniodd Tryfanwy iddo."

Chwefror 3, 1978

DIRWEST
Mawr dda i'r W.I. am drefnu'r cyfarfod yng Ngholeg Meirionnydd nawn Sadwrn, a chael Dr Dafydd Alun Jones, Dinbych, i annerch ar Alcoholiaeth. Rhyw chwech ohonom ddynion a fentrodd i blith y merched, ond roedd yn werth mynd gyda phwnc mor hollbwysig i'w ystyried. Cyfeiriodd y darlithydd at y newid osgo a fu at bwnc yfed diodydd meddwol, a'r dirywiad enbyd a ddilynodd o hynny. Ar wahân i rai a gyfrifir yn yfwyr mawr (trwm) dywedir bod un person o bob cant yng Ngogledd Cymru yn Alcoholig. Beth bynnag am eraill a guddir gan eu teuluoedd golyga hyn tua phum mil o bobl. I weld maint

176

erchyll y broblem ystyrier teuluoedd y rhain, yn wragedd a phlant, a'u lle yn eu gorchwylion ac yn y gymdeithas leol. Rhaid wrth gydymdeimlad dwfn i geisio adfer y cleifion hyn. A rhaid wynebu pwnc y pwyso cyson sy heddiw ar yr ifainc.

O safbwynt meddygol yn bennaf y trafodai'r anerchwr ei bwnc, ac ni roi bwys ar yr agwedd gyfreithiol. Ni allwn beidio â sylwi ar ambell siaradwr o'r llawr braidd yn fychanus o'r safbwynt dirwestol a fu'n nodwedd mewn Ymneilltuaeth, a gellid tybio bod mwy o barch i D.T. nag i T.T. Ond dyweder a fynner, chwarae â'r pwnc yw osgoi ei agwedd foesol. Yn yr oes benrydd hon a oes arnom ofn sôn am hunan-ddisgyblaeth ac ymatal? Aeth yfed yn rhemp mewn llu o briodasau. Prin y ceir rhaglen deledu heb olygfa tafarn, gan gynnwys "Pobol y Cwm", ac fe gyflyrir pobl yn ddiarwybod iddynt i dybio nad yw bywyd yn werth ei fyw heb y diodydd hyn. Ac, fel y sylwodd un gwrandawr wrthyf, dodir rhybudd o berygl ar bob pecyn sigarets, ond ni rybuddir byth am berygl alcohol. Mae'r fasnach yn talu'n rhy dda, os yw yn llygru cymdeithas.

Chwefror 17, 1978

Y GROES BREN

Yn Ysgol Gynradd Trawsfynydd cedwir y groes bren a roed i nodi bedd Hedd Wyn wedi ei ladd yn haf 1917. Ymhen amser, pan gaed y meini unffurf swyddogol ar feddau'r milwyr, llwyddodd rhywun i ddod â'r groes wreiddiol adref oddi yno. Bûm yn holi a stilio yn y pentref, ond methais gael gwybod pa bryd yn union a chan bwy y daeth i'w hen fro.

Yn y dosbarth Cerdd Dafod sy gennyf yn yr ysgol cyfeiriwyd at eisteddfod Llawr-plwy. Awgrymais osod cystadleuaeth englyn i'r Groes Bren, a chasglodd yr aelodau rhyngddynt ddwybunt at wobr. Cymhellwyd pawb i fynd ati, a dod â'i gynnig i'r dosbarth, gan neilltuo noson i'w trafod, ac fe gaed 17 englyn. Os oedd ar ambell un eisiau pwyth fan yma a thrwsiad fan acw, pa waeth? Fe gaed noson ddifyr ac adeiladol yn eu trin.

Bu'r eisteddfod y Sadwrn cyntaf yn Chwefror a derbyniwyd 41 englyn. Aeth y wobr i Elias Davies o Abererch, rheolwr Banc yn Mhwllheli.

Er i'r groes gael mawr groeso, —o'i ddu gell
    Ni rydd gam i'w henfro;
Ond y groes o waed y gro
A gafwyd i'n hatgofio.

Yn nesaf ato daeth eiddo Alfred Jones o Fronaber:

Y groes ymysg y croesau—dienw,
    Dim ond anwar rifau;
Mae'n anodd mwy i ninnau
Weld diben drwy ei bren brau.

Chwefror 24, 1978

CWPANAID

Wrth fynd i Abertawe i bwyllgora, a bwrw noson ar aelwyd groesawus
Trebor a Beti, cofiwn fod ganddynt declyn hwylus at wneud te i rywun
cyn codi. "Teasmaid" oedd yr enw addas a glywswn arno, ac wrth
feddwl am gael blasu'r cynnyrch unwaith eto lluniais englyn:

Morwyn llofft, mor wyn ei lle, —ar adeg
    Cloc trydan caiff gyfle;
A bun barod ben bore
I ddod â diod o de.

Wedyn y gwelais mai "Goblin Teasmade" oedd ar y cymwynaswr
cynnar.

Pasiodd dydd fy mhen blwydd unwaith eto. Ond ar derfyn
cyfarfod y Gymdeithas Ddiwylliannol yn y Tabernacl syfrdanwyd fi
pan gyflwynodd y trysorydd, Mrs Menna Roberts, glamp o barsel imi
ar ran yr aelodau, a'r ysgrifennydd, Mrs Eirlys Phillips, wedi darparu
teisen felys gyda chylch o ganhwyllau o gwmpas priflythrennau
f'enw. A beth oedd cynnwys y parsel ond "Teamaker set"!! Bron nad
euthum yn fud.

Mawrth 3, 1978

ERES FAN YW TRAWSFYNYDD

Deuthum adref oddi yno y noson o'r blaen a'm bol yn llawn bwyd, ac yn fy mhoced 'Gymar Papur' costus. Mawr fy niolch i'r ffrindiau hael am hyn o arwydd ar derfyn tymor llwyddiannus a hapus dosbarth WEA yno yn astudio Cerdd Dafod. Bûm wrth fy modd gyda hwy.

> Wele ein noson olaf,
> Iddi'n awr cywydd a wnaf
> Er diolch ar y diwedd
> I griw gwych, hygar eu gwedd.
> I'r ysgol yn ôl â ni
> O lawenydd eleni.
> Mor gu, os llwm yw'r gaeaf,
> A mwyn yw bryd cwmni braf
> I ddysgu y canu caeth
> A rheolau meistrolaeth.
> Difyr yw maes Cerdd Dafod
> A geiriau'n beirdd gorau'n bod.

Mawrth 17, 1978

LLEIHAU BAICH TOLL Y BEIRDD

Ar hyd y blynyddoedd cafodd prydyddion anfon eu cynnyrch i gystadleuthau eisteddfodau lleol a chenedlaethol heb fod codi unrhyw dâl arnynt. (Eithriad i'r arfer oedd y dreth geiniog ar gynigion amaturiaid selog y Llinell Goll.) Ond yn ddiweddar dechreuwyd eu tolli. Yng Nghlwyd 1973 hawlid "20c ar gyfer pob ymdrech," erbyn Aberteifi '76 gofynnid am 30c, yn Wrecsam llynedd fe'i codwyd i 40c, ac at Gaerdydd eleni mynnir 50c. A hyn, sylwer, nid ar bob cystadleuwr llenyddol, ond ar bob ymgais o'i eiddo. Os etyb rhywun fod hyn yn deg, gan eu rhoi ar yr un tir â'r adroddwyr a'r cantorion, cofied bod y rheini, am eu harian, yn cael tocyn i fynd i'r maes.

'Roedd y fath ofyn yn brathu'n neilltuol mewn dwy gystadleuaeth, dwy boblogaidd sy'n wahanol i weddill cynnwys rhaglen testunau, sef yr englyn a'r englyn ysgafn. Gyda'r rhain y mae'n hen arfer gan rai anfon i mewn dri neu bedwar neu ragor o

179

gynigion, o ran tipyn o hwyl. Felly protestiwyd ar y tir bod y gofyn yn anghyfiawn. Gofynnodd cymdeithas "Barddas" am ddileu'r doll, apeliodd Bwrdd yr Orsedd am eithrio dwy gystadleuaeth yr englyn. Wedi i'r Pwyllgor Llenyddiaeth drafod y pwnc cytunwyd ar gymrodedd mewn cyfarfod o Gyngor yr Eisteddfod yn y Drenewydd nawn Sadwrn. Lleddfir y rheol ar gyfer prifwyl Caernarfon, a gofyn am doll o 40c gan bob cystadleuwr, pa sawl cynnig bynnag a enfyn. Diau y bydd hyn yn rhyw help i draul postio'r brifwyl.

Mawrth 24, 1978

COMPO

Dyma ymadrodd pwysig yng ngeirfa 'Stiniog fy mhlentyndod i. Yng Ngeiriadur Rhydychen byrfodd o 'composition' ydyw, ynglŷn â phlastr, ond i mi talfyriad o 'compensation', iawndal. Anafwyd fy nhad yn chwarel Maenofferen, a'i gloffi am ei oes, a tharo'r graig gallestr oedd ceisio iawndal gan berchenogion y gloddfa hyn cyn bod tâl di-waith. Deuthum yn gynnar yn gynefin â difrod aruthr llwch y chwarel ar ysgyfaint dynion, y rheini yn gorfod ymladd am anadl a rhygnu byw. Pan apelid am iawndal rhaid oedd i'r claf wynebu prawf ar ôl prawf gan feddygon amryw, ac os medrai cynrychiolwyr cwmni'r chwarel brofi ichwi gael llid yr ysgyfaint neu pâs neu rywbeth pan oeddech yn deirblwydd oed, neu bod y diciâu ar eich hendaid, llwyddent i osgoi talu, ar y tir nad y llwch a'ch lloriodd. Hir fu'r ymgyrch am degwch, a gwelwyd y glowyr yn llwyddo i fesur gyda'u hachos hwy.

Wedi i Gomisiwn ystyried y maes cyhoeddwyd Adroddiad Pearson y mis hwn, ac yn anhygoel nid yw'n ffafrio'r dioddefwyr. Yn wahanol i achos y glofeydd sy wedi eu gwladoli, dadleua mai cwmnïoedd preifat oedd biau'r chwareli llechi, ac wedi darfod o'r rheini nad oes neb bellach y gellir hawlio iawndal oddi arnynt. Dyma lythrenoldeb ddieflig a hollti blew cyfraith, os bu hynny erioed. Mae'n rhaid na ŵyr criw Pearson ddim am y dioddefwyr yn dyhead fel cŵn. Diolch am ateb chwyrn Dafydd Elis Thomas y dylai'r broblem fod yn gyfrifoldeb cymdeithasol, a'r Llywodraeth ganolog i leddfu cyni hwyrddydd yr hen weithwyr a roes do clyd ar ein haelwydydd.
Diolch am ymroddiad rhai fel ef ac Idwal Edwards ac Elwyn Jones a phawb sy'n ceisio lliniaru chwerw alaeth chwarelwyr.

PROEST

Tamaid i'r cynganeddwyr. Wedi imi gyfeirio dro'n ôl at y bai proest i'r odl mewn llinell o gynghanedd fe'm holwyd gan gyfaill pam na chyfrifir yn wallus y ddwy linell hyn:

"Yn wael y bu modryb Wil"

ac

"Ym Môn y chwiliaf am hon"

Sylwer mai â diwedd geiriau y mae a wnelom yn awr. Hanner odl yw proest. Mae "môn" a "sôn" yn odli, mae "môn" a "sŵn" yn proestio. Ni ellir odli "sôn" a "hon", a'r un modd ni ellir proestio "sôn" a "hwn", oherwydd yn y naill a'r llall ceir y bai "trwm ac ysgafn". At hynny rhaid ystyried y lled-lafariaid a'r deuseiniaid. Nid yw "pen" a "poen" yn odli, ac nid ydynt yn proestio chwaith. Edrycher yn awr ar y ddwy enghraifft uchod: "wael - Wil", ni all deusain a llafariad sengl broestio. "Môn - hon", dyna "drwm ac ysgafn", ac felly ni allant ffurfio proest. Fel y pwysleisia Syr John Morris-Jones yn "Cerdd Dafod", proestio i'r odl yw'r bai a waherddir. Felly, o safbwynt cynghanedd, rhaid derbyn y ddwy linell uchod, er mor anarferol ydynt, fel rhai cywir.

A OES AWYDD AM SEIAT?

Beth yw ymateb personol aelodau'r eglwysi i'r gwanychu yn hanes y cyfarfod gweddi a'r gyfeillach neu'r seiat grefyddol? A yw'r dirywiad amlwg yn anesmwytho arnom, a'r trai mewn cred ac ymarfer yn ein digalonni, a hefyd yn peri inni hiraethu a gobeithio am ddyfod y llanw eto? Y sefyllfa enbyd a'r disgwyliadau mawr a barodd i Gyngor Eglwysi Efengylaidd y dref benderfynu cynnal oedfaon undebol yn fisol, gan ddechrau efo Seiat. Wedi gohirio'r cyfarfod am wythnos o'r noson a fwriedid fe'i cynhelir yn ysgoldy Salem am 7 o'r gloch nos Lun nesaf. Pan welwn y tân yn llosgi'n isel ar yr aelwyd ein harfer yw hel y clapiau glo yn nes at ei gilydd. Down ynghyd i feithrin cynhesrwydd ysbryd.

Mai 19, 1978

YN ARFON
Meddai hen bennill

> "Pwy dybygai canai cog
> Mewn mawnog ar y mynydd?"

Nid yn Nogellau y galwodd y gwcw arnaf gyntaf eleni. Bwriais y
Sulgwyn ar Foeltryfan, yn yr ucheldir yn edrych i lawr ar lifrai Menai
a Môn. Saif cape' Hermon yn unigedd y rhosydd, heb dŷ annedd yn
agos iddo. A phan ̠eddwn ar ganol pregeth oedfa'r bore canodd y gog
yn groyw ddwywaith gerllaw. Os yw pregethwr yn undonog gyda hen
hen bregeth, felly'r gwcw hithau. Ond mae croeso iddi bob gwanwyn.

Gorffennaf 14, 1978

PLIS MEI AI GO OWT
Y diwrnod ar ôl Gŵyl Ddewi y taflodd Neil Kinnock (Llafur,
Bedwellte) ei lysnafedd budr at Dafydd Elis Thomas, gan honni y
gweithredir hilyddiaeth iaith (linguistic racialism) yn y sir a'r
etholaeth hon. Ni chynigiodd frawddeg o brawf i gadarnhau'r
cyhuddiad ysgubol. Baglodd ymlaen yn ei ddig i faentumio bod plant
yn dioddef cam, ac y gallai ef enwi ysgol ym Môn lle gorfodir
disgyblion pump a chwech oed i ofyn am gael mynd i'r toiled yn
Gymraeg, neu wrthod cael caniatâd. Wedi wythnosau o sylw a roed
i'w ensyniadau cyhoeddwyd ffrwyth ymchwil lwyr i Gyngor Gynedd
a wnaed gan D.E.Alun Jones a Tecwyn Ellis ac Ioan Bowen Rees.

Derbyniasai Neil Kinnock ddeunaw llythyr gan rieni, ond prin
bod a wnelo'r rhain â'r gŵyn benodol, a brysiodd un i dynnu'n ôl.
'Roedd pump llythyr arall, gan enwi ysgolion Benllech a Fali ac un
gan chwaer yng nghyfraith Kinnock, nad oedd yn rhy gefnogol i'w
safbwynt. Archwiliwyd yr holl achosion, a dyfarnu bod y cyhuddo yn
gwbl ddi-sail. Onid yw'n warth bod Aelod Seneddol yn cael enllibio
athrawon, pardduo Gwynedd, a sarhau ein hiaith a phopeth sy
ynghlwm wrthi?

Och! biti gwlychu buttock — y rhai bach.
  Beio'r iaith am havoc.
Cawn sbri pe cawn i roi cnoc
I le canol Neil Kinnock.

Gorffennaf 21, 1978

LOVE DIVINE

Dyna ddeuair cyntaf un o emynau enwocaf Charles Wesley. Rhyfedd
na bai rhywun wedi ei drosi i Gymraeg. Dyma roi cynnig arni.

Gariad dwyfol, uwch pob cariad,
  Rhin y nef, a ddaeth i'n byd,
Trefna ynom d'isel drigiad,
  Coron dy rasusau i gyd.
Iesu, 'rwyt yn llawn tosturi,
  Wyt ddiderfyn gariad pur;
Tyrd â'th iachawdwriaeth inni,
  Tyrd i'r fron sy dan ei chur.

Tyrd, waredwr hollalluog,
  Rhodd dy ras a gaffom ni;
Tyrd ar fyrder, yn sefydlog,
  Byth na ad dy demlau Di.
Ti'n feunyddiol a fendithiwn,
  Gweini fel y nefol lu;
Gan weddïo, Ti a folwn
  Am dy gariad perffaith, cu.

Gwna dy newydd greadigaeth,
  Pur, dilychwin fyddom ni;
Rho in weld dy iachawdwriaeth,
  Llawn adferiad ynot Ti.
O ogoniant i ogoniant
  Cael ein newid, lle'n y nef,
Rhoi'n coronau yn dy feddiant,
  A rhyfeddod lond ein llef.

Medi 22, 1978

MYND I HWYL

Mae tymor yr hen arddull hwyliog wrth bregethu bron ar ben, ac erbyn hyn ychydig yw nifer y rhai sy'n ei medru. Ond mae'r rhai hynaf yn ein mysg yn cofio'n dda fel y byddai rhai pregethwyr a gweddïwyr cyhoeddus hefyd yn ei thiwnio-hi, ac arfer "yr hwyl Gymreig" yn golygu canu'r brawddegau ar nodau l-t-d, ac weithiau yn esgyn i r-m. Un a fedrai'r dull swynol hwn (ond ei fod yn gweiddi braidd) oedd John Buckley Jones a fu farw yn Rhostrehwfa ger Llangefni ar Awst 10, yn 85 mlwydd oed. Bu'n gweinidogaethu yn Aberfan, a Bedlinog, ac wedyn yn gofalu am dymhorau byr am eglwysi cylch Rhosymedre, ac yna Bethania ym Mlaenau Ffestiniog. Daeth i dyddyn yn Nefyn pan oeddwn i yno, a dymunaf ddiogelu un atgof neilltuol am ei ddawn.

Roedd merch ifanc yn Soar, Nefyn, wedi dod â chyfeilles o Lundain efo hi i'r Cyfarfod Gweddi nos Lun. Wrth ei chroesawu eglurais mai Cymraeg fyddai iaith ein haddoli; chwilfrydig i glywed y canu oedd hi. Gelwais ar Buckley i ddechrau'r oedfa. Yn ei weddi cynhesodd ati i ganu yn ôl ei arfer, a llifai'r geiriau yn rhwydd ar y nodau cyfarwydd. Yn sydyn newidiodd i'r Saesneg, gan gadw at sigl y diwn. Ymhen rhyw ddeg neu ddeuddeg brawddeg dychwelodd i'r Gymraeg gan ddal i'w thiwnio-hi yn gwbl ddidrafferth. Ni chlywais i neb erioed ond ef yn gwneud hynny, ac ni fentrwn i fy hun roi cynnig arni.

* * * * * *

Cynhelir CYFARFOD ANRHEGU

Y Parch.a Mrs O.M.Lloyd
NOS FERCHER, HYDREF 25ain, 1978
yn Y TABERNACL am 7.00 o'r gloch

* * * * * *

Hydref 27, 1978

ANRHYDEDD IAWN I'R AWDUR

Mi gofiaf am weddill fy oes y Sadwrn, Hydref 21. Roedd Cymdeithas Barddas wedi trefnu i gynnal ei chynhadledd flynyddol yn Y Bala, a minnau wedi addo cymryd rhan mewn trafodaeth ar "Chwaeth mewn englyn" a meurynu Ymryson gyda W.D.Williams yn yr hwyr. Ond bu'r Hydref hwn yn fis anarferol o brysur imi, blinais beth ar y rhuthr, ac yna daeth angladd i'm rhwystro rhag mynd i seiadu gyda'r cynganeddwyr. Cefais gan W.D. ofalu am yr Ymryson i gyd, ond pwyswyd arnaf yn daer i fynd i'r cyfarfod nos Sadwrn. Aeth fy mhriod a minnau i Neuadd Y Cyfnod i ginio, ac yna cliriwyd y byrddau ac aildrefnu'r cadeiriau ar gyfer yr ymryson. Ond cyn dechrau clecian y gynghanedd dodwyd parsel o gryn faint ar y bwrdd a'm gwahodd i'w agor. Pan godais y caead beth oedd i mewn ond rhai cannoedd o lyfryn yn dwyn y teitl "O Em i Em", detholiad byr o waith O.M.Lloyd. Rhodd i'r Bardd gan Gymdeithas Barddas ar achlysur ei ymddeoliad.

Wel, sôn am ddyn yn colli ei wynt! Ni wyddwn beth i'w ddweud. Dyma'n wir "synnu, pensyfrdanu dyn". Ni chawsom unrhyw awgrym fod y fath fraint i ddod imi. Wedyn y deellais fod y golygydd, y Prifardd Alan Llwyd, wedi ymgynghori â'm priod annwyl, ond roedd y gyfrinach wedi ei chadw'n glos. Llyfryn o ryw ugain tudalen ydyw yn cynnwys englyn cyfarch gan wyth cyfaill, 25 englyn o'm gwaith i gyda phedair cerdd arall ar y diwedd. Gwasg Salesbury, Llandybie, a'i hargraffodd, a chodir 45c o bris ar y copi. Mawr fy nyled i'm cyfeillion am fy anrhydeddu mor annisgwyl. "Dim ond diolch yw fy lle."

> Moliannaf fel miliynydd—a gefais
> O gyfoeth dihysbydd.
> Y llyfr bach yn llafar bydd
> A gair annwyl garennydd.

Tachwedd 3, 1978

YMDDEOL

Ni wn sut i ddechrau, heb sôn am feddwl gorffen, diolch am y caredigrwydd a'r haelioni mawr a ddangoswyd nos Fercher tuag at fy mhriod a minnau. Ped awn ati i lunio awdl foliant i'm cyfeillion oll alwasai yn y Dinas ar ei daith, yn hallt ei gondemniad ar Dolgellau a'i lety. Chwyrn ei amddiffyn oedd y pamffledwr hwn. Gyda llaw, sylwais mai Cader Idris oedd ffurf enw ein prif fynydd ganddo yn 1701, a minnau dan feirniadaeth un neu ddau am arfer yr un ffurf yn 1956.

Ymhlith rhai llyfrau hen eraill dangosodd Robert Jones lyfr rhifyddeg ei or-hendaid, John Richards, y cyfan mewn llawysgrifen gain. Ar Feibl a Llyfr Gweddi 1746 roedd rhywun wedi codi "achau teulu Ty'nybraich a Tyddyn ucha hefyd, sef Maesglasefach". Y cynharaf a enwir yw Gethin wrth y flwyddyn 1012, ond ni wyddys ar ba sail. Sicrach yw olrhain y teulu o John Williams yn 1629 o dad i fab. Mae enwau cynharach ond heb ddyddiadau wrthynt.

A chefais gydio yn y Beibl mawr. Ie, cyfrol William Morgan a argraffwyd gan Christopher Barker yn 1588. Cynnwys y ddau Destament, a llyfrau'r Apocryffa rhyngddynt. Cafodd ei thrwsio'n ofalus, a chaed iddi ddarlun o'r wynebddalen a gollasid, a'r gwaith yn gorffen gyda Datguddiad xviii, 23, a'r gweddill yngholl. Nid yn Nhyn-y-braich y bu'r gyfrol ers pedair canrif, a'r enw tu fewn i'r clawr blaen yw "David Thomas, Doluwcheogryd" sef Dewi Wnion y prydydd a'r saer (1800-84) a fu'n byw ar dir y Llwyn. Pa sawl copi sy ar gael? Cofiaf syllu'n ddefosiynol ar yr un sydd yng Nghadeirlan Llanelwy. Pwy a all osod pris ar y fath drysor?

Am a wn i nad oedd yr olaf yn fwy rhyfeddol eto, sef copi o "Kynniver llith a ban or Yscrythur lan ac a ddarlleir yr Eccleis" a argraffwyd yn Llundain yn 1551. Os "Yn y llyfyr hwn" yn 1547 gan Syr John Prys oedd y llyfr Cymraeg cyntaf erioed i'w argraffu, y detholiad hwn o lithoedd Eglwysig oedd yr ail. Ffrwyth llafur yr arloeswr William Salesbury ydoedd, a pharatoad ar gyfer Testament a Llyfr Gweddi 1567. Dyma drysor o'r prinnaf.

Gyda hyn oll yr oedd y sgwrs yn felys, a Robert Jones yn sôn am John Jones, brawd ei daid, a thad E.D.Jones a Baldwyn ac Emrys. Roedd wedi derbyn copi o ryw gyhoeddiad ceiniog (tybed ai'r DYDD ydoedd?) ac un tudalen yn wag o brint yn peri iddo ddweud:

> "Hy-lo, dyma dro direol, —rhoi prin
> Hanner pryd i'r bobol.
> Be wnawn-ni er byw'n unol:
> Dyma wnawn, mynnu dimai'n ôl."

Cefais fenthyg "Cyfansoddiadau buddugol Eisteddfod Gadeiriol Môn" yn Llannerch-y-medd 1869 lle'r ennillodd J.J. gydag awdl "Y Trydan". Nid oedd y "dyn ieuanc talentog iawn" yno i'w urddo, ond "cynrychiolwyd ef gan ei athraw barddonol Mynyddog", a oedd y pryd hynny yn sgrifennu i'r DYDD.

Wedi'r fath seiadu gwiw yr oedd yn rhy wlyb dan draed gennyf i gerdded draw i Faesglase-fawr, lle caed

"O! Tyn
Y gorchudd yn y mynydd hyn;
Llewyrched haul cyfiawnder gwyn
O ben y bryn bu'r addfwyn Oen
Yn dioddef dan yr heolion dur
O gariad pur i mi mewn poen."

Wrth ddychwelyd bu inni'n tri aros wrth y gofeb gerrig efo'r tabled a drefnodd Cymdeithas Hanes Meirionnydd gyda grant Cyngor y Celfyddydau rhyw ddwy flynedd yn ôl.

"Nid nepell o
Dyn-y-braich
ar y ffordd hon saif
murddun Maesglasau cartref
Hugh Jones
yr emynydd
1749-1825"

Syn deall iddo farw'n dlawd yn y Wercws. Minnau yn cael dychwelyd dros y Bwlch ar brynhawn wrth modd fy nghalon.

Tachwedd 17, 1978

GŴYL Y GENI

Sut Nadolig a gaiff y di-waith? Wedi i'm cyflwr innau ddwyn segurdod gorfodol i'm rhan 'rwyf wedi meddwl droeon am ddiflastod y rhai nad oes gorchwyl iddynt. Mae'r cyfartaledd yn drychinebus o uchel yng Nghymru, dros ddeg y cant yn sir Fôn ac o gwmpas Caernarfon, a mymryn dan ddeg yn 'Stiniog (er bod dros ddwy fil wedi mudo oddi yno). A thrwy'r deyrnas i gyd mae nifer y di-waith bron yn filiwn, teyrnas sy am dalu bron filiwn o bunnau i'r wraig gyfoethocaf yn yr ynys, a miloedd eto i'w phriod a'i phlant, a'i chwaer, cefnder a chyfnither, cyfyrder a chyfneseifiaid. 'Hael yw Hywel ar bwrs y wlad.'

Sut ŵyl a gaiff carcharorion? Yn eu plith mae saith Cymro ifanc (heb sôn am eraill a chwmwl bygwth uwch eu pennau), llanciau y bu gweinidogion yr Efengyl a gwŷr amlwg eraill yn tystio i lendid eu cymeriad a chywirdeb eu delfrydau. Hyd yn oed os ydym ni rai hŷn yn ansicr weithiau a ddefnyddiant y moddion priodol gwyddom mai eu nod yw hyrwyddo ein hiaith a meithrin hunan-barch mewn Cymry Cymraeg. Eto fe'u cyfrifir yn rhai i'w baeddu ar wastad troseddwyr mwyaf ysgeler y deyrnas.

Tachwedd 24, 1978

Y CAMAU CYNTAF
Goddefer imi bwl o atgof hunangofiannol. Dro'n ôl parodd rhywbeth imi gofio am fy nghynigion cyntaf ym maes cynganeddu. Roeddwn wedi eu cofnodi mewn dau lyfr sgrifennu yn dwyn enw "Ffestiniog County School", ond er chwilio drwy bentwr o ddefnyddiau ni ddeuthum o hyd iddynt. Eithr mae paratoi at fudo yn gorfodi dyn i wyntyllu a nithio dogfennau lu a roes o'r neilltu yng nghwrs y blynyddoedd, er mwyn ysgafnhau peth ar y llwyth. Eithr cyn taflu bwndel cymysg i'r fflamau rhaid ei archwilio, ac y mae dalen yma a llythyr acw neu ddarlun yn agor fflodiat atgofion, ac atgyfodi "hen bethau anghofiedig teulu dyn". Ac yng ngwaelod bocs mi gefais y ddau lyfr coll.

Roedd fy nhad ac eraill wedi dechrau cynefino fy nghlust i glec cytseiniaid. Ar fy mhen fy hun yr euthum drwy "Yr Ysgol Farddol" gan Dafydd Morganwg, – a deuthum ar draws fy nodiadau o'r llyfr hwnnw – ac yna ymgolli yng nghyfrol Syr John Morris-Jones "Cerdd Dafod".

Y peth cyntaf yn fy llyfr bach yw tri phennill allan o bump i "Hwyrnos haf, ar Garreg-y-defaid" (bryncyn creigiog yn 'Stiniog) a ddug imi fy ngwobr gyntaf yng Nghyfarfod Llenyddol Jerusalem ym Mawrth 1926. Wedyn, a'i amseru ddechrau haf 1926, daw fy englyn cyntaf erioed, un i'r Gwcw a glywais yng Nghoed Cwm bywydd:

Clywais y pêr aderyn — yn canu
Acenion o'r dyffryn.
Deliais yn ffôl i'w dilyn,
A ffwrdd â hi y ffordd hyn.

Cofiaf frysio'n syth i'w adrodd wrth fy nhad, ond prin groeso a gefais.

Bwlch wedyn hyd Llun y Pasg 1927 pryd y cerddais efo 'nhad drwy Cwmorthin a throsodd i Groesor, heb gael Bob Owen gartref, ac ymlaen i Lanfrothen a'r Penrhyn. Roedd niwl ar y copaon, a hwnnw biau fy ail englyn:

> Y llwydwyn niwl sy'n lledu — ei adain
> Yn hudol dros Gymru;
> Y rhedyn wedi rhydu
> A llun y ddol fel llen ddu.

Tybiwn fod y drydedd linell yn gampus, ond ni frwdfrydai fy nhad.

O Fai ymlaen mae ôl twymyn cyfansoddi, i'r Manod, y Moelwyn, cynnig Saesneg hyd yn oed, dechrau haf, bore gwlyb, bore o haf, cath, Maentwrog, yr afon. Erbyn Tachwedd cefais weld fy nhri englyn cyntaf mewn print, sef yng Ngholofn Farddol Dewi Morgan yn "Y Faner". Ap Ffestin oedd fy ffugenw, ond ymhen y mis R.O.L. oeddwn. cuddio rhag ofn i 'nhad f'adnabod! Cael hanner y wobr gan W.Pari Huws am dair telyneg yn Eisteddfod Nadolig yr Annibynwyr, ond yn ddi-wobr am englyn anobeithiol i "Eclipse".

Yn Ionawr 1928 dau bennill gwladgarol gennyf ("Cymro") yn rhifyn "Cymru'r Plant". Ar Fawrth 3 dod yn ail allan o naw i Tecwyn Jones, Talsarnau, efo cyfres o delynegion yn Eisteddfod Blodau'r Oes dan Llew Tegid, ond yn gyntaf ac yn ail gan Meuryn am englyn "Yr Afal":

> Tyf ar goeden fel brenin, —a'i rudd goch
> Yr ardd goeth a feithrin.
> Rhodd Iôr i fwrdd y werin
> A'i flas hoff yn felys win.

190

Ar Ebrill 3 ennill ar englyn "Y Nafi" (gyda thrydedd linell wallus) yng Nghyfarfod Llenyddol Jerusalem, allan o ddeg cynnig gennyf, a churo fy nhad. Cyn hynny roeddwn wedi dechrau llunio awdl faith ar Fesur Llundain ar "Y Sant", sy heddiw yn rhy dywyll i mi fy hun amgyffred ei phwrpas; ac wedyn awdl fer o foliant i "Menna", heb sôn am englynion i athrawon yr ysgol, ambell un yn enllibus! A 'Mam yn fy rhybuddio i beidio â gwastraffu f'amser, gan fod "pob bardd yn dlawd" (mae'n degybol mai Elfyn a Gwilym Deudraeth oedd yn lliwio'i meddwl).

Rhagfyr 1, 1978

[Ei erthygl olaf cyn gadael Dolgellau.]

MUDO
Hyd y cofiaf dim ond unwaith y digwydd y gair "mudo" yn y Beibl, sef yn Salm 80: "Mudaist winwydden o'r Aifft". Ond y mae'r egwyddor yn rhedeg drwy'r gyfrol, a rhyw anesmwythyd yn gyrru dyn yn barhaus o le i le. Yn wir ymddengys fod y duedd yn rhan wreiddiol o'r ddynoliaeth, canys bu newid ardal yn gynnar iawn yn hynt y ddeuddyn cyntaf. Ond wrth gael eu troi allan o ardd Eden roedd Adda ac Efa yn ffodus heb ddim meddiannau i'w cludo ar wahân i'w peisiau crwyn rhodd. Cyn bo hir bu raid i'w mab Cain newid bro a mynd yn druan iawn i dir Nod. Yna daeth y teithio glew yn hanes Abraham, "ac fe aeth allan heb wybod i ble'r oedd yn mynd. Trwy ffydd yr ymfudodd" – (a dyna yn y cyfieithiad newydd enghraiffit arall o'r gair). Fe â'r Ysgrythur ymlaen am ei olynwyr: "a chyfaddef mai dieithriaid ac ymdeithwyr oeddent ar y ddaear". Felly finnau, nid fel y "sweet stay-at-home, sweet well-contented", y canodd W.H.Davies y tramp amdano, ond yn mudo fel y nomadiaid, ac ar wahân i deithio achlysurol, mynd o 'Stiniog i Fangor, Rhos-lan, Nefyn, Mynydd-bach, Caergybi, Dolgellau, a Chaer Seiont. Dywedaf ar ôl Tryfanwy

> "Medraf ganu ffarwel
> I'r mynyddoedd mawr."

Dydd Iau, Tachwedd 23, oedd y diwrnod, yn sych at ei gilydd ar wahân i fymryn o law smwc ddwywaith, a daeth tri cludwr gweithgar o'r Penrhyn â'u lori fawr i Gae'r Deintur. Roedd amryw o gyfeillion cywir wedi cynnig ein helpu, ond rhag inni sathru traed ein gilydd bu dau yn ddigon:

> Caed Rhiannon a Joni,
> Parod draed, i helpu'r tri.

Pacio prysur a llwytho trefnus, wedi cinio codi llaw ar Fynydd Moel a Phen Y Gader, y Cyfrwy a'r Tyrau Mawr, ac yn syth i'r Fron-deg i ddadlwytho'n gyflymach. Roedd digon o gymorth yn y pen yma hefyd, a chyda Gwyn daeth dau a oedd efo mi yn yr Ysgol ers talwm, Jim ac Owi; ac fe gawsom ninnau ein dau gysgu ar ein haelwyd newydd y noson gyntaf. Diolch o galon i'n cynorthwywyr caredig oll. Y mae eraill eto yn dod â llwyth o lyfrau imi yn eu tro.

Er gwaetha'r holl drafferth a helbul daw tipyn o hwyl. Methu'n lân â dod o hyd i'r wyth goes a ddadsgriwiwyd o dan yr ail wely, chwilio – a chael ymhen deuddydd. Y cwestiynau amlaf a ofynnir yma yw: "Welaist ti'r peth a'r peth?" "Ym mhle mae'r teclyn fel a'r fel?" "Ple rhoist ti fy mhethma i?" Ond chwedl Idwal Jones o Geredigion: "Fe ddaw popeth yn ôl reit yn y man" ac fe ddaw siâp arnom ninnau cyn bo hir.

* * * * * * * * *

> **Mae ein di-ofn golofnydd? —Mae'r afiaith?**
> **Mae'r rhyfedd weledydd?**
> **O enaid hoff ysblennydd —**
> **O Lyw Dewr! Mae Haul 'Y Dydd'?**

> T.O.

* * * * * * * * *